JN016935

基本国際法

Basic Principles of International Law

第4版

杉原高嶺

有斐閣
YUHIKAKU

カバーおよび扉の写真は，国際司法裁判所がおかれているハーグの平和宮

第4版　はしがき

　本書は，初版の刊行からちょうど12年を迎える。くしくも，この折に第4版を送り出こととなった。この間，多くの読者に親しんでいただき，著者として感慨ひとしおなものがある。

　第4版の主な改訂項目は次の2点である。第1は，世界を脅かしたロシアのウクライナ侵攻について，国連の安全保障体制におけるその主要な論点を説き起こす小項目を設けたこと（第12章），また，これに伴い同章の国際法豆知識もこの事案にふさわしい項目に差し換えたことである。第2点は，コソボの独立に関する解説を補強したことである。コソボの件は旧版でもいくたびか言及しているが，この国の苦難に満ちた独立の沿革史は新しいタイプの人民の自決権の重要な先例をなすもとの考え，これについても新たな小項目を起こした（第5章）。

　その他，いく点か説明の補強等のための加筆を施したが，全体としては小幅な改訂にとどまっている。実証性を重視した，国際法の体系的入門書としてお役に立てばと願う次第である。

　今次の改訂においても，京都支店の一村大輔さんには万端のお世話をいただいた。心より御礼を申し上げたい。

　2023年10月

杉　原　高　嶺

初版　はしがき

　本書執筆中のあるとき，思いがけず，ある旧い論文を手にする機会があった。1908年のオッペンハイム（L. Oppenheim）という学者の「国際法学：その任務と方法」という一文である（彼はこの年ケンブリッジ大学の教授に就任）。このなかで彼は国際法の研究課題（任務）を7つの項目に分けて論じている。その最後の項目は「国際法の一般市民への普及」という課題である。彼によれば，国際法がいまだ十全な力を勝ちえていないゆえんは，国の指導者のみならず，「市井の人」（man in the street）が「この法の規則を知っていないという事実」によるところが至大である。つまり，一般市民への普及の欠如，これが国際法の最大の弱点であるとみる。そこで彼は，「国際法の基本」，すなわち高度の専門的法理ではなく，「国際法の基本原則と規則」に関する学習を学校教育において強化すべきであると説く。

　国際法の一般市民への普及・浸透という課題は，実はちょうど執筆中の本書の基本モチーフでもあったため，一世紀前のオッペンハイムの所論には率直に共感を覚えるものがあった。たしかに，国際法は国家間の法であるため，その適用・実施は一に国家機関の判断に委ねられる。一般の人びとがその決定に直接に参画する機会はない。しかし，その効果や影響は，善くも悪くも国民の側に回ってくるのである。人命の損失を伴うような無謀な違反行為がときにみられるが，こうした事態は，もし国際法の基本知識が巷間に浸透していたならば，かなりの程度，抑え込まれるのではなかろうかと思慮される。

　本書はこうした問題意識の下に，現代国際法の基本制度をわかり

やすく説き明かしたものである。執筆の機縁は思わぬときに巡ってきた。筆者は3年前，本書の版元である有斐閣から国際法の専門的体系書を刊行させていただいた（『国際法学講義』(2008年)）。この書物はやや専門性が高かったせいか，次の著作として一般性のある基本書に取り組んではどうか，とのお勧めをいただく次第となったのである。

執筆にあたっては，「一定の水準を維持しつつ誰にもわかる国際法を」，という背伸びした目安を設けた。これをめざして各章の展開方法にしかるべき工夫を施すとともに，できるかぎり小枝を切り詰めて全体の枝振りを見通せるように心掛けた。達成度の程は読者の皆さんのご判断を待たなければならない。ひとこと付言させていただくと，現代国際法の理解をさらに深めたいという読者は，本書をもってこと足れりとすることなく，この先，本格的な体系書にじっくり取り組んでいただきたいと思う。

国際法は，世界の諸国民が営々と築き上げてきた歴史の所産である。今われわれに求められていることは，この人類英知の所産をより効果的に活かすことであろうと思われる。本書は及ばずながら，このような思いを込めて世に送るものである。

本書の刊行にあたっては，有斐閣京都編集室の一村大輔さんには綿密な校正・索引づくりにとどまらず，本書の出版に身魂を投げうっていただいた。心より感謝を申し上げたいと思う。また近畿大学の土井美穂さんには，原稿や校正刷の整理・点検その他のお手伝いをいただいた。併せてお礼を申し上げたい。

2011年11月

杉　原　高　嶺

目　　次

事　例 目　　次

国際法豆知識　目　次

判例・事例出典略語

〈欧文略語〉

E.H.R.R. ································· European Human Rights Reports

Exch. Div. ································ Exchequer Division Reports

F.（F. 2d.）································Federal Reporter

ICJ Reports ············ International Court of Justice, Reports of Judgments,
　　Advisory Opinions and Orders

I.L.M. ···································· International Legal Materials

PCIJ Series A, B, A/B ·············· Permanent Court of International Justice,
　　Publications of Judgments, Advisory Opinions and Orders

R.G.D.I.P. ························· Revue Générale de Droit International Public

RIAA ··············United Nations Reports of International Arbitral Awards

U.S. ································United States Supreme Court Reports

〈邦文略語〉

基本判例50············ 杉原高嶺＝酒井啓亘編『国際法基本判例50〔初版〕』
　　　　　　　　　　　　　　　　　　　　　　　　（三省堂，2010年）

基本判例50〔２〕······杉原高嶺＝酒井啓亘編『国際法基本判例50〔第２版〕』
　　　　　　　　　　　　　　　　　　　　　　　　（三省堂，2014年）

百選〔２〕·········小寺彰＝森川幸一＝西村弓編『国際法判例百選〔第２版〕』
　　　　　　　　　　　　　　　　　　　　　　　　（有斐閣，2011年）

百選〔３〕···森川幸一＝兼原敦子＝酒井啓亘＝西村弓編『国際法判例百選〔第３版〕』
　　　　　　　　　　　　　　　　　　　　　　　　（有斐閣，2021年）

判例国際法〔２〕·················松井芳郎編集代表『判例国際法〔第２版〕』
　　　　　　　　　　　　　　　　　　　　　　　　（東信堂，2006年）

判例国際法〔３〕······薬師寺公夫（他）編集代表『判例国際法〔第３版〕』
　　　　　　　　　　　　　　　　　　　　　　　　（東信堂，2019年）

国際法外交雑誌····························『国際法外交雑誌』（国際法学会発行）

ジュリ···『ジュリスト』（有斐閣）

〈判例集略語〉

民集……………………………最高裁判所民事判例集，大審院民事判例集

高刑集………………………………………………高等裁判所刑事判例集

下民集………………………………………………下級裁判所民事裁判例集

行裁集…………………………………………………………行政事件裁判例集

刑月……………………………………………………………刑事裁判月報

訟月……………………………………………………………………訟務月報

判時………………………………………………………………判例時報

〈判決略語〉

最（大）判……………………………… 最高裁判所（大法廷）判決

大決……………………………………………………………大審院決定

高判（決）……………………………… 高等裁判所判決（決定）

地判………………………………………………………地方裁判所判決

第1章

国際社会と国際法

本章の検討課題

　今日の国際社会は多くの主権国家すなわち独立国家を基本
単位として構成されている。そして，われわれ一人一人の人
間は，いずれかの主権国家の構成員として，その国の法の規
律と保護の下に生活を営んでいる。これらの個人が，所属す
る国で充実した生活を享受するためには，国家間の関係すな
わち国際関係が良好で安定している必要がある。戦火が飛び
交うような状況下では，人間の幸福や人権の尊重などは望み
えないだけでなく，人びとの生存さえ危うくなるであろう。

　国家間関係に良好な秩序を維持するためには，各国が共通
の規則にのっとって行動することが必要となる。国際法はそ
のための規準を定めた法である。国家はどのような行為をど
こまで行うことが許されるか，どのような行為をしてはなら
ないか，また，もしその規範を破った場合にはどのような責
任が問われるか，などを定めたものである。

　具体的にどのような事項について，いかなる規律を設けて
いるか，ということは国際法の全体系を修めてはじめて会得
しうることであるが，ここでは，その一端を垣間みるため，
まず1つの事例をみることとしよう。

I 事例の紹介

> 事例1 1946年，コルフ海峡（アルバニアの領海）を通航中のイギリスの軍艦が機雷に接触し，多数の死傷者を出した（4隻のうち2隻が触雷，大破）。この事件の半年前，同海峡を通航中のイギリス軍艦がアルバニア沿岸から砲撃を受けるという事態があった。今次の通航は，これに抗議したイギリスがアルバニアの態度を確かめるという意味合いがあった。触雷事件から3週間後，イギリス海軍は機雷の除去のため，アルバニアの同意をえずに同海域を掃海する作業を強行した。
>
> イギリスは，機雷の敷設はアルバニア自身か，あるいは隣国ユーゴスラビアとの共謀によるものであり，かつアルバニアは機雷の存在を知りながら接近しつつあるイギリス軍艦への通報を怠ったとして，触雷事件についてはアルバニア側に全面的な責任があるとした。他方，アルバニアはこれを否認しつつ，コルフ海峡は各国の船舶の国際通航が認められる「国際海峡」ではなく，また外国の軍艦は他国の領海において無害通航権をもたず，かつまたイギリス軍艦の通航はそもそも「無害」なものではなかったとして，その通航はアルバニアの主権を侵害するものであり，同様に，アルバニア領海内でのイギリス海軍の掃海作業も主権の侵害を構成するとした。
>
> 国際司法裁判所・コルフ海峡事件（1949年）

〔参考文献〕*ICJ Reports 1949*, p.4,『基本判例50〔2〕』70頁（青木節子），『百選〔3〕』66頁（鶴田順），『判例国際法〔2〕』150頁（松井芳郎），山本草二＝杉原高嶺編『海洋法の歴史と展望』（有斐閣，1986年）337頁（杉原高嶺），栗林忠男＝杉原高嶺編『海洋法の主要事例とその影響』（有信堂高文社，2007年）75頁（深町公信）。

▶ 本件での国際法の適用

　この事件は，第2次世界大戦の余じんがいまだくすぶる時代状況の下で発生したものであり，戦後，新たに発足した国際司法裁判所が最初に取り扱った訴訟事件である。本件の主たる争点は，①機雷の敷設者（国）は誰か，あるいは，アルバニアは機雷の存在を知っていたかどうか，②イギリス軍艦はコルフ海峡（アルバニアの領海）を通航する権利があるか，③イギリスの一方的な掃海行動はアルバニアの主権を侵害するものか，ということである。裁判所は，これらの論点についてどのような国際法の規則を適用して，どのように処理したのであろうか。

(1) 触雷被害とアルバニアの責任

　まず，問題の機雷は誰が，あるいはどの国が敷設したのであろうか。イギリスはアルバニア自身か，ないしは隣国ユーゴスラビアとの共謀によるものであると主張した。裁判では，裁判所が派遣した専門家（鑑定人）の調査にもかかわらず，敷設者を突き止めることはできなかった。しかし裁判所は，さまざまな資料・証拠から判断して，自国沿岸における機雷の敷設について「アルバニアの了知は逃れられない」とした。つまり，アルバニアは機雷の存在を知っていたというのである。その結果，アルバニアは自国の領海内にある危険物の存在を他国に通報する義務，とりわけ接近しつつあったイギリス軍艦にそれを警告すべき国際法上の義務があったにもかかわらず，それを怠った点で重大な義務違反があったと認定した。この通報義務は，裁判所によれば，人道の基本的考慮，海上交通の自由の原則，および領域管理責任の原則（国家は他国の権利を侵害する形で自国の領域を使用してはならないという国際法上の原則）に由来するものである。

(2) 外国軍艦の通航権

次に，イギリスの軍艦がアルバニアの許可なしに同国の領海（国家領域）をなす海峡を通航する権利があるかどうか。一般に海峡は海域幅が狭いため，沿岸国の領海をなすことが多い。コルフ海峡も同様である。裁判所は，公海の2つの部分を結ぶ，国際航行に使用される海峡すなわち国際海峡では，一般の船舶と同様，外国の軍艦も「無害通航」（沿岸国の法益を侵害しない通航）の権利を有するとした（国際海峡ではない通常の領海における外国軍艦の無害通航権の有無については，裁判所は判断を示さなかった）。そのうえで，コルフ海峡は国際的航行に供された国際海峡であること，またイギリス軍艦はアルバニアの対応を試す意図があったものの「無害」（innocent）の要件を欠くものではないとして，通航の合法性を認めた。

(3) 掃海作業と領海主権

最後に，アルバニアの領海でのイギリスの一方的な掃海行動は合法かどうか。国際法上，領海（現在では沿岸から12カイリまで）は沿岸国の主権の及ぶところであって，領土，領空とともに国家領域を構成する部分である。イギリスは，掃海作業は証拠の収集のための合法的な干渉であり，また自己保存ないし自助の行為として正当化されると主張した。しかし裁判所はこれを斥け，イギリスの一方的な行動には酌量の余地はあるものの，アルバニアの主権の侵害を構成すると判示した。

(4) 違法行為の救済

(ⅰ) 国際法上の償い方法

以上をまとめると，主要な争点に関する裁判所の認定は次のとおりである。①アルバニアは自国領海内の機雷の存在を知っていたにもかかわらず，その通報義務を怠った結果として，イギリスに重大

な損害を与えたことに違法の責任がある。②イギリス軍艦のコルフ海峡の通航は，国際海峡における軍艦の無害通航の規則に違反するものではない。③触雷事件後のイギリス海軍の一方的な掃海行動はアルバニアの主権の侵害を構成する。以上の3点のうち，①はアルバニアの，③はイギリスの違法行為を認定するものであるが，これについて，裁判所は両国にどのような償いをすべきものとしたのであろうか。

国際法上，国家はその義務違反に対しては国際責任を負うものとされているので，何らかの形でこれを償わなければならない。これは，ある規範が道徳的ないし倫理的規範にとどまるのではなく，法規範とされる場合の必然的な帰結である。それでは，国際法はどのような償いの方法を定めているのであろうか。

国際法上，国家（義務違反国）に求められる償いの形態（広義の賠償）には，次の3つのものが認められる。①原状回復，②金銭賠償，③サティスファクション，である。①は違法行為が行われる以前の状態を回復することであり，②は引き起こした損害に見合う賠償金を支払うことである。③はわが国では広く「満足」と称されるものであって，いくつかの具体的形式がある。ⓐ遺憾の意の表明，ⓑ公式の陳謝，ⓒ判決での違法の宣言がサティスファクションをなすとの司法的決定，などである（なお，このような国家責任法の問題は**第11章**で取り扱う）。

(ii) 本件判決の賠償

コルフ海峡事件（事　例1）の賠償問題に戻ることとしよう。裁判所はまず，イギリスが被った触雷被害については，アルバニアに対して②の金銭賠償を命ずる一方，掃海行動によるアルバニア主権の侵害については，③のサティスファクションの一形式である上記

©を適用した。前者については，裁判所は同年，別の判決をもって具体的な賠償額を決定した。後者の主権侵害については，イギリスの行動がアルバニアの主権の侵害を構成するとするこの判決の宣言が，「それ自身，適当なサティスファクションを構成する」というのである（金銭賠償等の併用はない）。これは，イギリスの行動が主権の侵害という法的損害のみにとどまったこと，また同国の行動には酌量の余地があること，などを考慮したものと思われる。

なお，本件では判決の履行について特異な事態が生じた。アルバニアは永いあいだ，この賠償金の支払いを拒否してきたのである。理由は，当事国（アルバニア）が裁判所に求めたのは賠償の義務があるかどうかの法的決定にとどまり，それ以上に具体的な賠償額の決定を求めたものではないというのである。しかし，裁判所はこの主張を認めなかった。そのため，アルバニアのこの対応は永らく判決の不履行の例として引き合いに出されることが多かった。こうした世評が重荷となったのか，はるか時を経た1992年，アルバニアは賠償の支払いに応ずる覚書をイギリスとのあいだに交わした。

❷ 国際法の法源と本件の適用法規

本件で裁判所が適用した国際法の諸原則，すなわち領海主権の原則，危険物の通報義務，国際海峡における軍艦の無害通航権等は，いずれも当時の慣習国際法の規則を適用したものである。この当時は国際法の法典化，すなわち慣習法の規則を条約の形式で成文化することが十分な進展をみていなかったのである。それがすすむのは，これ以降である。1958年の第1次国連海洋法会議では領海条約や公海条約など4つの海洋法条約が採択され，また，その後の第3次国連海洋法会議では，海洋の国際法を集大成した国連海洋法条約が採

択された（1982年）。

　これらの条約には，本件で適用された国際法の規則がすべて成文化されている（ただし国連海洋法条約には，それまでなかった，まったく新しい法制度や規則も広く取り容れられている）。たとえば，国連海洋法条約でみると，領海主権の原則は第2条に，危険物の通報義務は第24条2項に，国際海峡の通航制度は第34条から45条に，それぞれ定められている。したがって，この事件がもし今日起きたとしたなら，裁判所はまずもって，これらの条約規定を適用することになる（国際法上，条約規定は慣習法規則に優先して適用されることになっている）。以上の説明から理解されるように，国際法のさまざまな規則は主に条約ないし慣習国際法という法形式（法源）において存在するのである（国際法の法源は**第2章**で取り上げる）。

Ⅱ　現代国際法の発展状況

１　近代国際法の発展

(1)　近世法学者の役割

　国際法は近世の初頭より，主として国家間の関係を規律する法として発展してきた。とりわけ，ヨーロッパの最大にして最後の宗教戦争であった30年戦争は1648年のウェストファリアの講和会議で幕を閉じたが，この会議においてヨーロッパの独立国家体制が確認されて以降，国際法の発展は一段と加速することになった。この時期，国際法の形成・発展に大きな役割を演じたのは，多くの優れた学者たちであった。スペインの神学者ヴィトリア，スアレス，オランダのグロティウス，バインケルスフーク，ドイツのプーフェンドルフ，ヴォルフ，イギリスのゲンティリス（イタリアから亡命），ズーチ，

またスイスのヴァッテル等は，それぞれ自己の法学的立場を踏まえ
つつ，国際法の意味・内容を解明ないし実証することに努めた。な
かでも，グロティウスの『戦争と平和の法』（1625年）やヴァッテル
の『国際法』（1758年）は，今日でもしばしば引き合いに出される大
作である。これらの学者は国際法の形成に預かって力があったこと
から，「国際法の創始者」（fondateurs du droit international, founders of
international law）と総称される。

(2) 規律領域の拡大

国際法の発展を振り返ると，その規律事項の対象が時代の進展と
ともに漸次拡大してきたことが確認される。たとえば，17世紀頃の
国際法の形成期におけるその規律事項といえば，主に国家間の地位
関係，領土・海洋の地位，外交関係（外交使節），戦争などであった。
それが，産業革命後の19世紀になると国際交流の増大とともに，新
たな，あるいは，より刷新された法制度の発展を多くみた。国家管
轄権の行使原則の発展（不干渉原則，主権免除制度を含む），領土取得
の法制度，航行制度の発展（国際海峡・河川・運河を含む），個人に関
する法制度（奴隷取引の規制，犯罪人の引渡し等），国際機構の法制度，
国家責任法の発展，国際仲裁裁判制度の発展，などが例示される。

(3) 戦争法の展開

近代国際法は，国家間の戦争という異常事態にどう対処すべきか，
永くこの難題に取り組まなければならなかった。中世以来，ヨー
ロッパではいわゆる正戦論の考え方が支配的であった。すなわち正
しい原因（正当原因）があるときにのみ，戦力の行使を合法とする
とらえ方である。中世のトマス・アクィナスなどの神学者が説いた
この考え方を，近世のゲンティリスやグロティウスなどの法学者が
国際法の原則として受け継いだのである。

しかしながら，戦争の真の原因を突き止めることは実際には容易なことではなく，また国際社会にはそれを客観的に判定する第三者も存在しない。そのため，18世紀後半以降になると，この正戦論の適用を見送る法状況が優勢化し，戦争を事実上容認する傾向が強まった（戦争容認論）。これに呼応する形で，19世紀には戦闘行為の手段や方法を規制するための法（戦時国際法）の発展をみたのである。しかして，第1次世界大戦の大惨状をみるに及び，国際社会は一転して戦争の違法化を押しすすめ（1928年の不戦条約），さらに第2次世界大戦後は武力の行使の一般的な禁止（武力不行使原則）を法制化していったのである（1945年の国連憲章等）。

❷　現代国際法の展開

(1)　新分野の規律領域の発展

　以上のような国際法の発展はその後も止むことはなく，とりわけ第2次世界大戦後は，いくつかの新たな発展の特徴がみられる。第1は，19世紀に引きつづいて，新しい法分野の出現をみたことである。国際人権法，国際環境法，宇宙法，深海底制度の形成などは，その顕著な例である。これらの法制度は，慣習国際法の発展というよりは，新しい制度を創設するための多数国間条約の締結という形で形成されたものである（この種の条約を立法条約ともいう）。

(2)　法制度の充実化

　現代国際法の発展の第2の特徴は，国際法のそれぞれの分野における法制度の充実化と細分化がはかられていることである。これは国際社会の現実的必要を反映したものである。一例を挙げてみることとしよう。19世紀の海洋法は基本的に狭い領海と広い公海という二元構造をなすにとどまったが，現代の海洋法は，国連海洋法条約

（1982年）が示すように，さらに大陸棚，排他的経済水域，群島水域，深海底，海洋の科学調査，海洋環境の保護・保全等に関するさまざまな制度を整えている。こうした制度的充実化・細分化は，他の分野でも多かれ少なかれ共通にみられる現象であって，その発展は，新たな慣習法規則の形成，国際法の法典化（慣習法ないし慣習法化しつつある規則を条約の形式で成文化すること），あるいは新たな立法条約の締結などの方法によって達成されている。

(3) 伝統的制度の合理的改変

　第3の発展の特徴は，伝統的な規則・制度の合理的な改変・修正を促進していることである。第1次世界大戦前の近代国際法は，たとえば戦争等による武力的な領土の取得を認める制度（征服の法理）を温存させ，また西欧列強による植民地支配を容認する制度や理論（近代の先占や旧い国家承認論等）を内包していた。しかし，こうした制度は，今日の国連体制下の法理念と合致するものではない。そこで，戦後これを是正する作業が国連の内外の活動をとおして行われてきた。その辺の状況を，以下，例示的に概観することとしよう。

(i) 武力不行使原則の意義

　国連憲章は戦争をはじめとする武力の行使を禁止した（2条4・武力不行使原則）。これを受けて，国連総会が1970年に採択した決議「国連憲章にしたがった国家間の友好関係および協力についての国際法の原則に関する宣言」（総会決議 2625。以下，「友好関係原則宣言」と略称）は，「国の領土は武力による威嚇または武力の行使から生ずる他国による取得の対象としてはならない」とした。これは先の征服の法理を否認したものと解されている。また，1969年の条約法に関するウィーン条約（条約法条約とも呼ばれる）は，「武力による威嚇又は武力の行使の結果締結された条約は，無効である」とした

（52条）。しかし歴史的にみると，以前は武力を背景に締結を強要された条約でも，その国が正規に署名・批准したときは有効なものとされてきた。ウィーン条約の規定は，このような旧い取扱いを修正するものである（本書70頁参照）。なお，旧制度の事例は身近にみられる。時代はわが国の幕末，ペリーの率いる黒船艦隊の威圧を受けて，わが国は開国・通商の条約の締結を余儀なくされた。加えて，それが不平等条約であったことも公知の事実である。

国際法豆知識

不平等条約

　1853年，ペリーが最初に浦賀沖に来航したときは4隻の軍艦を，翌54年の再渡来の折は7隻の軍艦を率いてきた（彼は初回のさいは12隻編成の艦隊を計画していたが，調達できなかったようである）。通常の外交的方法による条約の締結であれば，このような艦隊の編成は無用である。ペリーが軍事力を誇示し，日本を威圧するねらいであったことは彼の手記からも明らかである。こうした軍事的威嚇の下に日米和親条約（1854年）と日米修好通商条約（1858年）が結ばれた。後者は，日本に領事裁判を押しつけ，また関税の自主権を制限する，不平等な内容のものであった。とくに領事裁判は，アメリカ人が日本で犯罪を犯した場合でも，アメリカの領事がアメリカ法を適用して裁くという，いわば日本の統治権を制限するものであって（治外法権），かつ，それは日本側のみが受け容れるという片務性（一方の当事者にのみ義務が偏ること）をもっていた。日本はこれにつづいて，同種の条約をオランダ，イギリス，フランス等とも相ついで結んだ（当時，日本側にその不平等性の認識がどの程度あったかは判然としない）。欧米の列強は，こうした砲艦外交の産物たる不平等条約を，さらに中国，ペルシア（イラン），トルコ等とも結んでいた。わが国では，これら安政の諸条約を1日も早く改正することが明治政府の最大の外交課題となった。難航の末，1894（明治27）年，イギリスとの

条約改正（1899年発効）を皮切りに，順次，改正を実現した。

　なお，付言すると，締約国の義務に格差のある条約をすべて不平等条約というわけではない。今日においても，たとえば核不拡散条約（5大国と他の締約国とのあいだの核兵器保有の是非の違い）や気候変動枠組条約（地球温暖化物質に関する削減義務の先進国と途上国の区別）など，締約国の権利義務に差異を設けた条約がみられる。しかし，それが強制されたものではなく，締約国の総意によるときは，不平等条約とはいわない。

(ii)　植民地の独立

　国連憲章はまた，「人民の同権及び自決の原則」を確認している（1条2）。植民地主義はこれとあい容れない。そのため，国連総会の植民地独立付与宣言（決議1514・1960年）および先の友好関係原則宣言は，植民地主義の早期終了と，植民地人民の自決権（本国からの分離独立を含む）を確認した。国際司法裁判所は西サハラ事件（1975年）において，植民地独立付与宣言にしたがって国連総会が促進してきた非植民地化のプロセスは，「西サハラの人民〔スペインの植民地・筆者注〕が彼らの自由な意思の表明によってその将来の政治的地位を決定する権利を尊重するものである」とした（*ICJ Reports 1975,* p.36, para.70）。こうして，戦後，アジア，アフリカには実に多くの新独立国の誕生をみた。近年の例では，17世紀来ポルトガルの植民地であった東ティモールが，2002年，自決権の行使によって独立国となったが，これはいかにも遅い事例である。その背景には，1975年，東ティモールを自国に併合しようとするインドネシアの軍事侵攻が招いた混乱があった。

　これら新興諸国は独立と同時に国際法の適用を受ける主体となったが，彼らは無批判的にそのすべての規則を受け容れようとはしなかった。これら諸国は，伝統的国際法の規則のなかには，彼らの立

場や利害を正当に反映していない，あるいは欧米の先進国に有利に作用する規則が少なからず存在するものと認識していたため，それらを修正するか，あるいは別の新制度を創設することを求めたのである。たとえば，公海自由の原則の縮小を伴う200カイリの排他的経済水域の制度の新設要求や，深海底資源を「人類の共同遺産」（common heritage of mankind：CHM）として国際管理の下におく深海底制度の創設などは，これら途上国の強い要請によっている。それは言い換えれば，貴重な海洋資源が技術と資金をもつ一部の先進国によって独占的に収奪されることがないように，自国の利益を擁護し，あるいは開発収益への平等の参加をめざしたものである。

Ⅲ　国際法主体の多元化——国際法は誰の権利義務を定めたものか

1　国家のみを主体とする立場

　以上は国際法の規律内容の拡大あるいは修正という視点から現代国際法をとらえたものであるが，この法の現代的特徴をみるためには，もう1つ別の視点からの展開をみる必要がある。それは，国際法の主体（subject）の多元化という現象である。法の主体とは，その法が定める権利義務の直接の帰属者あるいはその担い手をさす。

　第2次世界大戦前までは，国際法の主体は国家のみであるとする見方が支配的であった（国家の排他的主体性論）。それは，とりわけ18世紀後半以降，国際法はもっぱら主権国家間の権利義務関係を規律する法である，とするとらえ方が強く醸成されてきたからである。したがって，たとえ国際法が個人にかかわる問題を取り扱ったとしても（たとえば人の出入国，外国人の地位，犯罪人の引渡し等），それは国家が個人をどのように取り扱うべきか，国家の対処方法を定めた

ものであって，個人の権利義務を直接に定めたものではないとみなされた。すなわち，そこでは個人はあくまで国際法の規律の客体（object）にとどまるとされたのである。しかし今日，この立場を全面的に維持することはできない。限定的とはいえ，個人の法主体性や国際機構の法主体性を否定することができない状況に発展してきているからである。まず個人の場合からみてみよう。

② 個人の法主体性を認める立場

(1) 国際的手続説

(i) 本説の意味

ここで「個人」というのは，国家の構成員としての一般の私人，すなわち，あなた，わたし，などの通常の人びとである。今日，個人も限定された意味での国際法の主体であるとする見方が広く唱えられている。現代国際法は，個人に対しても一定の権利義務を与えていると解されるからである。しかし問題は，どのような法状況が備わったときにそのようにいえるのか，ということである。この点は，国際法学者の見方の分かれるところである。

一部の見方として，国際法が個人の地位や利害について明確・明瞭に定めているときは，それをもって個人に権利を与え，義務を課したものと解すべきであるとする立場がある（実体法基準説）。しかしこの場合は，たとえば前述の犯罪人の引渡制度のように，その規定・規則が国家を名宛人として，国家にそのように取り扱うべき義務を課したにとどまるとみられるものが相当にあることにかんがみて，一律にこの説を採用することはできない。

戦後，比較的有力に説かれてきたのは，国際法が個人の地位や権益について明確に定めると同時に，その侵害や違反があったときに，

当該個人がその権益の救済のために直接に国際的な機関（とくに国際裁判所）に訴えることを認める手続が設定されており，また個人の側のその違反に対しては，その者の責任を追及する国際的手続（国際裁判所による処罰を含む）が設けられているときにはじめて個人の国際法上の権利義務の具体的な創設を語りうるのであって，その限度で個人の法主体性が認められるとする立場である（国際的手続説）。すなわち，個人がみずから自己の権利を追求し，あるいは，その責任が追及される国際的な手続が備えられていることを条件とするのである。したがって，逆にいえば，個人権益に関していかに明確な実体規定が設けられても，そのような国際的手続が存在しないときは，個人の法主体性は認められないことになる。

(ii) 具体的制度例

この見方は，とくに第2次世界大戦後，個人の国際裁判所への出訴権や国際裁判所での処罰という制度的な発展がすすんだことに基礎をおいている（このような展開は実は第1次世界大戦後に遡ってみられる）。たとえば，地域的裁判所であるが，ヨーロッパ人権裁判所への個人の提訴権，投資紛争解決国際センター（ICSID）の仲裁裁判制度（投資受入国と他国の投資家との投資紛争解決），重大な国際犯罪に対する国際刑事裁判所（ICC）による個人の処罰，などがその代表例として挙げられる。また，裁判の提訴権ではないが，国際人権規約の自由権規約（B規約ともいう）や女性差別撤廃条約の国家による侵害に対する各条約の人権委員会への個人の申立権（それぞれの条約の議定書で設定）も注目される（この個人の申立てあるいは通報制度については，本書252頁参照）。

(2) 手続基準説

(i) 国内裁判の意義

この国際的手続説は，個人の提訴権等の国際的手続の有無をもって法主体性の識別基準とするものである。見方としては，きわめて明快であって，それ自体として否定すべき理由はない。しかし問題は，この説が「国際的」手続の有無のみを問題としていること，すなわち国内裁判の手続を視野に入れていないことである。

今日，国家による国際法の適用の当否をめぐって，個人が国内裁判所に訴え出るケースが少なくない。わが国においても，たとえば人権条約の違反等の訴訟が多く提起されており，そのなかには当該条約規定の直接的適用を認めたものも少なくない（指紋押捺拒否損害賠償請求事件・大阪高判平6・10・28訟月42巻1号17頁，受刑者接見妨害国家賠償請求事件・徳島地判平8・3・15判時1597号115頁等）。また，アメリカ連邦控訴裁判所のフィラルティガ事件のように，世界人権宣言等に定められた拷問禁止の規定は慣習国際法の規則として確立したとするにとどまらず，その規則の直接的適用を認めた判例もある（Filartiga v. Pena-Irala, 630F. 2d 876）。

このようにみると，個人に関する国際法の規則が国内法を媒介とすることなく直接に国内裁判で適用される場合にも，個人の権利義務が国際法上創設されたものとみるのが適当であろうと解される（手続基準説）。なぜなら，この場合の国内裁判所は，国際法の規則を直接に適用することによって国際法を実現する機関として機能しているのであって，その点で国際裁判所の役割と何ら変わりはないからである。その意味で，両者を差別的に取り扱うべき理由はないはずである。

(ii) 国際法規則の直接適用性

　以上の説明からわかるように，国内裁判にこのような効果を認めうるのは，裁判所が国際法の規則を直接に適用して個人の権利義務を決定しうる場合にかぎられるのであって，直接適用できない場合は別である。問題の規則が個人について直接的適用のあるものかどうかは，つねに明瞭であるとはかぎらない。条約が定める場合の規則についてみると，これが認められるためには，①当該条約の基本的趣旨から判断して，もっぱら国家のとるべき措置だけを定めたものではないこと，②その条約規定が国内法による具体化を前提としていないこと，③個人の権利義務を明確かつ具体的に定めていること，が必要である。こうした要件を勘案して，たとえば同じ人権条約でも自由権規約は一般に直接適用が可能と解されるのに対し，社会権規約（A規約ともいう）の規定は，各締約国が国内法上で保障すべき立法上の指針を定めたものであって，個人に具体的な権利を直接に与えるものではないと解されている（塩見事件・最判平元・3・2訟月35巻9号1754頁）。

　以上，少し長くなったが，個人の法主体性については次のようにまとめることができる。すなわち，権利義務の実現のための国際的手続が設定されている場合だけでなく，個人に関する国際法の規則が国内裁判で直接に適用される場合も含めて，個人の法主体性を認めることができる，ということである。国際法が定める個人の権利義務の法的実現という点では，国際裁判と国内裁判とを区別する理由はないからである。

③ 国際機構の法主体性

(1) 国連賠償請求事件の背景

　次に国際機構（international organization）の法主体性を取り上げなければならない。今日，国際連合をはじめ，国際労働機関（ILO），国際通貨基金（IMF），世界貿易機関（WTO），世界保健機関（WHO），国際原子力機関（IAEA）その他，多くの国際機構がそれぞれ重要な役割を担っている（なお，ここで対象とする国際機構は政府間機構であって，NGO（民間組織）は，その活動の重要性にもかかわらず，国際法主体の対象とはされない）。こうした機構が国際法の主体たる地位をもつか否か，戦前には当時の国際連盟の地位をめぐって意見の対立がみられた。当時においては，それを独自の法人格をもった組織体とみるよりは，19世紀来の見方を受け継ぎ，むしろ定期的に開催される外交的会議体のようにみる立場が少なくなかったのである。しかし戦後の国連時代に入ると，国連のその地位については早い時期に決着がはかられた。それは，国際司法裁判所が1949年の国連賠償請求事件で国連の法主体性を明確に認めたことによる。

　この事件は，パレスティナ紛争の解決のために国連が派遣した調停官（ベルナドッテ）が現地で殺害されたことにつき，国連として責任ある政府（イスラエル）に賠償請求を提起することができるかどうか，国連総会でこれが問題となったことから総会が裁判所の法的意見を求めたものである（勧告的意見の要請）。現在のわれわれの眼からすれば，どうしてこんなことが問題なのか，といぶかしく思われるような事例であるが，発足当初の国連にあっては，権威ある判断を必要とする重要な法的論点だったのである。

(2) 裁判所の意見

　国際司法裁判所は，この問題は結局のところ，国連が「国際的人

格」(personalité internationale) をもつかどうかの問題に帰せられるという（「国際的人格」という用語は，国際機構の場合について「法主体」という用語とほぼ同義的に使われる）。そのうえで，国連は憲章上，さまざまな分野で独自の意思決定能力をもち，また加盟国の領域において一定の特権と免除を享有し，さらに条約の締結権を有するなど，これらは国連が政治・経済・社会・文化の各方面で幅広い任務を効果的に遂行するために与えられたものであって，こうした任務の遂行は，国連が「国際的人格」をもつことなしには達成しえないことであるとした。こうして裁判所は何らのためらいもなく国連の法主体性を認めたのであるが，他方，その主体性は国家のそれと同じ性質のものというわけではないとも断っている。国際機構の地位や任務は，次の**4**で述べるように，国家間の合意である設立基本条約（国連憲章）が定める枠内で認められるものだからである（*ICJ Reports 1949,* pp.177-180)。

〔本件の参考文献〕*ICJ Reports 1949,* p.174，『基本判例50〔2〕』26頁（吉田脩），『百選〔3〕』82頁（黒神直純），『判例国際法〔2〕』103頁（香西茂）。

(3) 法主体性を認定するための要件

国際司法裁判所のこの意見は，その後，国連の場合にかぎらず，その他の国際機構（ILO 等）にも広くあてはまるものとみなされた。そこで，もう一度，原点に立ち返って，具体的にどのような権限や能力をもつときに国際機構の法主体性が認められるのか，この点を整理する必要がある。もっとも，この前提要件は厳密に定まっているわけではなく，前記の裁判所の意見もこれを定式化しているわけではない。しかし，裁判所の意見や学説を勘案すると，法主体性の取得のためには，国際機構が少なくとも次のような能力（要件）を有することが必要であると考えられる。

（i）　自律的意思決定権

　これは国際機構がみずから自己の意思を決定することができる能力である。すなわち，個々の加盟国の意思とは区別された，機構自身の意思を決める能力であって，国連の場合でいえば，これは各主要機関（総会，安全保障理事会等）での表決という方法で決められる（憲章18条，27条参照）。決定内容は，通常，「決議」（resolution）の採択という形式で表示される。ひとたび決議が成立すると，それは個々の加盟国の意思（そのなかには反対の国もある）とは独立した，機構自身の意思の形成となる。

（ii）　条約締結能力

　国際機構がその加盟国や他の国際機構とのあいだに条約・協定を締結することが広く認められており，その実例も多くみられる。国連の例では，専門機関との連携協定（憲章63条），施政国との信託統治協定（同77条，79条），国連本部協定，PKO（平和維持活動）の駐留協定などはよく知られている。わが国も国連大学本部協定（1976年）を結んでいる。こうした条約の締結権は設立基本条約に明記されることもあるが，明示規定がない場合でも，任務の遂行に必要なときは，これを行うことができるものと解されている。

（iii）　特権免除の享有

　国連は「その目的の達成に必要な特権及び免除を各加盟国の領域において享有する」（憲章105条1）。これを受けて，1946年の国連特権免除条約は，国連の構内や公文書等の不可侵，国連とその財産に対する訴訟の免除，さらに直接税・関税の免除等を定めた（2条）。国連がこのような特権と免除を享有することは，その享受者が独立した法人格をもつことの重要なあかしとなる。今日では，類似の特権と免除はその他の国際機構にも広く認められている。

(ⅳ)　国際責任能力

　ここにいう国際責任能力とは，国際機構による違法行為の賠償能力と，被害者としての賠償請求能力の両者をさす。先の国連賠償請求事件では，後者の請求能力は当該機構の法主体性から帰結するものとして取り扱われたが，一般論としては，こうした能力の有無が法主体性の認定の1つの重要なメルクマールをなすとみることができる。今日では，多くの国際機構がこの責任能力を有するものとみなされている。

　以上，国際機構の法主体性の認定に重要と思われる4つの能力要件をみたが，これらが法主体性認定のための必要にして十分な要件かどうかはいまだ定説はない。しかし，これらは国際機構が国際法上有する重要な能力であり，権限であるとみることができるので，その有無は法主体性の認定において不可欠な指標をなすものである。今日の国際機構の多数がこれらを備えていることから，国際機構一般が国際法の主体たる地位をもつとみなされる状況ともなっている。国際司法裁判所は1980年のある勧告的意見で，「国際機構は国際法の主体である」と一般的に述べている（WHO＝エジプト間協定事件・*ICJ Reports 1980,* p.89, para.37）。

④　法主体性の相違

　以上の考察から明らかのように，現代国際法においては，国家のほかに，個人や国際機構も国際法の主体とみなければならない。しかし，このことは個人や国際機構が国家と同じ意味での法主体であるということを意味するものではない。これら2者の主体性は，国家の場合とは次の2点で重要な違いが認められる。第1に，個人の国際法上の権利義務および国際機構の権利・権限・任務等は，基本

的に国家間の条約（人権条約や国連憲章等）によって，すなわち国家の行動をとおして創設されるのであるから，その意味で国家が第1次的主体性をもつのに対して，個人や国際機構は第2次的主体ということになる。第2に，これと関連して，これら2者がもつ国際法上の権利義務等の範囲は，条約が認める枠内にかぎられるので，その制限のない国家が包括的主体性をもつとすれば，個人や国際機構は限定的主体ということになる。

　なお現代国際法は，さらに一定の人民（とくに植民地支配下の人民等），民族解放団体，少数者や先住民などについても特別の地位や権利義務を付与することがある。特殊な例ではあるが，法主体性の議論との関係では，この点にも留意する必要がある。

Ⅳ　国際法とは

❶　学説を振り返ると

　最後に，以上の考察のまとめとして，国際法はさしずめどのような法と定義しうるか，これを考えることとする。何ごとも定義の探究は容易なことではない。その対象問題に精通していないと，核心に迫ることができないからである。手始めとして，まず時代を隔てた先達はこれをどのようにとらえたか，国際法の歴史的変遷を理解する意味も込めて，ここから入ることとしよう。

　まず2世紀半を遡って，スイスのヴァッテル（E. de Vattel）を尋ねることとする。彼は1758年の著書『国際法』において，本書の執筆課題は「諸国家（Nations）の義務と権利をしっかりと確定することである」としたうえで，つづいて，「国際法（学）は，諸国家（les Nations, ou États）間に存在する権利と，その権利に対応する義

務についての学問である」と定義している（彼は "nation" と "État" をほとんど同義語に使っているので，ここでは合わせて「国家」と訳した）。次に，彼から約1世紀半後（19世紀末）のフランスのボンフィス（H. Bonfils）は，「国際法とは，諸国家相互間の関係における国家（États）のそれぞれの権利と義務を規定する諸規則の総体である」とする（1898年）。実は，この両者の定義にはあまり大きな違いはない。むしろ，国際法が諸国家間の権利義務を定める法としている点で一致しており，かつ，ともに個人や国際機構のそれを取り容れていない。ヴァッテルもボンフィスも，国際法はその基底において人間の理性ないし人間性に基礎づけられるとみる点では決して人後に落ちる人物ではないが，しかし国際法の主体という場面になると，個人は舞台裏に退くのである。これは，当時の国家の排他的主体性論を端的に示すものでもある。

❷　文明国と非文明国の区別

　国家のみを法主体とする考え方は歴史的経緯として否定しえないが，注意すべきことは，この時期（近代）にいう「国家」とは実は欧米のキリスト教国が念頭におかれていたことである。国際法を広く国家間あるいは民族間の法ととらえるとき，それは旧くはイスラム諸国や古代中国にも存在したといわれる。おそらく，そのとおりであろう。しかし，ここ数世紀にわたって現実に国際的な支配力を勝ちえたのは西欧起源の国際法である。これは歴史的事実として認めざるをえない。その西欧諸国においては，近代国際法はキリスト教の教義やローマ法の伝統などに基礎をおく高い西洋文化・文明の所産であると思慮されたため，その文明水準にない非欧米諸国はこの法の適用主体とはなりえないものとされたのである。先にふれた

ボンフィスは次のようにいう。「実定国際法は，キリスト教の教義の適用によって形成・発展を可能とさせた，そのような文明（civilisation）をもつヨーロッパ諸国のあいだで形成されたものである。この法は，この文明の段階にいたったすべての国との関係で適用されなければならない」と。

　この認識は，ボンフィスだけが説く珍説と片付けるわけにはゆかない。19世紀の欧米に蔓延していたとらえ方である。そのため，当時は国際法を定義するさいに，その適用主体を「キリスト教国」とか「文明国」に限定するのが一般的であった。たとえば，アメリカのウールジー（T. D. Woolsey）は，国際法は「キリスト教国」（Christian states）で適用される規則の総体であると定義しており（1864年），またイギリスのローレンス（T. J. Lawrence）は，「文明国」（civilized states）の行動を規律する規則であるとする（1895年）。このことは同時に，わが国の開国期の諸条約が不平等条約となったことを解き明かすものでもある。列強諸国の眼からすれば，日本は対等な文明国ではなかったのである。しかしながら，いま振り返ってみれば，自分たちのつくった物差しで測れば，そうなるのも当然のことであろう。こうした一方的な尺度の押しつけは20世紀のはじめまでみられるが，もちろん今日これが許されるわけではない。

❸　現代国際法の定義

　本章では，まず最初にコルフ海峡事件（ 事　例1 ）での法適用状況を概観したのち，国際法はどのような問題を取り扱いながら，どのように発展してきたか（史的展開状況），また国際法が定める権利義務は誰に向けられたものか（法主体），を検討した。これらの考察によって，国際法とはどのような法か，その輪郭をおぼろげながら

つかんでいただいたのではなかろうか。そこで，現代の国際法はどのように定義しうるのであろうか。むろん唯一無二の定義などありえない。このことを認識しつつ，本章の締めくくりとして，筆者自身の定義を示すと，次のとおりである。「国際法は主として国家間の権利義務関係を規律する規範であるが，同時に限定された範囲で個人の権利義務および国際機構の組織・任務・権限等をも定める規範であって，かつ，それらの諸規則の違反に対する制裁や救済の方法を定める規範の総体をさす」と。

なお，この定義との関係で，現代国際法は個人や国際機構をその主体として包摂しているにもかかわらず，今なお「国家間の法」を意味する「国際法」（international law）という名称を使うのは問題ではないか，と思われるかもしれない。厳密にいえば，そのとおりである。しかし，すでに述べたように，今日においても国家がいぜんとして第１次的で中心的な主体であることには変わりはない。「国際法」の名称が常用されるのは，この意味においてである。

国際法
豆知識

「万国公法」と「国際法」

近世初頭のヨーロッパでは，国際法を表わす用語として，ローマ法の *jus gentium*（万民法）が広く借用された。近代における英語の law of nations，仏語の droit des gens，あるいは独語の Völkerrecht などは，いずれもこの *jus gentium* に由来する言葉である。他方，17世紀のイギリスの国際法学者ズーチは，この用語に代えて，*jus inter gentes*（諸民族間の法）というラテン語の名称を新たに使用した。これが18世紀末にイギリスのベンサムによって international law という言葉につくり変えられ，これにならって仏語の droit international という用語が生まれた。これ以

降，英米仏等ではこの名称が広く使われている（ただしドイツでは，いぜんとして Völkerrecht が主流である）。

　わが国では，幕末から明治にかけて「万国公法」という用語で国際法が導入され，この名称が普及した。それは，アメリカの宣教師マーティンが同国のホイートン（H. Wheaton）の著書 *Elements of International Law* を中国語に訳し『万国公法』と題して出版した翻訳書（1864年）が，翌65年，幕府の開成所から復刻本として出されたからである。幕府のオランダ留学生・西 周 が，帰国後，ライデン大学のフィセリング教授の講義録を，『和蘭畢酒林氏万国公法』（1868年）と題して出版したのも，これにならったものである。わが国では幕末の開国以前には，国際法に関する知識はほとんど皆無に近かったと思われる。かりに長崎（出島）をとおして幕府上層部の一部に，その存在に関する知識があったとしても，当時の鎖国体制からして，これを組織的に導入する余地はなかったとみなければならない。したがって，わが国固有のこの法の名称はなく，外来の「万国公法」がそのまま使われたのである。

　他方，明治に入って，箕作麟 祥 は，先にふれたウールジィーの書物 *Introduction to the Study of International Law* を邦訳し，『国際法・一名万国公法』（1873（明治６）年）と題して出版した。「国際法」の初の登壇である。これが即刻に普及したわけではないが，徐々に「万国公法」に取って代わっていったのである。

　箕作がなぜ「国際法」の新語に変えようとしたのか，次の２つの理由を指摘することができる。第１に，原語の international law は「国家間の法」の意味であるから，字義的には「国際法」がよりふさわしいこと，第２に，前述のように，国際法は基本的にキリスト教国において適用されるとするウールジィーの所論を考えると，あたかも万国にあまねく適用される法であるかのような「万国公法」は適当な名称ではない，ということである。こうして，旧名称は今日では歴史的呼称としてのみ名をとどめることとなったのである。なお，興味深いことに，今日の中国では逆輸入の「国際法」が広く使われている。

第**2**章

国際法規則の存在形態

本章の検討課題

　ひとくちに「国際法」といっても，そのなかには多種多様な規則が存在することは前章の説明である程度，理解していただいたものと思う。そこで本章では，それらの規則はどのような形式で存在するのか（法源），それが成立するためにはどのような手続なり要件が必要か，これらの規則には効力上の序列があるのかどうか，また適用上の優先順位はどうか，などを検討することとする。これらを考察することによって，国際法の実体により深く迫ることができるものと思われる。

I　　国際法の法源──国際法の諸規則はどのような形で存在するか

1　法源二分論

　法規則の存在形式を法源（source of law）という。わが国の場合でいえば，法の規則は，憲法，法律，政令，条例，慣習法などの形で存在する。国によっては判例法その他も存在する。それでは，国際法の法源は何であろうか。以前には，この「法源」という言葉が多義的に使われたため，多様なものがこれに押し込められてきた。しかし今日では，法理的正確さを期す必要上，これを２つの形態に分けてとらえる立場が広く採用されている。すなわち，形式的法源と

実質的法源の区別である。

　国際法の形式的法源（formal source）とは，実際に法規範としての効力を有する規則の存在形式をさす。すなわち，国家の行動のあり方を直接に規律する規範のカテゴリーであって，これに違反すれば「国際法違反」と認定される，そのような諸規則である。一般に国際法という場合には，この類型の法規則をさす。これに対し，実質的法源（material source）とは，形式的法源の基礎となるもの，あるいは，その原因となるものをさす。すなわち，法規範形成の淵源となるものであって，それ自身はいまだ法としての効力をもたないので，それに背いても国際法違反を構成するものではない。

❷　具体的存在形式

(1) 形式的法源の種類

　それでは，具体的にいかなるものが各法源に含まれるのであろうか。まず形式的法源としては，条約，慣習国際法および法の一般原則がこれにあたるとみることができる（最後の法の一般原則については異論もあるが，この点はのちにふれる）。国際司法裁判所規程（これは国連憲章と不可分の一体をなす条約）第38条1項は，同裁判所は「国際法に従って裁判する」ことを任務とし，上記3つの形式の法を適用すべきものとした（同項a〜c。最後にd号として判例と学説を補助的に挙げているが，後述のように，これは形式的法源には含まれない）。これら3形態の法は，訴訟当事国の行動の白黒を決する規準，すなわち合法か違法かの決め手とされるものであるから，まさしく形式的法源に類別される。沿革的にいえば，裁判所規程のこの規定（38条1）が形式的・実質的法源の二分論を発展させたとみることができる（現行裁判所規程は，1921年に採択された常設国際司法裁判所規程をほ

ぼそのまま踏襲したものである)。

(2) 実質的法源の多様性

　次に実質的法源であるが，これは形式的法源の基礎となり要因となるものであるから，多様な資料・文書その他がこれに含まれることになる。とくに慣習国際法はさまざまな事情を契機に形成されるので，その淵源は多様である。ここでは，比較的重要と思われる3つの淵源を挙げるにとどめる。国際判例，国際的決議，学説である。これらが，どのような意味において実質的法源とみられるか，先の形式的法源に含まれる3種類の法との関係において検討しなければならない。法源の具体的理解を深めるために，ここで1つの裁判例を紹介することとする。

Ⅱ　事例の紹介

　事例2　北海に面する西ドイツ（東西両ドイツの統一（1990年）前のドイツ連邦共和国），および，その両隣りのデンマーク，オランダの3国は，北海の油田・ガス開発の関心が高まった1960年代，相互に隣接する大陸棚の境界画定の交渉を開始した（「大陸棚」とは，領海の外側（沖合い）に延びる海底とその地下の区域をいう）。海岸に近い一定幅の海域については，それぞれ西ドイツ＝デンマーク，西ドイツ＝オランダ間で部分的な境界線を引く協定が成立したが，しかし，それから先の沖合区域については，境界画定の方法の対立により合意の成立をみなかった。そこで，3国は裁判付託の協定を結び，この場合における「境界画定に適用される国際法の原則と規則は何か」，という点について国際司法裁判所の判断を求めた。

　大陸棚の境界画定の方法については，1958年の大陸棚条約に規定が設

けられた。それによると，隣接国間の境界は相互の合意によって決定するものとし，合意が成立しないときは，「特別の事情」がないかぎり，「領海の幅員測定の起点となる基線上の最も近い点から等しい距離にあるという原則」，すなわち等距離原則によるべきものとした（6条2）。デンマーク，オランダはこの条約の締約国となったが，西ドイツは条約に署名したものの批准をしなかった。同国はデンマーク，オランダに挟まれ，その海岸線は凹状にくぼんでいるため等距離線は内側に引き寄せられることになり，西ドイツには不利な結果を生むものと考えたのである。大陸棚の境界画定は「正当かつ衡平な配分の原則」が適用されるべきである，というのが同国の主張であった。

　他方，デンマーク，オランダは，たとえ西ドイツが本条約の締約国でないとしても，同国はなお本条約の定める等距離方式に拘束されるとした。その理由として両国がわけても強調したのは，この方式が慣習国際法の規則として確立しているからということであった。こうして本件では，等距離方式の慣習法性の認否が大きな争点となったのである。

国際司法裁判所・北海大陸棚事件（1969年）

〔参考文献〕*ICJ Reports 1969,* p.3,『基本判例50〔2〕』6頁（柴田明穂），『百選〔3〕』10頁（柴田明穂），『判例国際法〔2〕』168頁（田中則夫），栗林忠男＝杉原高嶺編『海洋法の主要事例とその影響』（有信堂高文社，2007年）239頁（小森光夫）。

Ⅲ　法源の具体的形態

❶　形式的法源

　ここでは，まず国際法の形式的法源を構成するそれぞれの具体的形態を概説する。上記 事　例2 に関する裁判所の判断は，この説明のなかで適宜ふれることとする。国際司法裁判所規程は裁判の準

則として，条約，慣習国際法，法の一般的原則を挙げており（38条1），これが形式的法源にあたることはすでに述べた。以下，順を追ってみることとする。

(1) 条　　約

ここにいう「条約」とは，広い意味での条約をさす。条約を示す名称には「条約」（treaty, convention）のほかに，「協定」（agreement），「憲章」（charter），「規程」（statute），「規約」（covenant），「議定書」（protocol）などのいくつかの呼称があるが，これらを総称する意味での広義の条約をさす。

(i) 立法条約の重要性

条約とは一定の手続にのっとって締結され，かつ国際法によって規律される書面の国際的合意である。条約の締結によって一定の法制度・法関係が創設されるが，それは当該条約の締約国（当事国）のみで効力を有し，適用される（非締約国（第三国ともいう）には適用されない）。条約はしばしば二国間条約と多数国間条約とに分けられる。国際法の法源という観点からみると，後者の方がはるかに重要である。前者は，通常，特定の二国間の個別的問題を取り決めるにとどまるのに対し，後者は，地域的条約を別とすれば，一般に国際社会全体にかかわる事項の法規範を創設するものが多い（人権関係条約，環境保護関係条約，国際犯罪関係条約等）。それらの条約の多くは，しばしば立法条約（legislative or law-making treaty）といわれる。国際社会全体に必要な新しい法を定立する条約という意味である。国際社会には，国内の立法府に相当する統一的な立法機関は存在しない。その間隙を埋め合わせる役割を担っているのが立法条約である。もちろん，国によっては国内的事情で加入を見送らざるをえないこともままある。しかし今日の国際社会は，相互依存の深化とと

もに，各国が共通の目標の下に共通のルールにのっとって行動すべきことを不可避なものとしている。どの国も，今や手狭となった宇宙船地球号のなかで暮しを共にするほかはないからである（条約をめぐる国際法の諸規則すなわち「条約法」は次の**第3章**で取り上げる）。

(ii) 大陸棚条約の適用性

ここで先の 事 例2 に立ち戻ることとしよう。問題となった大陸棚条約も多数国間条約であるが，厳密にいうと，これは法典化条約（慣習国際法の規則を成文化した条約）としての性質と立法条約としての性質とを併せもっている。国際司法裁判所によれば，本条約の最初の3ヵ条は大陸棚制度の根幹を定めたものであって，それは当時の慣習法規則を成文化したものである。本件で問題となったのはこれらの条文ではなく，第6条の等距離方式の規定である。

まず最初に問題となるのは，この条約を本件に適用できるかどうかである。前述のように，西ドイツは本条約に署名したが（署名は，通常，締結交渉にあたる代表者が行う），しかし批准をしなかった（西ドイツでは批准は大統領の権限）。条約には，代表者の署名で成立するものと，これに加えて批准を要するものとがある。批准を要する条約（ある程度の重要性をもつ条約）は，今日では当該条約にその旨が規定されるのが通例であり，大陸棚条約もその例である（9条参照）。この場合には，批准をもって当該条約の締約国となる。ただし，代表者が署名した場合であっても，国は批准の義務を負うものではない。このような批准の非義務性の原則は19世紀に確立してから，今日まで維持されている。西ドイツは，署名後における条約の検討の結果として，批准を見送ったのである。

したがって，西ドイツが締約国でない以上，裁判所の指摘をまつまでもなく，「本ジュネーヴ条約〔大陸棚条約・筆者注〕第6条は，

それ自体として本件訴訟の境界画定に適用されない」ことになる。条約が裁判で適用されるためには，裁判の両当事国が当該条約の締約国でなければならないのである。

(2) 慣習国際法

(i) 国際法における慣習法の意義

裁判所規程第38条１項は，条約についで，慣習国際法を裁判準則として掲げた。慣習国際法（customary international law）は，条約とは異なり，一般に国際社会のすべての国に普遍的に適用される。北海大陸棚事件（**事　例2**）において，裁判所は，慣習法は「まさにその性質上，国際社会のすべての構成国に等しく拘束性をもたなければならず」，自国の都合によって「一方的な排除」に服するものではないとして，これを確認している。この法は，国際社会の必要性を反映する形で自然発生的に形成されるのであるから，それは国際社会全体の共通のルールとみなければならない。その意味で，慣習国際法はしばしば一般国際法（general international law）とも呼ばれる。

国際法においては，慣習法が占める比重はいぜんとして大きなものがある。そのうちのいくつかは法典化の進展によって条約化されたものがあり，あるいは個別的に条約のなかに組み込まれたものもあるが（外交使節に関するウィーン外交関係条約，無害通航権に関する国連海洋法条約の規定等），しかし，国家が自国民に対してもつ外交的保護権とか，他国への干渉行為を禁止する国内問題不干渉義務のように，国家の重要な権利義務がなお慣習法の規律によっていることが少なくないのである。

(ii) 慣習法をめぐる意見の対立

慣習法は，議会の制定法や国家間の条約とは違って，何ぶんにも

不文法であるので，その規則が存在するのかどうか，あるいは，その内容はどのようなものか，という点で明瞭性を欠くため，関係当事者間の意見の対立を招くことがある。国際司法裁判所には，そのような事例が多くみられる。本章で取り上げた $\boxed{\text{事　例2}}$ もその一例である。要点は次のとおりである。

　デンマーク，オランダは，西ドイツが大陸棚条約の非締約国であるにもかかわらず，同条約第6条の等距離線による境界画定の方式が適用され，西ドイツはこれに拘束されると主張した。その理由としていくつかの論拠が提示されたが，もっとも主要なものは第6条の慣習法化論である。すなわち，条約に取り容れられた等距離方式は，本条約の採択時にはすでに慣習法として確立していたか，ないしは，その後の諸国家の広範な実行（この方式による境界画定の実行）によって慣習法の規則として結実したというのである。もとより，西ドイツはこれに反論したが，しかし，もしこの主張が認められるとすれば，西ドイツは条約の締約国でなくとも，この等距離方式に拘束されることになる。前述のように，慣習法の規則はすべての国に適用されるからである。

(iii)　条約上の規則の慣習法化

　一般論として，ある条約上の規則がのちに慣習法化することは稀ではない。それが，締約国のみならず，国際社会の大多数の国に広く受容されるようになったときである（条約法条約38条参照）。たとえば，国連憲章第2条4項の武力不行使原則は，国際司法裁判所によれば，その後，慣習法の規則となったものであり（ニカラグア事件・*ICJ Reports 1986,* pp.98-101, paras.187-190），また1907年のハーグ陸戦規則慣例条約の附属書・ハーグ陸戦規則も，諸国の広範な承認により「慣習法の一部となった」のである（パレスティナ壁建設事

件・*ICJ Reports 2004 (I)*, p.172, para.89)。後者は，本件の関係国たる
イスラエルが陸戦条約の締約国ではないにもかかわらず，慣習法化
したこの陸戦規則にはなお拘束される旨を明らかにしたものである。

　このようにみると，はじめは条約の規則であったものが，その後
の諸国の広範な受容と実行をとおして慣習法の規則に発展すること
がある。したがって，大陸棚条約の規定（等距離方式）も，その可
能性の評価としては，「完全にありうること」（裁判所）である。そ
こで問題は，この方式が慣習法の規則に発展したか否かである。

(iv)　慣習法の形成要件

　慣習国際法の規則は何らかの行為や事象を契機に形成される。上
にみたように条約規定がきっかけとなることもあれば，ある国の行
動が引き金となることもある。大陸棚制度そのものは，1945年のア
メリカ大統領トルーマンの大陸棚宣言（アメリカ沿岸の大陸棚はアメ
リカの「管轄と管理」に服するとする宣言）を契機に，各国がこれを広
く受け容れ，同様の立場をとることにより慣習法化したものである。
それでは，慣習法が形成されるためにはどのような要件が必要であ
ろうか。 事 例 2 では，デンマーク，オランダは，条約の等距離
方式は慣習法の規則となったので西ドイツはこれに拘束されると主
張した。裁判所はこれにどのように応えたのであろうか。

　裁判所は，慣習法の形成には基本的に2つの要件を充たすことが
必要であるとした。1つは広い「国家実行」（State practice）の存在
であり，他の1つは「法的信念」（*opinio juris*）の形成である。前者
は，その問題について諸国家の広範で一様な実行（一般的国家実行）
が形成されることであり（客観的要件），後者は，この国家実行にす
べての国がしたがわなければならないとの義務的規範意識が形成さ
れることである（主観的要件）。これら2要件の必要性は以前から学

説や判例で広く説かれてきたものであって，本件では裁判所がこれを公式に確認した点で注目される。第1の要件は，すべての国の完全に一致した実行である必要はなく，共通性のある一般的な国家実行が形成されることで足るとされる。なお，第2の要件（法的信念）は，その立証が困難なことが少なくないことから，これを形成要件から外すべきであるとする学説もみられる。

(v) 等距離方式は慣習法の規則か

　それでは，本件の等距離方式は慣習法の規則となったのであろうか。裁判所はこれを否定した。詳細は省くが，裁判所によれば，この方式の採用については第1の要件も，第2の要件もともに充足されていないという。すなわち，隣接国相互間の等距離線による画定は決して一般的な慣行となっているわけではなく（あい向い合う国の中間線の先例はある程度みられる），また合意がないときは等距離線によるべきであるとの義務的認識も認められないとする。こうして，裁判所は等距離方式の慣習法性を否認しつつ，よって西ドイツはこの方式による境界画定を義務づけられないものと判示した。

(vi) 本件に適用される法原則

　裁判所は等距離方式を斥ける一方，かといって，これに代わる別の単一の画定規則があるわけでもないという。本件の審理にかかわったフィッツモーリス（G. Fitzmaurice）裁判官は，後年のある論文のなかで，本件は「潜在的 *non liquet* の事態に直面した」ものであると述懐している（*non liquet*（裁判不能）については40頁の 国際法豆知識 参照）。しかし裁判所は，「適用される法の規則と原則はなお存在する」という。すなわち，大陸棚制度の形成過程と本制度の本旨にかんがみると，境界画定は衡平の原則（equitable principle）にしたがい，かつ関連するすべての事情を考慮して，合意によって決定

されなければならないというのが国際法の原則であるとする。その
うえでさらに，この合意の形成のための交渉において考慮されるべ
き一定の関連要素（海岸の一般的形状，大陸棚の広がりと海岸線の長さ
との均衡性等）を提示した。この判決にもとづいて3国は改めて境
界画定の交渉を行い，1971年，最終的な境界線の確定に漕ぎ着けた
（大陸棚・排他的経済水域の境界画定の方法については本書191頁以下参照）。

(3) 法の一般的原則

(i) 本原則の導入の目的

　裁判所規程は，前述のように，条約，慣習国際法についで，「法
の一般原則」（general principles of law）を裁判準則として取り容れた
（38条1c）。これはどのような法原則であろうか，これを理解するた
めには第38条の起草経過を顧みなければならない。場面は1920年に
遡る。常設国際司法裁判所規程の草案作成にあたったハーグ法律家
諮問委員会（国際連盟理事会によって設置（10名））は，法律的紛争に
ついては同裁判所の義務的管轄権（紛争当事国の合意を前提としない
管轄権制度）を認める方針をとる一方，他方において，適用法規の不
存在による *non liquet*（裁判不能）の事態が生じないかどうかを憂慮
した。つまり，条約と慣習国際法の規則だけでは，すべての提訴事
件に対応しきれない事態が生ずることを危惧したのである。そこで，
本委員会は裁判準則の拡充をはかるため，3番目の準則として「法
の一般原則」を，また第4に法則決定の補助手段として判例と学説
を取り容れることとした。このように，法の一般原則の導入は直接
的には *non liquet* を克服しようとする趣旨によっているのである。
　なお，裁判所規程の文言は，これを「文明国が認めた法の一般原
則」（傍点筆者）としている。この語句は，文明国と非文明国を区別
しようとした19世紀の欧米諸国の意識（この点は本書23頁参照）を20

世紀の初期（1920年）の段階まで引きずっていたことを示す。1945年の新裁判所規程（現行規程）の採択のさいにも，これが削除されないまま残ってしまった。しかし，差別的とも解されるこの語句は，今日では特別の意味をもたない空文句とみなされている。

(ii) 本原則の意味

それでは，法の一般原則とは具体的にどのような法概念であろうか。ハーグ法律家諮問委員会でこれを提案したのは，イギリスのフィリモア（W. G. F. Phillimore）とアメリカのルート（E. Root）であった。会議におけるフィリモアの説明によれば，これは「すべての国の国内裁判で受け容れられているもので，ある種の手続原則，信義則，既判力の原則などである」。すなわち，各国で共通に認められる国内法上の一般的原則ということになる。推測するに，国内法の原則であっても，それが諸国間において一般性をもつものであれば，いずれかの訴訟当事国に有利ないし不利に働くということはなく，むしろ国際裁判の機能の向上にも効果的である，という考慮があったものと思われる。

国際司法裁判所は，これまでさほど頻繁に法の一般原則を適用してきたわけではない（この事実は，国際法の適用法規がそれほど逼迫した状況にはないことを示す）。しかし必要に応じて，これに訴えてきたことも事実である。たとえば，責任発生の諸原則，エストッペル（禁反言），信義則，権利濫用の原則，証拠能力の原則，訴えの利益，既判力の原則などである。もっとも，それらのなかにはすでに国際法の原則として確立しているとみられるものもあるので，厳密な識別は困難である（裁判所はこの原則に訴える場合，逐一その旨を直接的に断らないのが通例である）。

(iii) 本原則の法源性

残る重要な問題は，法の一般原則が国際法の独自の法源，すなわち条約，慣習国際法につぐ第3の形式的法源とみうるかどうかである。この点については，従来から学説の対立がみられる。これを否定的に解する見解によれば，この原則はあくまで国内法上の原則であること，また，それが国際司法裁判所の裁判準則とされたからといって，本原則を国際法規範に変質させるものではないこと，さらに，この原則は裁判所規程という条約によって導入されたのであるから，その法源性はせいぜい「条約」のカテゴリーに包摂されるにとどまること，などが指摘される。

しかしながら，これらの論拠はやや形式的にすぎるのではなかろうか。たしかに法の一般原則は国内法に基礎をもつのであるが，それが国際裁判の準則とされたことは，一般には国際的法規範性をもつことになる。なぜなら，国家がこれに背いて行動するときは，裁判では「違法」の認定を受けることになるからである。一般論として，裁判規範は同時に行為規範としての性格をもつのである。しかも，法の一般原則は今日では国際司法裁判所のみならず，国際仲裁裁判所（国際紛争平和的処理一般議定書18条）や国際刑事裁判所（同裁判所規程21条1(c)）を含む国際裁判一般の裁判準則として認められていることにも注意しなければならない。そうであれば，条約や慣習国際法とは異なる淵源をもつ法の一般原則は，前2者とは異なる独自の法源（形式的法源）を形成するとみるのがより妥当であろう。

non liquet の克服

　non liquet とは，裁判に適用される法規の不存在ないし不明瞭のために裁判ができなくなること（裁判不能）をいう。国際社会には統一的な立法機関は存在しない。また，この状態を補完する立法条約がつくられても，[事例2] の西ドイツのように，これに加入しない国にはその規則は適用されない。それゆえ，この北海大陸棚事件は「潜在的 *non liquet* の事態に直面した」（フィッツモーリス裁判官）ものである，との指摘も理由がないことではない。そういう事態を防ぐ趣旨で「法の一般原則」が導入されたことは，本文で述べたとおりである。

　もっとも，*non liquet* のおそれは国際裁判に特有のものではない。法の整備のすすんでいない，新しい社会事象の発生時などには国内裁判でも懸念されることである。一般に国内法はその場合でも，裁判所による *non liquet* の宣告を認めない方針をとってきた。有名なのはスイス民法典（1907年）であって，それによれば，成文の法律や慣習法がないときは，裁判官は「みずからが立法者であるならば制定するであろう規則」にしたがって裁判すべきものとした（1条2）。また，わが国の太政官布告103号の裁判事務心得（1875（明治8）年）は，民事裁判において「成文ノ法律」も「習慣」もないときは，「条理ヲ推考シテ裁判スヘシ」（3条）とする。「条理」とは，物事の道理というような意味ではなかろうか。いずれにしても，これらは法の不存在を理由とする *non liquet* の宣告を禁止したものと解される。「法の一般原則」の導入も，これと同じ系譜の対処策である。

　国際裁判の歴史を振り返ると，その実情は *non liquet* を一貫して排除してきたことが理解される。少なくとも，19世紀来の仲裁裁判を含めて，*non liquet* を正面から宣言した事例はみられない。当該事件の主題にぴったりとあてはまる規則がなくても，そのことは適用される法の不存在を意味しない。国際法の分野では，そのような事例は少なくない。あらゆる関連法規を調査し，有効な法理論と解釈方法を融合させて，適

用されるべき法を発見することは裁判官の第一の使命である。イギリスのポロック（F. Pollock）は，たとえ先例がなくとも，裁判官はすべての事件において法を発見することが義務づけられており，これは「わが国の慣習法の第一にして最高の規則である」としているが，これは国際裁判にもあてはまることである。国際法委員会（ILC）が作成した仲裁裁判モデル規則（1958年）は，「仲裁裁判所は，適用される法の沈黙ないし不明瞭を理由に *non liquet* を宣言することはできない」（11条）とした。

2 実質的法源

　実質的法源は，法規範性をもつ形式的法源の基礎をなし，その生成要因となるものである。それ自身は法規範たる性質をもたないが，現行法の内容を確定するさいに重要な判断材料となることがある。ここでは，先に述べたように，国際法の形成に比較的重要な役割をもつ「国際判例」と「国際的決議」をみたあと，最後に「学説」（学術理論・見解）を取り上げることとする。

（1）国 際 判 例

（i）法源論における判例の地位

　ここでは主として国際裁判の判例を対象とするが，国内裁判の国際法判例（国際法を適用した国内の裁判例）が当然に排除されるわけではない。国際法上の制度のなかには，たとえば主権免除（国家免除）や海洋法の伝統的諸制度のように，もともと国内判例をとおして形成されたものが少なくない。ただ，国内判決はその国の特殊な利害や事情を反映することがあるので，その点で慎重を要することがある。

　戦前の常設国際司法裁判所および戦後の国際司法裁判所が，国際法の整合性のある発展にはたした役割は大きなものがある。その判例は実質的には形式的法源に優るとも劣らない地位を占めている。

そのことは，たとえば現在の裁判所が頻繁に旧裁判所や自己の裁判例を引証している事実からも明らかであろう。そこでは実質的に，国際判例法（international case law）というのに近いものが形成されているといってもよい。

しかし，裁判所規程上はこれを形式的法源に含めることはできない。それは次の2つの理由による。第1に，裁判準則を定めた規程第38条1項は，「学説」とともに，判例を「法則決定の補助手段」としていることである（同項d）。つまり判例は，その前の同項a～c号（条約，慣習国際法，法の一般原則）と異なり，何が法であるかを決定するための補助的手段にとどまるのである。第2に，同規程は判決の先例拘束の原則（principle of *stare decisis*）を明示的に排除していることである（59条）。すなわち，前の判決の適用を義務化するような「判例法」の形成を認めていないのである。

このような判例の位置づけ（実質的法源）は，あくまで裁判所規程にてらしてみたときのとらえ方である。実質的には，前述のように，4番目の形式的法源に匹敵しうるほどの重要性をもっている。先例拘束の原則をとるか否かにかかわらず，確立した判例がのちの同種の事件に対して規範的権威をもつことは，国内・国際裁判を問わず，いいうることである。それは法の安定性の確保という社会的必要性に由来する要請である。

(ii) 判例のもつ意義

国際判例の意義という点では，国際司法裁判所の判例はとりわけ重要である。この裁判所は国際法上の問題全般を取り扱う唯一の国際裁判所であり，ある1つの法分野の裁判であっても，他の分野の法との整合性をとりながら判例をつくってゆくからである。同裁判所の判決は形式的には訴訟の当事国のみを拘束するのであるが（規

程59条），実際には第三国に対しても相当に大きな影響を及ぼすことがある。たとえば，裁判所がある多数国間条約の解釈を行ったときは，その解釈は締約国全体にとって無視しえないものとなる（ラグラン事件（2001年）でのウィーン領事関係条約の解釈，ジェノサイド条約適用事件（2007年）での同条約の解釈等）。

　また，裁判所がある慣習国際法の存否を認定したときは，それはすべての国に対して法的効果が及ぶことになる。前章の 事　例1 （コルフ海峡事件）でみた，国際海峡における外国軍艦の無害通航権の認定もその例である。裁判所はこの通航権を慣習国際法上の権利として認めたのであるから，およそ国際海峡では——それが沿岸国の領海を構成する場合でも——すべての国の軍艦が無害通航権を享受することになるのである（慣習法の普遍的適用性）。

　慣習法との関係については，わが国においても興味深い事例がみられる。それは本章でみた 事　例2 とも関連する。この事例の西ドイツと同様，日本は大陸棚条約に反対し，これに加入しなかったにもかかわらず，わが国沿岸の大陸棚に対しては，わが国が「主権的権利」（大陸棚条約2条1）を有するとの立場をとってきた。その主たる根拠は，事　例2 の北海大陸棚事件で，国際司法裁判所が第2条の「主権的権利」は慣習国際法上の権利を定めたものである，と認定したことによっているのである。

国際法
豆知識　　　　　　**日本と大陸棚条約**

　日本は大陸棚条約の採択（1958年）に反対し，これに署名も批准もしなかった（非締約国）。その主たる理由は，本条約が沿岸国の主権的権利の対象となる大陸棚資源のなかに「定着性種族」を含めたためであ

る。定着性種族とは，採捕に適した段階において海底で静止しているか，または海底に絶えず接触していなければ動くことのできない生物をいう（2条4）。これには貝類，サンゴ，海草等が含まれるであろうが，カニ，エビ等の甲殻類は争いがある。日本と旧ソ連は，北洋のカニ漁をめぐって解釈の対立を招いた（ソ連はカニ類を大陸棚資源とする）。結局，双方の解釈上の対立を棚上げにしたうえで，漁獲条件や漁獲量を定める特別の協定（日ソカニ協定）を結ぶことによって，日本は操業をつづけることとなった。

　他方，わが国は，鉱物資源の開発に関する大陸棚制度は慣習国際法上確立したとの理由から，のちにその主権的権利を主張するようになった。その背景には，事例2の北海大陸棚事件判決が決定的な影響を及ぼした。政財界から鉱物資源確保のための条約の早期の批准が要請されるなか（ただし水産界は反対），当時の外務大臣は，「最近の国際司法裁判所の判決などによっても明らかにされておる点でございますから……大陸だな条約に入っておりませんでも……日本は主権的な権利を行使し得ることが確保されております」と述べている。これは，上記判決の翌月の国会答弁である。

　この点でさらに興味深いのは，日本の企業との掘削請負契約にもとづいて日本周辺の大陸棚の試掘作業にあたっていた外国企業に，わが国の法人税法の課税権が及ぶかどうかが争われた事件である（日本の領海外の掘削作業にかかわる対価への課税）。東京地裁は，前提となる日本の主権的権利の存在については，これを慣習国際法上の権利とする北海大陸棚事件判決を詳しく引証したのち，「したがって，日本は大陸棚条約に加入していなくとも，本件係争年度当時，慣習国際法上の権限として，……その鉱物資源を開発するための主権的権利を行使することができた」とした。本件は，国際裁判の判例が国内裁判に及ぼした影響の一例といえよう。なお，定着性種族については，「大陸棚条約により立法された規則というべきであり，慣習国際法上の規則とはいえない」とする（法人税等課税処分取消請求事件（オデコ会社事件）・東京地判昭57・4・22行裁集33巻4号838頁）。東京高裁も基本的に同じ立場をとった。

わが国は国連海洋法条約への加入（1996年）に伴って，「排他的経済水域及び大陸棚に関する法律」を制定し，わが国の法令の適用範囲を明確にした。

(2) 国際的決議

(i) 法源性をもつ決議

　国際機構で採択される決議・宣言（resolution, declaration）は一般には奨励としての勧告的性質をもつにとどまり，加盟国を法的に拘束することはない（ただし，機構の内部問題の決定は別）。法としての効力をもたないのであるから，これを形式的法源に類型化することはできない。また，ひとくちに国際機構の決議といっても，それにはさまざまな種類のものがあり，それらすべてが国際法の法源（実質的法源）と関係するわけではない。とくに国際機構が特定の事態の発生に対処するための決議や，特定の国に向けられた勧告決議などは，一般的な規範の創設とは関係しないため，法源論との関連性ははなはだ希薄である。

　法源との関係で注目されるのは，すべての国を対象とする一般的規範の創設ないしその明確化を志向する決議である。そのような決議は，これまで国連総会で採択されることが多かった。国連は，今日，国際社会のほとんどすべての国が加入しており，その総会は全加盟国で構成される唯一の主要機関であるので（憲章9条1），国際社会の総意を反映するのにふさわしい機関である。国連憲章は，総会の役割の1つとして，「国際法の漸進的発達及び法典化を奨励すること」を挙げている（13条1a。この任務の遂行の一環として，国際法の法典化にあたる国際法委員会（ILC）が設けられている）。このように総会は，立法機関ではないものの一般的規範の生成・発展に重要な

役割が与えられているのである（ただし，総会はそのための排他的権限をもつ機関ではないことにも留意しなければならない）。法源との関係で意義をもつ決議は次の2種類に分けることができる。国際法明確化決議と国際法生成促進決議である。

(ii) 国際法明確化決議

これは，現行国際法の一般的規則や原則を具体化・明確化する決議である。たとえば，すでにふれた国連総会の友好関係原則宣言（1970年）は，国連憲章に取り込まれた基本的原則（武力不行使原則，人民の自決の原則，主権平等の原則等）を精緻化したものである。同じく総会の領域内庇護宣言（決議2312・1967年）や干渉不許容宣言（決議36／103・1981年）などは，それぞれ慣習国際法上の国家の領域的庇護権（他国での迫害等により自国領域内に逃れてきた者を保護する権利）を，また国内問題不干渉義務の内容を，個別的に具体化しようとした決議である。

これらの決議は現行規則の明確化をめざすものであって，それ自体，新規立法を試みるものではない。決議それ自体は法的拘束力を有しないので，形式的には加盟国を直接に拘束するものではないが，しかし，採択された決議の内容は，その法規則が何であるかの有力な判断材料を提供するものであって，その意味で，国際司法裁判所規程のいう「法則決定の補助手段」（38条1d）として位置づけられるであろう。

(iii) 国際法生成促進決議

これは，上の(ii)のカテゴリーの決議と違って，新たな法規則ないし法制度の将来的創設を意図して採択される決議である。すなわち，近い将来の法の形成を視野に，その布石として出される決議であって，それがのちに条約上の制度として取り容れられる場合と，決議

の内容がのちに慣習法として結実する場合とがある。前者の例としては，1963年の宇宙法原則宣言（総会決議1962）がその後の宇宙条約で法制化されたことや，1970年の深海底原則宣言（総会決議2749）が国連海洋法条約（1982年）第11部に制度化された例が挙げられる。

　後者の慣習法化の例としては，アパルトヘイト禁止の一連の総会決議，人民の自決権を繰り返し確認する決議などを指摘することができる。これらは，別途，特別に条約化されたり（アパルトヘイト条約・1973年），人権条約のなかに取り込まれてもいるが（国際人権規約第1条の自決権規定），同時に，これらは慣習国際法上の規則としても確立したものとみられている（したがって条約の締約国か否かを問わず，これらの規則はすべての国に適用される）。国際司法裁判所は，自決権については，これを「対世的権利」（right *erga omnes*）とさえ認定している（東ティモール事件・*ICJ Reports 1995*, p.102, para.29）。「対世的権利」とは，この権利の保持者が，条約の有無を問わず，すべての国に対してこれを普遍的に主張することができ，他の国は別の法的根拠をもってこれを否定することのできない権利である。つまり，国際社会全体に対して対抗することのできる権利である。

　他方，決議の内容が慣習法化したか否かは慎重な判断を要する。一般には，それが諸国家に広く受容され，かつ，その規範性に関する法的信念（*opinio juris*）が認められなければならない（慣習法の形成要件の充足）。核兵器使用の合法性事件（勧告的意見・1996年）において国際司法裁判所は，一般論として一連の決議を基礎として新しい法が形成される可能性を認めつつ，他方，核兵器使用の違法性を訴える総会の諸決議は，とりわけ核抑止政策に依存する諸国の反対を伴うものであって，慣習法の形成に必要な「法的信念」が醸成されていないとした（*ICJ Reports 1996 (I)*, pp.254-255, paras.68-73）。

(3) 学　　説

(i) 学説の意義

ここにいう学説とは，国際法に精通した学者の法理論・法解釈である。裁判所規程がこれを「法則決定の補助手段」としたことは，適用されるべき法の探究において学説がしばしば有益な示唆を与えるからである。学説はもとより法そのものではない。しかし，アメリカ連邦最高裁がパケット・ハバナ号事件でいうように，「多年の研究と経験により当該主題に精通した法学者の業績」は，「何が真に法であるかの信頼しうる証拠をなす」ことがあるのである（The Paquete Habana, 1900, 175 U.S. 677）。

国際司法裁判所は，その判決文のなかに個別の学説を直接に引用しないことを慣例化している。しかし，このことは学説の検討・参照をないがしろにしているということではない。むしろ，これを丹念に調査していることは，各裁判官の少数意見（反対意見，個別意見）をみることによって明らかとなる。

(ii) クゥバーン裁判官の所論（フランコニア号事件・1876年）

ここで，少し旧い事例であるが，イギリスのフランコニア号事件（1876年）のクゥバーン（Sir Alexander Cockburn）判決にふれたいと思う。この事件の争点は，イギリス沿岸3カイリ内の領海で衝突事故を起こしたドイツ船フランコニア号の船長に対して，イギリスが刑事裁判権を行使しうるかどうか，ということである（イギリスの被害船は沈没，乗客1名死亡）。本件は国王留保事件裁判所で取り扱われ，判決は7対6でイギリスの裁判権を否定した。この事件に対しては，当時，イギリス国民の関心も高かったようであり，判決の翌日には，タイムズ紙（新聞）にこれが詳しく報じられた。のみならず，判決の全体的水準の高さからであろう，今日でも国際法の書物

にしばしば引用される事例である。

　多数意見をもっともよく代表するクゥバーン判決（イギリスの上級裁判所は裁判官全員が自己の判決を書く）は，領海に及ぶ沿岸国の権利の性質を確認するために，グロティウス，プーフェンドルフ，バインケルスフークから始まって同時代の学者にいたるまで，おびただしい数の学説を徹底的に調べ上げている。学説の引証・紹介だけで延々と15ページ（搭載判例集）に及ぶ。その結論として，クゥバーンは，領海の幅員はともかく，そこに及ぶ沿岸国の権利の性質については，学説上「大いなる意見の相違と不明瞭性」が認められるとする。

　クゥバーン裁判官によれば，いかに学説上の一致がみられても，それ自体は裁判で適用しうる法ではない。「その業績は法の原則と規則を明確化し確認するのに有益ではあっても，国際法学者は法をつくることはできないからである。法として拘束力をもつためには，それに拘束される諸国の賛同（assent）をえなければならない」とする。この点，法学者の見解がむしろその賛同の証拠とされるべきであるとの主張については，これを受け容れがたいものとする。法学者の意見は深く尊重されるべきであるが，しかし，学説上の意見と，それが法とされる根拠（諸国の賛同）とは区別して取り扱われるべきものであって，後者は「事実」の問題として，別途，確認されなければならないという。

〔本件の参考文献〕Reg. v. Keyn, *Law Reports,* 2 (1876-7) Exch. Div. 63, 159, 栗林忠男 = 杉原高嶺編『海洋法の主要事例とその影響』（有信堂高文社，2007年）3頁（杉原高嶺）。

　このように，彼が結果的に学説への依存に慎重な態度をとったのは，本件の主題について学説上の大きな不一致が認められたからで

ある。ただ，彼が示す「学説」の位置づけは，裁判所規程がとった
立場（法則決定の補助手段）と基本的に変わりはないものとみられる。
なお付言するなら，クゥバーン裁判官は，19世紀のもっとも著名な
国際仲裁裁判であるアラバマ号事件（1872年）のイギリス政府指名
の裁判官を務めた人である。国際法にも深く精通した，当時の高名
な法律家であった。

Ⅳ　国際法規の効力と適用関係

Ⅰ　国際法規の効力関係──国際法の諸規則は上下の階層をなしているか
(1)　一般的効力関係

　前節（Ⅲ）において，国際法は３つの法源（形式的法源），すなわ
ち条約，慣習国際法，法の一般原則，から成り立つことを考察した。
そのうち，国際法の本来の法源とされるのは前２者であり，最後の
法の一般原則は補充的性格の規則である。そこで，本節（Ⅳ）の以
下の考察では，主として条約と慣習国際法の規則について，その効
力と適用関係を検討することとする（法の一般原則は効力上も，また
適用上も条約や慣習国際法に優る地位を占めることはなく，むしろ，あと
の２つの法のなかに適用される規則がないときに用いられるべきものと一般
に解されている）。

　最初に，国際法規の効力関係であるが，まず国内法の場合と対比
してみよう。さまざまな種類の法規からなる国内法は憲法を頂点と
するピラミッド型の縦の効力構造をなしている。「この憲法は，国
の最高法規であって，その条規に反する法律，命令，詔勅及び国務
に関するその他の行為の全部又は一部は，その効力を有しない」
（日本国憲法98条Ⅰ）というように，下位の法は上位の法に抵触しな

い限度でその効力が認められることになる。

　それでは，国際法の場合はどうであろうか。ひとくちに条約といっても，そのなかには多様の規則があり，慣習国際法にも種々の規則がある。それらの規則は，実はすべて同一平面上に並存しているのである。つまり縦の序列構造をなすことはなく，みな同じ効力をもって並列する関係をなしている。条約の規則であるからといって慣習国際法の規則に優るとか，あるいは慣習国際法の規則であるとの理由で条約に優位するということはない（ただし，次にみる「強行規範」の場合は例外となる）。それでは，もし2つの規則があい抵触するとき，たとえば条約の規則と慣習国際法の規則が抵触するときはどうなるのであろうか。実は，この場合にも，いずれか一方の規則の効力が否定される（無効）ことはなく，具体的な事案が生じたときに，いずれの規則がそれに適用されるか，次の❷で述べるように，適用上の優先問題として処理されるのである。

(2) 強行規範の上位性

(i) 強行規範の承認

　国際社会においては国家はその主権の行使の一形態として，どのような条約を締結するのも自由である，とするとらえ方が伝統的に強かった。とくに，自然法論が衰退する19世紀以降，この傾向が広く浸透していった。しかし学説上では，これに疑義を呈する見方がなかったわけではない。19世紀の段階でも，スイス出身のブルンチュリ（J. C. Bluntschli）やイギリスのホール（W. E. Hall）といった学者は，たとえば奴隷取引の協定などを念頭におきつつ，人道原則上，その効力を否定的に解する見解を提示していた。20世紀に入ると，この立場は「国際公序」（international public order）論の展開の形をとりながら，強行規範の存在を肯定的にとらえる見方に発展し

てゆくのである。すなわち、国際公序の維持のために、一定のカテゴリーの条約はその存在を排斥する上位の規範によって効力が否定される（無効），とする立場である。

　他方，国家主権原則の尊重，国際公序概念の未成熟性，無効条約の先例の欠如等を理由に，いぜんとして強行規範の存在を消極に解する見方も有力に存在した。この対立に決着をつけたのは，1969年の条約法に関するウィーン条約（条約法条約とも呼ばれる）である。

　(ii)　強行規範の概念

　条約法条約によれば，「締結の時に一般国際法の強行規範に抵触する条約は，無効である」(53条)。ここにいう「強行規範」(peremptory norm, *jus cogens*) とは，「いかなる逸脱も許されない規範として，また，後に成立する同一の性質を有する一般国際法の規範によってのみ変更することのできる規範として，国により構成されている国際社会全体が受け入れ，かつ，認める規範をいう」と定義されている（同条）。具象化しにくい定義であるが，これによると，強行規範は「一般国際法」として，つまり慣習法上の規範として，「国際社会全体」に受け容れられているものであって，それからのいかなる逸脱も許されない規範である。したがって，その存在形式は，少なくとも特定の諸国の条約によって随意に創設されるものではなく，また特定の地域的慣習法として存在するものでもない。

　しかし，具体的内実はどのような規則か，この定義から具体像を描くことは困難である。この点で参考になるのが，本条約の草案の作成にあたった国際法委員会（ILC）の解説である（強行規範の規定はすでに委員会草案に存在した）。委員会は例示的示唆としてであるが，国連憲章違反の武力行使を意図する条約，国際法上の犯罪行為をもくろむ条約，奴隷取引，海賊行為，ジェノサイド（集団殺害）行為

等を許容する条約，などは強行規範に反するものとした。これらは，あくまで委員会が想定するものである。その意味で，条約法条約は，その具体的実体の確定は今後の国家実行の集積や国際裁判の判例に委ねたものと解される。そこで判例の状況であるが，国際司法裁判所はこの点でやや慎重な態度をとっている。これまでジェノサイドと拷問行為についてのみ，この規範の違反となることを確認しているだけである（コンゴ領軍事活動事件・2006年，ジェノサイド条約適用事件・2007年，訴追・引渡請求事件・2012年）。今日，強行規範の違反として一般に有力視されるのは，ジェノサイド，拷問行為のほか，侵略行為，自決権の侵害などである。

(iii)　強行規範の効力

　この規範は，これに抵触する条約を無効とするのであるから，法の効力上の位置づけとしては条約より一段と高い地位にあるとみなければならない（上位規範）。この位置づけは，理論的には通常の慣習国際法の規則との関係でもいいうるであろう。なお，既存の条約がのちに成立した強行規範に抵触するときは，その新規範が成立した時点で当該条約は終了する（条約法条約64条）。この場合の強行規範は既存の条約の無効原因としてではなく，終了事由として機能することになる（本書71-72頁参照）。

②　国際法規の適用関係

　以上の考察において，国際法の諸規則は，強行規範を別として，相互に同一平面上に並存していることが理解された。そうすると，次の問題として，同じ事項について異なる規則が存在する場合，たとえば条約と慣習法の規則が異なる場合など，それぞれの規則はどのように適用されるのであろうか。ここでは3つの法源（形式的法

源）について，その適用関係の要点をみることとする（条約相互間の適用関係は次の**第3章**（条約法）で取り上げる）。

(1) 条約と慣習国際法の関係

条約と慣習法との関係では，「特別法は一般法を破る」(*lex specialis derogat legi generali*) の原則が適用される。国際法上，条約は特定の締約国間において特別の規則・制度をつくる法として，「特別法」とみなされ，他方，慣習国際法はすべての国に適用される「一般法」として取り扱われる。条約のなかには，締約国間において特別の施策を講ずる必要から，あえて一般国際法（慣習国際法）の規則とは異なる，あるいは，それを修正するための特別の制度を締約国間で設けることがある。たとえば，一定の公海上で麻薬密輸の疑いのあるイギリス船をアメリカが臨検しうるとした英米麻薬臨検協定（1981年）などがこれである（公海上では船舶の国籍国のみの管轄権の行使を認める一般国際法（旗国主義）の修正）。この場合には，先の特別法優先の原則により，両締約国間ではこの協定が適用される。国際法上，慣習法の規則を修正する条約は，それが締約国間でのみ実施され，かつ第三国の権利を害さないときには，有効なものとして取り扱われる。この種の条約は広くみられる。

(2) 法の一般原則の適用

法の一般原則は，前述のように（本書37頁以下），条約および慣習国際法の規則が存在しないときに適用されるものとして導入された。その経緯から，国際裁判では，この原則は補充的な裁判準則とみなされている。したがって，適用されるべき条約ないし慣習法のたしかな規則が存在するときは，それらに優先して法の一般原則が適用されることはないものとされている。

③ 国際法の誠実な遵守

　国家は自国に適用される国際法の規則を正しく履行しなければならない。つまり，その規律内容を自国において適切に実施・実現しなければならない。周知のように，日本国憲法は，わが国が締結した条約および慣習国際法の誠実な遵守を定めており（98条Ⅱ），また条約法に関するウィーン条約（1969年）も条約の誠実な履行を求める一規定をおいている（26条）。*pacta sunt servanda*（合意は守られなければならない）の基本原則である。条約はその締約国を，慣習国際法はすべての国を拘束するので，誠実な遵守・履行を定めたこれらの規定は，実は国際法上の当然の義務を確認したものにすぎない。その意味では特別に必要な規定ではない。ただ，過去の歴史を振り返ると，国家はややもすると，ときの政治情勢等に駆られて，国際的義務の履行をないがしろにすることがなくはなかった。こうした経緯にかんがみて，上の誠実な遵守の規定が改めて設けられたのである。

第3章

条　約　法

本章の検討課題

　前章でみたように，条約は国際法の重要な法源（形式的法源）である。慣習国際法と違って，条約は必要な法規則や法制度を迅速に供給できるため，国際社会の秩序形成のために担う役割は重要である。今日，海洋や宇宙の法秩序，国際環境の保護，人権保障，国際犯罪の防止等のために，さまざまな条約がつくられていることは周知のとおりである。そのなかには二国間条約や地域的条約も存在するが，国際社会の大多数の国が加入する一般的多数国間条約（国際人権規約や地球温暖化防止条約その他）は，すでに述べたように，統一的な立法機関をもたない国際社会において立法の機能を担うものである（立法条約）。

　本章で検討する条約法（law of treaties）とは，条約をめぐる国際法の諸規則，すなわち条約の締結，留保，適用，効力，終了等に関するさまざまな規則を総称するものである。これらの規則は，もともとは慣習法として発展してきたのであるが，1969年の条約法に関するウィーン条約（条約法条約ともいう）においてこれが成文化（法典化）された。本書では以下，このウィーン条約にそって説明することとする（以下，本章ではとくに表記のない条文の引用はこの条約法条約をさす）。

事例3 アイスランドは，1958年，漁業水域を12カイリに拡大する法令を制定したが，イギリス漁船とのあいだに操業のトラブルが跡を絶たなかった（アイスランドの周辺海域はタラの好漁場）。1961年の両国の交換公文（条約）は，アイスランドの12カイリ漁業水域を容認する一方，この先，もし漁業水域のさらなる拡大によって紛争が生じたときは，いずれかの当事国の請求によって，これを国際司法裁判所に付託するものとした。1972年，アイスランド議会は漁業水域を50カイリに拡大する規則を制定し，イギリス漁船の閉め出しをはかった。そこでイギリスは同年，先の交換公文にもとづいて，この拡大措置の違法・無効を訴える訴訟を国際司法裁判所に起こした。

　アイスランドは出廷を拒みつつ，裁判所宛の書簡において本件の裁判管轄権の存在を否定した（出廷拒否の場合の裁判については同裁判所規程第53条参照）。とりわけ，1961年の交換公文の締結は，「イギリス海軍の軍事力の行使」の下での「きわめて困難な状況」において行われたものであるとして，ウィーン条約法条約第52条（武力の威嚇・行使にもとづく条約の無効）が適用されることを示唆した。この主張に対し，裁判所の管轄権判決（1973年）は，第52条の慣習法規性を認定しつつ，本件では武力を伴う条約（交換公文）の締結は何ら立証されていないとして，本条の適用を拒否した。アイスランドはまた，「漁業資源の開発の絶えざる増大による事情の変化」によって，先の交換公文の効力は終了した旨を主張した。すなわち，事情変更の原則の援用である（条約法条約62条）。アイスランドによれば，同国はたぐい稀な漁業依存国であるため，資源開発による事情の変化は同国の「死活的利益」に影響を与えるという。しかし，裁判所はこの主張も認めなかった。アイスランドは，死活的利益の問題を交換公文で留保していないだけでなく，第62条が適用されるため

には，その後生じた事情の変化に伴って，それが条約上の「義務の範囲を根本的に変更する効果」（62条1(b)）をもつものでなければならないところが，本件の場合，この要件はまったく充足されていないとした。

　こうして管轄権の存在を確認した裁判所は翌年の本案判決（**1974年**）においてアイスランドの**50カイリ**立法を国際法違反とし，よって本法はイギリス政府に対抗しえないとするとともに，アイスランドは隣接水域において優先的漁業権を有し，他方，イギリスは伝統的漁業権を有しているので，双方の権利の調和をはかりながら，紛争の衡平な解決のために両国は誠実に交渉を行う義務があると判示した。なお本件については，当時の西ドイツも訴訟を起こしたが，判決内容は本件とほぼ同様のものである。

**　　　　国際司法裁判所・アイスランド漁業管轄権事件（1973年，1974年）**

〔参考文献〕*ICJ Reports 1973*, p.3；*ICJ Reports 1974*, p.3. 『基本判例50〔2〕』102頁（西谷斉），『百選〔3〕』128頁（西元宏治），佐伯富樹『英国・アイスランド漁業紛争』（泉文堂，1979年），杉原高嶺『国際裁判の研究』（有斐閣，1985年）141頁，211頁。

Ⅱ　条約の締結

1　条約の概念

　条約はその締約国を法的に拘束する書面の合意である。日本と中国との関係正常化をはかった日中共同声明（1972年）は，その重要性にもかかわらず，国際法上の「条約」とはみなされていない。法的拘束力を有する文書ではないからである。他方，同じく国交正常化をはかった日ソ共同宣言（1956年）は，法的効力をもつ条約であるとされている。条約法条約は，条約とは「国の間において文書の形式により締結され，国際法によって規律される国際的な合意」と

定義している（2条1(a)）。上記2つの書面はともに「文書の形式」の合意であることに変わりはないが，日中共同声明が条約ではないとすれば，それは「国際法によって規律される国際的な合意」ではないからということになる。

　そうなると，いかなる合意文書が「国際法によって規律される」ものかということになるが，上の条約法条約の定義はこの肝心な点には沈黙している。結局は関係国の意思が決め手となる。つまり，「国際法によって規律される」条約としましょう，との意思をもって合意するか否かである。そのさい，各自の憲法規定にもとづいて議会の承認をえるとか，批准書の交換を行うなどの手続がとられるときは「条約」とすることの重要な判断基準となる（日ソ共同宣言は，わが国は国会の承認をえたのちに批准書の交換を行っている）。

② 署名と批准

(1) 署名の効果

　条約の締結権を有する国の機関（条約締結権者）は，各国の憲法に委ねられている関係上，国によって異なる。大統領（アメリカ，ロシア等），国王（イギリス，ベルギー等），内閣（日本）という具合である。

　条約の締結交渉のために通常は特別の代表が任命される（その他，国の元首，政府の長，外務大臣，国際機構の国家代表なども交渉資格をもつ）。交渉がまとまると，多数国間条約の場合は，代表者の3分の2以上の多数によって採択され，代表者の署名（signature）によって「真正かつ最終的」なものとなる（以降，修正の道は閉ざされる）。署名のこの効果はすべての条約について生ずる。

　署名はさらに「条約に拘束されることについての国の同意」を意

味することがある（12条1）。すなわち署名によって成立する条約（略式条約）の場合である。通常は議会の承認を必要としないような行政的取決めの条約にこの方式がとられる。

(2) 批准の意義

代表者の署名で成立する略式形式の条約でないときは，一般に批准（ratification）が必要とされる。批准とは条約の締結権者が同意を表明することである。政治的・経済的に重要な条約，あるいは国民の権利義務にかかわる条約は，通常は批准を要する条約とされており，今日では，条約の最終規定のなかにその旨が定められる（たとえば82条参照）。批准を要する条約の場合には，たとえ代表者が署名したとしても，批准が行われないかぎり，先にみたドイツの大陸棚条約の例のように，当該条約の締約国とはみなされない。

条約締結権者は，代表者が署名した条約を批准しなければならないという義務を負わない（本書32頁参照）。このような批准の非義務性は19世紀に確立するが，その背景要因としては，憲法上，条約締結の民主的統制のために議会の承認が広く必要となったこと，また条約の規律内容がますます重要な問題を含み，かつ高度に専門化したため，署名された条約をさらに精査する必要があること，などの事情を指摘することができる。

なお，批准を要する条約の場合には，多くの国でその前に議会の承認が必要とされている。これは国民の代表である議会がそれをチェックするためである。ただ，これは国際法が定める要件ではない。各国の憲法上の要請である（合衆国憲法2条2節2，日本国憲法73条Ⅲ。議会の承認制度については，次章の 国際法豆知識 (81頁) 参照）。

❸ 条約の発効と登録

(1) 条約の効力発生

条約の発効期日について特段の規定がないときは，二国間条約の場合は批准書の交換日が基準となる。多数国間条約では定められた数の批准書が集まったときを基準としている。たとえば，国連海洋法条約では60ヵ国の批准書ないし加入書が国連事務総長に寄託された1年後に発効するものとしている（308条1）。この場合，発効した条約が適用されるのは，それまでに批准書を寄託した国に対してであって，その後の寄託国については，その寄託日から適用される。

(2) 条約の登録

国連憲章は，加盟国が締結したすべての条約は国連事務局に登録すべきものとし，事務局によってこれが公表されるものとしている（102条1）。これは国際連盟の時代からとられてきた制度であって，ややもすると国際社会の不安定要因となる秘密条約をなくそうとする趣旨によるものである（国連事務局からは "United Nations Treaty Series" として刊行されている）。もし登録されなかった場合には，その条約は国連のいかなる機関（国際司法裁判所を含む）においても援用する（invoke）ことができない（102条2）。援用しえないとは，その条約にもとづく自国の権利・利益をいっさい主張しえないということである。

Ⅲ　条約の留保

❶ 留保制度の意義

国際社会における立法の機能を担う多数国間条約，たとえば幾多の海洋法関係条約，人権条約，環境条約あるいは国際犯罪防止の諸

条約などは，最大多数の国がこれに参加し，共同歩調をとることによって最大の効果を挙げることができる。また国家の側も，条約制度の利益に預かるために加入をめざすのが通例である。しかし国によっては，ある種の国内的事情（国内制度等の関係）から参加に足留めがかかることがある。そのさい，国内事情の解消が困難なときは，問題となる特定の条約規定の適用を回避することができれば，参加の道が開かれることになる。これが留保（reservation）の制度である。つまり，留保とは条約の特定の規定を自国に適用することを排除ないし変更することである（2条1(d)）。たとえば，日本が社会権規約（国際人権規約）の批准にさいして，同規約に定める「同盟罷業〔ストライキ・筆者注〕する権利」（8条1(d)）や中等・高等教育における「無償教育の漸進的な導入」（13条2(b),(c)）等の規定を留保したのはその例である。

このように，留保によってより多くの国の参加を実現すること，すなわち条約の「普遍性（universality）の確保」こそ，この制度の最大の眼目である。他方，ここには同時に別の問題が生じる。つまり，留保によって条約全体の統一的適用が阻害されることになる，ということである。いわば，留保によって条約が虫食い状態となり，場合によっては，せっかくの条約が台なしになってしまうおそれもある。そこで当然，留保の表明には一定の歯止めが必要となる。条約の「一体性（integrity）の確保」のためである。ここに留保制度の厄介な問題が生ずる。すなわち，普遍性の確保と一体性の確保という2つのあい反する要請をどのように調和させるか，ということである。

② ジェノサイド条約留保事件——許容性の基準

条約の一体性の確保のためには，当然，留保の表明に一定の限度を設けなければならない。つまり留保の許容性の基準である。これが問題となったのが国際司法裁判所のジェノサイド条約留保事件（勧告的意見・1951年）である。1948年，国連総会で採択されたジェノサイド条約（集団殺害罪の防止及び処罰に関する条約）に対して若干の国がある条文に留保を付して加入する態度をとったことから，総会では留保の許容性の問題が議論され，裁判所の勧告的意見が求められたものである。裁判所は結論的には「目的との両立性」に許容性の基準があるとした（*ICJ Reports 1951*, p.24）。すなわち，その留保が条約の目的と両立するかどうかである。両立しないときは，その留保は認められないことになる。その判断は個々の締約国が行うべきものとした。

〔本件の参考文献〕*ICJ Reports 1951*, p.15, 『基本判例50〔2〕』94頁（中野徹也），『百選〔3〕』120頁（西海真樹），『判例国際法〔2〕』396頁（坂元茂樹）。

③ 条約法条約の留保制度

1969年の条約法条約は，裁判所が示したこの両立性の基準を正規に採用した。すなわち，当該条約に留保の許容性について特別の定めがあるときはそれによるものとし，規定がないときは両立性の基準によるものとした（19条）。留保を付した国（留保国）とこれを認めた他の締約国とのあいだでは，当該留保にかかわる規定は適用されない（21条1）。また留保に異議を申し立てた国との関係でも，条約関係が成立するときは，その規定は両国では適用されない（21条3）。ただし，この場合，異議申立国は留保国との関係で条約関係

（締約国としての関係）の成立そのものを拒否することもできる（20条4(b)但書）。これはその国としてとうてい容認できない，というような場合の留保であろう。ただ，このような強い異議を表明した実例はこれまで知られていない。なお，留保は，他国の同意なしに，いつでも撤回することができる（22条1）。

Ⅳ　条約の適用

【1】　基 本 原 則

　国家はさまざまな目的や必要から，多様な条約の締結を絶えず迫られている（改正・終了するものもある）。本節（Ⅳ）の主題である「条約の適用」とは，締約国において当該条約の規律事項を実施・実現することである。条約法条約は，自国が締結した「条約を誠実に履行しなければならない」とする（26条）。これは国際法の基本命題である *"pacta sunt servanda"*（合意は守られなければならない）を言い換えたものである。そのさい，当該条約が自国の国内法と抵触するからといって，条約の不履行を正当化することはできない（27条・国内法援用禁止原則。本書78頁参照）。本章の冒頭に示した 事 例3 において，アイスランド議会の漁業水域拡大立法が「イギリスに対抗しえない」と判示されたのは，それが1958年の公海条約（2条）およびイギリスとの漁業条約（交換公文）と抵触すると認定されたからである（*ICJ Reports 1974,* p.29, para.67）。

　他方，条約は，別段の合意がある場合を除いて，その国が当該条約の締約国となる日より前に行われた行為や事態には適用されない（28条・条約の不遡及）。つまり，締約国となる前に終了した行為には適用されない。ただし，その行為や事態が加入日以降もつづいて

いるときは別である。

2 条約相互間の適用関係

(1) 同一事項に関する複数の条約の適用

条約の適用において問題となるのは，国家が同じ問題について，あるいは，その問題を含む条約を 2 つ以上締結するときである。そういう状況は少なくない。たとえば，①国際人権規約の締約国が別途，地域的人権条約（欧州人権条約，米州人権条約等）を結ぶ場合や，国連海洋法条約の当事国が漁業の規則や海洋汚染の防止のために特別の条約を結ぶ場合などである。また，②同じ事項について，A 国が B，C 国とのあいだに X 条約を，D，E 国とのあいだでは Y 条約を締結するということがある。この場合，国家は自国が締約国となっているそれぞれの条約を履行しなければならないので，A 国はB，C 国との関係では X 条約を，同じ問題について D，E 国との関係では Y 条約を履行する義務を負うことになる。

これらの事例において，関係条約の抵触問題が生じないかどうか懸念されるが，実際には，そのような事態はほとんどみられない。上記①の場合の地域的あるいは個別的条約は，一般的条約の規定内容をより厳正化するものであるか，あるいは，その内容を特定諸国間でより具体化するものである。そのさい，一般条約の内容をある程度変更するものであっても，それが他国の条約上の権益を侵害するものでないかぎり，許容されるのが通例である（国連海洋法条約 311 条 2，3 参照）。②の事例は，A 国が結ぶ 2 つの条約はそれぞれ締約国が異なるのであるから，同じ問題の取扱いが条約によって異なっても，それ自体は他の条約の締約国に対する違反を構成するものではない。ただし，X 条約と Y 条約が同一事項について，まった

く正反対の取決めをした場合などは，A国によるX条約の履行が，ひるがえってY条約における自国の義務の不履行を招来させるおそれがある。国家は通常そういう事態が起こらないように，条約の締結にあたっては十分に慎重を期すのであるが，万一その事態にいたったときは，国際法上の国家責任を負わなければならなくなるであろう。

(2) 国連憲章の優位性

国連憲章は，憲章が定める義務と他の国際協定（条約）が定める義務とが抵触するときは，「この憲章に基く義務が優先する」とした（103条）。ここには，いっさいの限定条件がないので，すべての種類の条約が対象となる。こうして，たとえば特定の諸国で憲章の義務を逃れるための特別の条約を締結しても，これをもって憲章に対抗することはできないことになる。憲章の義務が「優先する」（prevail）とは，それと抵触する他の条約の適用を認めない，ということである。これを無効にするということではない（ただし無効と解する見方がないわけではない）。つまり，条約の有効性そのものを否定するものではないものの，その適用の機会がいっときも与えられないのである（その意味では，実際上の効果は無効論と大きく変わるところはない）。

第103条の規定は，文言上，「この憲章」との関係で述べているが，ここにいう憲章のなかには国際司法裁判所規程が含まれると解さなければならない。同規程は憲章と「不可分の一体」をなすからである（憲章92条）。また，「この憲章に基く義務」のなかには，安全保障理事会が憲章第7章の下でとる「決定」（この「決定」（decision）は，同じ安保理がとる「勧告」（recommendation）と違って，加盟国に対して拘束力をもつ）をも含むものと解されている（強制措置の決定等）。

なぜなら，この決定は憲章上，加盟国が履行しなければならない義務を課すものだからである（憲章25条，48条参照）。

このようにみると，この優先規定は国連憲章に特別の地位を与える意図が込められているといえよう。すなわち，憲章の義務がどのような場合でもないがしろにされることがないようにすることによって，本憲章を国際社会の憲法的基本法に仕立て上げるねらいがあったものと解されるのである。

Ｖ　条約の効力

🔳　条約の対人的効力——いかなる国を拘束するか

条約はその締約国（当事国）を拘束する（*pacta sunt servanda*・合意は守られなければならない（26条参照））。締約国とは，当該条約に「拘束されることについての国の同意」を与えた国をさす（多くの重要な条約ではこの同意は批准書ないし加入書の形式で表明される）。このことは，言い換えれば，条約は締約国ではない国（しばしば「第三国」（third State）と呼ばれる）を拘束しないことを意味する。すなわち，条約は第三国に権利義務を創設することはないのである（*pacta tertiis nec nocent nec prosunt*・合意は第三者を害しも益しもしない（34条参照））。これが条約法の大原則である。したがって，たとえば旧ソ連の対日参戦の代償として樺太の南半分と千島列島の引渡しを約したヤルタ協定（1945年の英米ソ３首脳の秘密協定）は，それ自体は日本を法的に拘束するものではない。

他方，これには例外がまったくないわけではない。条約法条約はこの例外を条件付きで認めた。すなわち，その条約が第三国に権利ないし義務を付与することを意図し，当該第三国がそれに同意する

場合である（35条，36条）。つまり，条約がそれを「意図」していること，および第三国がそれに「同意」することである。第三国の同意の表明は「義務」の場合は書面の明示的な同意でなければならないのに対し，「権利」のときは特段の反対の意思表示がない場合は，「第三国の同意は，存在するものと推定される」（36条）。後者の場合は第三国に特別の負担を課すものではないので，厳格な同意は必ずしも必要ではないとの考慮によるものである。

なお，ある条約の規定が，のちに慣習国際法化することがある（38条）。たとえば，国際司法裁判所はニカラグア事件（1986年）において，国連憲章第51条に定める集団的自衛権は慣習国際法の規則となったと判示した（*ICJ Reports 1986,* pp.102-104, paras.193-195）。その場合は，この権利は憲章（条約）の締約国であるか否かを問わず，すべての国に適用されることになる。ただ，それは憲章規定が非締約国（第三国）に適用されるのではなく，同じ内容の慣習法の規則が適用されるものとみなければならない。

❷ 条約の無効原因

(1) 概　　説

条約は書面の形式による国家間の合意であるから，もしそこに国家の真の同意が表明されていないときなど，その条約の効力が否定されることがある。しかしながら，二国間条約の場合はそれでよいとしても，多数国間条約の場合は，1国の同意の表明に瑕疵があるからといって条約そのものを無効とするのは合理的ではない。そこで，2つの場合に分けて問題をとらえる必要がある。①特定の国の同意が無効とされるときと，②条約そのものが無効とされる場合である。前者の場合は，その国のみが締約国としての地位をもたない

ということであって，条約自体の成立には影響を与えるものではない（もっとも，二国間条約の場合は，特段の手当を講じないかぎり，条約の成立が妨げられる）。以下，この2つの場合に分けて，条約法条約が定めるそれぞれの無効原因を手短にみることとする。

(2) 同意の無効原因

条約に対する「同意」は，通常は代表者の署名（署名で成立する条約）とか，条約締結権者の批准という形で表明される。この同意が無効となるのは次の6つの場合である。①その同意が「締結」に関する基本的な重要性をもつ国内法の規則に明白に違反するとき（46条），②代表者が権限を逸脱・踰越する場合（47条），③重要な事実について重大な錯誤があるとき（48条），④相手国に詐欺行為があるとき（49条），⑤代表者が買収されたとき（50条），⑥代表者に対する強迫による強制があるとき（51条），である。これらの場合は当該関係国の同意が無効とされる。ただ，これらの無効原因の事実があったかどうかの判断が実際には難題であろうと予測される。

(3) 条約の無効原因

以上の特定国の同意の無効とは別に，①国連憲章に違反する武力の行使により締結される条約（52条），②一般国際法の強行規範（*jus cogens*）に抵触する条約（53条），はともに無効である。この場合は，条約そのものが全体として無効となる。①は国家に対する武力的強制によって締結される条約であるが，第1次世界大戦前の近代国際法においては，この場合でも当該国が署名・批准したときは，有効な条約とされてきた。砲艦外交の産物たるわが国の不平等条約（安政の諸条約）がその近い例である。それらが有効とされたからこそ，その改正が明治政府の悲願となるのである。現代国際法は武力の行使そのものを違法としているので，その産物に法的効果を認

めることはできないのである。本章の 事 例3 でアイスランドが1961年の交換公文（条約）は「イギリス海軍の軍事力」の展開をみせる「困難な状況」下で結ばれたというのは，本条（52条）を援用する試みである。②の強行規範に抵触する条約については，その意味を含めてすでに詳しく説明した（本書51頁以下参照）。

VI 条約の終了

有効に成立した条約も，いつかはその使命を完了することになる。条約の終了事由は2つに大別される。内因的事由と外因的事由である。

❶ 内因的事由による終了
これは，その条約に定める終了条件を充たして終了するとき（期限の到来等）とか，あるいは期限前であっても，すべての締約国が合意することによって終了させる場合である。条約は全締約国の一致によっていつでも終了させることができる。新条約に切り換える必要があるときなど，この方法がとられる。

❷ 外因的事由による終了
これは何らかの事態・事情の発生により，もはや条約を維持する意味や必要性が認められないという場合に終了させるものである。主な終了事由は，①締約国による条約の重大な違反があるとき（60条），②条約の対象物が永久的に消滅したとき（61条），③事情の根本的変化があるとき（事情変更の原則・62条），④既存の条約が新規成立の強行規範に抵触するとき（64条），である。

①の重大な違反とは，条約そのものの否定に相当するような違反か，本質的に重要な規定の違反がある場合である。多数国間条約の場合には条約自体を終了させずに，当該違反国との関係で条約の「運用の停止」をはかることができる（60条2）。すなわち，一時的に違反国を締め出す措置である。②は，条約の規律対象物が恒久的に消え去る場合である（たとえば国際河川条約の対象となった河川が永久的に干上がる場合など）。

　③は沿革的にはカノン法（教会法）の契約法上の事情変更の原則を条約関係に取り込んだものであるが，ただ条約法条約では条約関係の安定性を重視する立場から，きわめて厳しい条件が設定されていることに注意する必要がある（とくに62条1(b)の要件，すなわち当該事情の変化が「履行しなければならない義務の範囲を根本的に変更する効果を有するものであること」とする要件など）。本章の 事 例3 （アイスランド漁業管轄権事件）は，これを示す一例である。④の終了事由は，例えていえば，奴隷取引を行う条約が以前には有効であったとしても，これを否認する強行規範が新たに成立したときは，その時点で旧来の条約は効力を失うということである。第53条に定める条約の無効原因（本書70頁参照）としての強行規範とは時間的位置関係が逆になることから，第64条の場合は条約の終了事由とされたのである。

第4章

国際法と国内法

本章の検討課題

　われわれの社会生活は，第一次的には国内法の規律の下にある。日本で生活する人は，外国人を含めて，わが国の法律の規律と保護の下に暮しを営んでいるのである。しかし，このことは国際法の規律が無関係であるということではない。国際法は主として国家間の関係を規律する法であるため，日頃あまり意識されることはないが，それが実際にはわれわれの社会生活に相当の影響を与えているのである。また今日，国際法の規則が直接に個人に適用されることが増大しつつあることにも留意しなければならない（人権の保護，国際経済活動，国際犯罪の規制等）。

　このように，われわれの社会生活が国内法と国際法の2つの法の規律の下にあるとすれば，両者はどのような関係にあるのか，この点を検討する必要がある。一見，明瞭に定まっているようにみえるこの問題は，実は一義的にとらえることのできない多面性をみせている。少なくとも，両者の統一的な取扱いに関するルールははなはだ未成熟な状態にある。その主な原因は，国際法がその規則の適切な国内的実施を重視する一方において，それらの実施方法や国内的位置づけについては，それぞれの国の取扱いに任せてきたことによる。その結果，条約の国内的効力上の地位（順位）は，当然のことながら，国によって異なるという状況をみせている。した

がって，もしその国の法律と条約とが抵触するという場合には，法律と条約の位置づけに関するその国の憲法規定や確立した判例にてらして解決されなければならないことになる（事例4）参照）。その意味で，この問題は一律的解決になじまない，すぐれて個別的性格を有するのである。本章では，両法はどのような関係にあるのか，できるかぎり実証的にこれを検討することとする。

Ⅰ　事例の紹介

事例4　アメリカ連邦議会は，1987年12月，「反テロリズム法」を制定，大統領の署名をえて，翌88年3月に発効した。本法は，パレスティナ解放機構（以下，「PLO」と略称）をテロリスト組織と認定したうえで，アメリカ国内でのその事務所や施設の維持・設置を違法とし，司法長官においてそのための必要な法的措置をとるものとした。すなわち，PLO の締め出しをはかる法律である。本法の制定の直接のきっかけとなったのは，1985年に地中海で起きたアキレ・ラウロ号事件である。同船（イタリア船籍）はパレスティナ人の武装グループに乗っ取られ，そのさいアメリカ人の乗客1人が殺害された。アメリカ政府によれば，本件は PLO が直接に関与したものである。

他方，PLO および国連総会は，本法の発効前から，これが国連とアメリカとのあいだに締結された国連本部協定に違反するとの注意を喚起していた。PLO は，1974年以来，国連総会のオブザーバー資格が認められてきた。しかし，本法の施行によって，とりわけオブザーバー代表部が閉鎖されるおそれがあった（条文としては，本部協定11～13条（通信・通過の自由，入国の権利等）の違反が指摘された）。本法と本部協定との抵触は，アメリカの国務省も否定しなかった。国連事務総長は問題の解決の

ため，本部協定第21条の紛争解決手続（仲裁裁判）の実施を主張したが，アメリカの反応は否定的であった。そこで国連総会は，本法の発効日が間近に迫っていた88年3月，アメリカの仲裁裁判義務の確認を求めて国際司法裁判所の勧告的意見を要請した（国連本部協定事件）。

　これとは別に，アメリカの司法長官は反テロリズム法にしたがってPLO施設の閉鎖の手続を開始した。本法発効の10日前には，同長官はその旨を警告する書簡をPLO代表部に送付し，同法の発効とともにPLOの施設維持の差止命令を求める訴えをニューヨーク南部地区連邦地方裁判所に提起した。アメリカ側は，反テロリズム法と本部協定の抵触があるとしても，本件の場合，あとから制定された反テロリズム法が優先適用されるとするのに対し，PLOはこれに反論しつつ，アメリカによる本部協定の遵守義務を主張した。なお，本件には国連とニューヨーク市弁護士会が *amici curiae*（法廷助言者）として参加した。

アメリカ連邦地方裁判所・PLO事件（1988年）

〔参考文献〕*ILM*, Vol.27 (1988), p.1055，『基本判例50〔2〕』14頁（喜多康夫），『判例国際法〔2〕』26頁（岩沢雄司），『国際法外交雑誌』第87巻6号1頁（杉原高嶺）。

　本章で検討の対象とするのは，国際司法裁判所の国連本部協定事件（仲裁義務の有無の問題）ではなく，ニューヨーク地裁で争われた，本部協定に違反する反テロリズム法の適用性の問題である（本書では，こちらのケースを「PLO事件」と呼ぶこととする）。連邦地方裁判所は，この抵触問題をどのように処理したのであろうか。本章の検討課題を順を追ってみてゆくと，これはちょうど最後のIVの検討項目（「国内法体系における国際法の地位」）となるので，そのときに本件に立ち戻って説明することとする。

Ⅱ 伝統的とらえ方

国際法と国内法の関係が学問的に論じられるようになるのは，19世紀の末になってからである。産業革命後の国際交流・国際通商の飛躍的発展を背景に，19世紀には国際法（とくに条約）の規律事項が大幅に拡大し，それまでの国内法の規律領域と重複する現象がみられるようになった。のちにみる主権免除（国家免除）の制度や犯罪人の引渡し制度などは，両者の調整をはかる形で形成されてきたものである。このように，２つの法が相互に関連し合うとすれば，当然，両者は法体系としてどのような関係にあるのか，ということが問題となる。

1 二元論――２つの法は別々の体系をなす

２つの法関係について，まずは有力に説かれたのは二元論の考え方である。すなわち，国際法と国内法はそれぞれ別個の独立した法体系をなす，とする見方である。これは，1899年，ドイツのトリーペル（H. Triepel）によって説かれたもので，彼によれば，２つの法はそれぞれ規律対象も成立の根拠も異なるので，同一の法体系をなすことはないとされるのである。この見方においては，両者は相互に独立した法体系をなすのであるから，理論的には両者が法的な意味で抵触することもないのである。この二元論は，20世紀に入っても，イギリスのオッペンハイム（L. Oppenheim）やイタリアのアンツィロッティ（D. Anzilotti）などの有力な学者に引き継がれた。わが国でも，立作太郎や前原光雄がこの立場をとっていた。

❷　国際法優位の一元論

　以上の二元論のとらえ方に対して，2つの法は同じ体系をなすとする一元論のとらえ方がある。この立場をとると，両者の優劣関係が問題となり，有力に説かれたのが国際法優位論である。そのほか，国内法優位論も一部の論者にみられなかったわけではないが，この説は国家主権の絶対性を踏まえつつ，国際法の規範的効力は各国の国家意思が認めるかぎりで是認されるものとする。それは，結局は国際法の自律的存在を否定することにもつながるため，今日では，これを支持する見解はほとんどみられない。

　国際法優位論は，第1次世界大戦後の国際主義の興隆を背景に，主としてウィーン学派と呼ばれる学者仲間によって唱導された（ケルゼン，フェアドロス，クンツ等。わが国では大沢章，横田喜三郎がこの立場）。この説は，沿革的には上記の国内法優位論に対してではなく，先の二元論に対抗する形で説かれたものである。この説がまず一元論をとるのは，現実の法経験や法感覚を重視する点で共通の認識に立つものと思われるが，他方，なぜ国際法優位かとなると，十分に明晰かつ説得性のある理由を提示しえているわけではない。論者により，その理由づけがまちまちであることは，これを裏づけるものといえよう。ケルゼン（H. Kelsen）のように，この立場をとることが国際社会全体にとって望ましい，との価値判断による論者もいるのである。

❸　実像の把握へのアプローチ

　ここでは，これらの諸説をこれ以上究明する必要はないであろう。というのは，これらの抽象的理論のいずれをもっても現実の2つの法関係の全体像を的確に描写するものではなく，また両法の抵触問

題に関する一般的な解決規準を提供するものでもないからである。本章の 事 例4 の解説（86頁）で示すように，抵触問題は当該国の憲法規定や判例にもとづいて個別的に解決されなければならないのである。

そこで，国際法と国内法が実際にどのような関係にあるのか，その実像に迫るためには，これに実証的にアプローチする必要がある。実証的とは，①現実に国際法の側では国内法をどのように取り扱っているのか，反対に，②各国の国内法は国際法（慣習国際法，条約）をどのように自国の法体系のなかに位置づけているか，これを関連する国際法の実定的規則と国際法に対する各国の憲法・判例等の立場にもとづいて具体的に検討することである。以下では，①，②それぞれについて要点を概観することとする。

Ⅲ　国際法体系における国内法の取扱い

1 国内法援用禁止原則

(1) 本原則の意味

歴史的にみると，国内法は国際法に先行して存在していた。そのこともあり，国際法の側から国内法のあり方を規制することは少なかった。とくに，国際法が本格的な発展を遂げる近世の絶対王政の時代にその傾向が強かった。ここにみる国内法援用禁止原則も，その萌芽的考え方が提示されるのは，19世紀後半のアラバマ号事件の仲裁判決（1872年）においてであって，明確な国際法上の原則として確認されるのは第 1 次世界大戦後の常設国際司法裁判所の判例においてである。

この国内法援用禁止原則とは，国家は自国が負う国際法上の義務

を逃れるために自国の国内法（憲法を含む）を引き合いに出すことはできない，とする原則である（ポーランド人待遇事件・*PCIJ Series A/B*, No.44, p.24）。たとえば，わが国にはこれこれしかじかの法律があって，かの条約の義務はこの法律と抵触するため履行することができない，というような言い訳は認められないとするものである。これは，言い換えれば，国内法の規定は条約に優先しえないことを意味する。条約法条約は，「当事国は，条約の不履行を正当化する根拠として自国の国内法を援用することはできない」（27条）として，これを確認している。

(2) 本原則の法的効力

この原則の意味は以上のとおりであるが，他方，その法的効力は明瞭ではない。すなわち，それは，①国際法に反する国内法の規定を無効とする趣旨か，あるいは，②当該国内法の規定を国際法上の義務に合致するように改廃することを求めるものか，または，③その国内法規定の適用・実施を否認する意味か，この点が十分に明確にされているとはいえない。2つの法体系の現今の発展状況を考えると，おそらく③の意味の原則と解される（問題状況によっては②も含みうる）。したがって，もし両法の義務の抵触が生じたときは，国家はどのような方法であれ，とにかく国際法の義務の不履行を招かないように問題の処理をはからなければならない。のちにみるように，事例4（PLO事件）はその一例である。

② 国際判例における国内法の取扱い

(1) 概　　説

国際裁判において国内法の効力，とくに国際法との関係でその有効性が問われることは，実はわれわれの想像に反して意外と少ない。

むしろ稀である。それは，明白に国際法に背離する国内法を制定するということ自体が実際にはあまりないことであり，それに加えて，国際裁判では国家が現実にとった「行動」が他国の権益を侵害するものかどうか，という形で争われるのが通例だからである。たとえば，近年の国際司法裁判所の逮捕状事件（2002年）では，ベルギーの予審判事によるコンゴ民主共和国の元外務大臣に対する逮捕状の発付行為が国際法上合法か否かという形で争われ，その基礎となったベルギーの法律（一定の犯罪について普遍的管轄権を創設）の効力が正面から争われることはなかったのである。

(2) アイスランド漁業管轄権事件──違法立法の対抗力の否認

　国内法の効力が争われるケースがないわけではない。その法律が明らかに国際法に違反し，実害をもたらすような場合である。前章の 事 例3 でみたアイスランド漁業管轄権事件はその例といえよう。この事件は，1972年，アイスランドが一方的に50カイリの漁業水域を設定する法律を制定し，外国漁船を締め出したことから，イギリスが本法の有効性を争って国際司法裁判所に提訴したものである。両国のあいだにはアイスランドの12カイリの漁業水域を認める協定（1961年の交換公文）があった。イギリスは，新たな50カイリ立法はこの協定に違反するだけでなく，一般国際法の公海の自由（漁業の自由）の侵害をなすものでもあって（当時は200カイリの排他的経済水域の制度は未成立の状態にあった），それゆえ，アイスランドの新立法は「無効」（invalid）であると申し立てた。

　これに対し，国際司法裁判所は本法の違法性を認めつつも，これを「無効」とはせずに，「イギリス政府に対抗しえない（not opposable）」ものと判示した（*ICJ Reports 1974,* p.29, para.67）。つまり，本法の一般的無効の認定を避け，イギリスとの関係に限定してアイ

スランドは本法を主張することはできない，というにとどめたのである。その結果，厳密にいえば，裁判所はアイスランド法そのものの法的有効性の判断を避けたものとみなければならない。これまでの国際裁判の対応の仕方としては，国際法に違反する立法であっても，直ちに当該国内法なり国内的措置の効力を一般的に否認すること（無効の判定）は避ける傾向があった。立法行為等の1国の主権的措置については，それへの裁判の関与を最小限に抑えつつ，直接の関係国へのその対抗力の否認（主張しえないこと）という方法で国際法違反の問題に対処してきたのである。本件はその姿勢を端的に示したものである。

国際法豆知識　　　　　　**条約の民主的統制**

　　今日，どの国においても法律の制定権は立法府たる議会に，他方，条約の締結権は国王（イギリス，ベルギー，スペイン等）や大統領（アメリカ，ドイツ，フランス，ロシア，ブラジル等）あるいは内閣（日本），国務院（中国）といった行政的機関においている（議会が締結権をもつスイスはむしろ例外）。国王とか大統領といった国の元首にこれが認められるのは，近世の絶対王政以来，条約の締結が元首の外交処理権の一環とみなされてきたためである。

　　そうなると，これら締結権を有する者が，その一存でどのような条約も締結できるのかどうか。たとえば国民の利益にかなわないような，あるいは憲法と抵触するような条約が出現しないだろうか。そこで，これを防止するため，各国の憲法は条約の民主的チェックのために議会の承認ないし同意を締結の条件としている（日本国憲法73条Ⅲ参照）。この制度は合衆国憲法（1787年）に最初に採用されて以来，次第に他の諸国の憲法にも導入され，今日では一般的な制度となっている（合衆国憲法は

「上院の助言と同意」を締結の要件としている。2条2節2）。これによって，違憲条約の出現といった事態は大幅に回避される一方，自国の全権代表が署名した条約を，議会の反対のために批准できないというような事態が生ずるおそれもある。ウィルソン大統領を生みの親とする国際連盟規約が上院の同意の拒否によって，結局，アメリカの連盟加入が阻まれたことはよく知られている。

　最後にふれなければならない点は，議会の同意といっても，それはすべての条約・協定に求められるものではない，ということである。各国とも比較的重要な条約にかぎるのが通例である。わが国の場合についてみると，「国会承認条約」は，①国民の権利義務などにかかわる国会の法律事項にわたる条約（国際人権規約等），②財政支出を伴う条約，③政治的重要性をもつ条約（日中平和友好条約等），である。それ以外の条約・協定は「行政取極」として，国会の承認を経ずに内閣の外交処理権の一環として締結される。これは政府の公式見解（1974年）として提示されたものであるが，国によっては議会の承認条約のカテゴリーを憲法で明記することもある（スペイン憲法94条，イタリア憲法80条，スウェーデン憲法10章2条，韓国憲法60条等）。なお，議会の承認を要さない条約であっても，国際法上の効力は承認条約と変わりはない。

Ⅳ　国内法体系における国際法の地位

　次に，国内法の側での国際法（慣習国際法，条約）の位置づけを検討しなければならない。国家が国際法の規則を履行するということは，これに国内的効力を与えて実施することである。そのさい，どのような方法で，国内的効力を与えるか，また，国内的に施行される国際法の規則にどのような効力上の地位，すなわち憲法や法律と比べてどのような効力順位を与えるか，ということがとくに問題となる。この点は抵触問題が生じたような場合に重要な意味をもつ。

以下，慣習国際法と条約の場合とを分けて説明することとする。

🔳 慣習国際法の国内的効力

(1) 慣習国際法の自動的受容

　一般にどの国においても，慣習国際法の規則は特段の手続を経ずに，そのまま国内的効力を認める措置をとっている。それを憲法で定める国もある。たとえばドイツ基本法は，「国際法の一般原則は連邦法の構成部分である」（25条）として，この点を明らかにしている（その他，イタリア憲法10条，ロシア憲法15条等）。わが国の憲法は「確立された国際法規」の誠実な遵守を定めているが（98条Ⅱ），これも慣習法の国内的効力を認めたものと解されている。またイギリス，アメリカでは「国際法」（law of nations）はともに国内法の一部をなすことが判例上確立している。

(2) 慣習国際法の国内的地位

　他方，こうして国内的効力が与えられた慣習国際法の効力順位については，必ずしも各国の立場が一致しているわけではない。先のドイツ基本法は「法律に優先する」地位を与えており，イタリア憲法もこれと同様に解される規定をおいている（10条1）。わが国憲法の先の規定（98条Ⅱ）も，法律に対する優位を認めたものと解される。一般的にみると，各国の憲法のなかにその明示規定をおく例はむしろ少なく，判例や国内慣行に委ねられる状況となっている。イギリスの判例は慣習国際法をコモン・ローと同等視し，結果として議会の制定法に優位しえないことになるため，理論的には，対立する法律の制定によって既存の慣習法規則を適用しえない事態が起こりうるのであるが，他方，先にみた国際法の側からの国内法援用禁止原則が働くので，この場合，これとどのように調和させるかとい

う問題が起こりうる。

❷ 条約の国内的効力

(1) 条約の国内法への編入

(i) 一般的受容方式

　条約を国内的に実施するためには，それに国内的効力を付与しなければならない。これには2つの方法がみられる。1つは，一般的受容の方式である。これは，条約の公布をもってその国内的効力を一般的に承認する方法であって，日本，アメリカ，ドイツ，フランス，ロシア等において広く採用されている。つまり，公布以外に特別の措置を必要としないのである。ただし，一般的受容方式をとる場合であっても，当該条約の性質のいかんによっては，同時に議会の立法措置を必要とすることがある。とくに，その条約が実施のために必要な国内法の制定を定めているか，あるいは，それを前提としている場合などである。たとえば，1970年の航空機不法奪取防止条約（ハーグ・ハイジャック防止条約）は，ハイジャック行為には各国において「重い刑罰を科する」こととしており（2条），罰則の内容は各国に任せている。そのため，わが国の「航空機の強取等の処罰に関する法律」のような立法措置を必要とすることになる。このような国内立法がなければ実施しえない条約を非自動執行条約（non self-executing treaty）という。

(ii) 変型方式

　国内的効力の付与のもう1つの方法は，変型方式である。これは，条約の内容を議会の立法手続によって国内法に変型するものである。これをとる代表的な国はイギリスであり，国民の権利義務にかかわる条約，コモン・ローや制定法の変更をもたらす条約，財政負担を

伴う条約，イギリス領土の割譲に関する条約等について，この方式が適用される。これらの条約について議会の立法上の裏づけがないときは，イギリスの裁判所はその条約を直接に適用することができないものとされている。このような変型方式は，伝統的にカナダも採用している。

(2) 条約の国内的地位

次に問題となるのは，国内的効力の付与された条約の効力順位である。すなわち，その国の法律や憲法との関係である。その位置づけは各国の憲法規定や判例によって異なるが，比較的多くの国では条約に法律よりも上位の効力を認めている（スペイン憲法96条１，ギリシャ憲法28条１，ロシア憲法15条４，フランス憲法55条等）。そのうちスペイン，フランス憲法は，憲法との関係では条約がこれに優ることを認めておらず，憲法に抵触する条約については，憲法の改正を必要とする旨を明記している。わが国の憲法も基本的にこの立場（法律より上位，憲法より下位）をとっているものと解される。

これに対し，アメリカ連邦憲法は，同憲法，連邦の法律および連邦の条約は「国の最高法規」であるとする（6条2）。これは，これら３つの法の州法（州の憲法，法律）に対する優位を述べたものであって，３者の相互の地位関係については定めていない。しかし，この点は判例で定まっており，それによれば，憲法の最高位性を前提に，法律と条約は同等の効力をもつものとされる。効力が同等であるということは，言い換えれば，法律と条約のあいだでは後法優先の原則（*lex posterior derogat legi priori*）が働くことを意味する（上位・下位の関係にある法のあいだではこの原則は働かず，上位法がつねに適用される）。したがって抵触が問題となるときは，理論的には前の条約（あるいは法律）があとの法律（あるいは条約）に取って代えら

れる可能性がある。本章のはじめに示した 事 例4 は，その可能性に直面したケースである。そこで，次に本件の裁判所の判断を検討することとする。

③ 事 例4 の検討

この事件は，PLO の締出しをはかるアメリカ連邦議会の法律（反テロリズム法）が国連本部協定に違反するとみられるにもかかわらず，アメリカ政府がこれを実施しようとしてニューヨーク地方裁判所に手続を起こしたものである。裁判所はこれをどのように処理したのか，とくに本部協定との抵触問題の取扱いに焦点をあてて検討することとする。

(1) 連邦地裁の判断

本件に関する連邦地裁の決定要旨は次のとおりである。

(i) 抵触する条約と法律の基本関係

本裁判所の役割は反テロリズム法を解釈することであるが，そのさい，国連憲章と本部協定が同時に検討されなければならず，さらに，もし可能なときは，これらの条約義務とこの法律との「調和」（reconciliation）をはかることも考慮されなければならない。反テロリズム法は，政府の解釈によれば，PLO 代表部を閉鎖することになるが，そのような解釈は本部協定と抵触するものとなろう。裁判所は両者の調和を探求しなければならない。合衆国憲法は，制定法と条約のあいだに優先順位を設けていない。可能なときは，つねに両者に効力が与えられなければならないが，「ただ条約がのちの制定法と両立しない場合で，議会が制定法の定立によって明らかに（clearly）条約に取って代える意思（intent）を表示したときは，この制定法が優位する」。

(ii) 条約排除の立法意思の欠如

本法律の制定過程をみると，そのような「明らかな立法意思」があったようには思えないので，「裁判所は制定法を現行条約上の義務に合致するように解釈する義務がある」。これは，判例上一貫して維持されてきた「制定法解釈の規則」である。

議会の側に本部協定を排除するとの明確な意思がなかったことは，次の３つの理由から導かれる。第１に，反テロリズム法が「PLO代表部」や「本部協定」には言及していないことである。もし，これへの言及を含んでいれば，議会の意思に疑問を残さなかったであろう。第２に，本法は「これに反する法の規定（any provision of law）にかかわらず」施設等の維持を禁ずるとしているが，ここでは「条約」との関係は想定されていない。同じときの立法で別の法では，「合衆国の法（条約を含む）」と断っていることにかんがみれば，この点はとくに重視される。第３に，本法の制定にさいして，どの議員も本部協定の排斥を明確に述べていないことである。それどころか，抵触問題に言及したほとんどの議員が両者の抵触を否定したのである。

政府の解釈によれば，本法は条約義務のいかんを問わず PLO 代表部の閉鎖を決めたのであるから，後法優先の原則が働くという。しかし，この主張は以上にみた理由により受け容れられない。議会は本法を「一般的適用の法」とする余地を残しつつ，国連代表部の地位を侵害しないようにしたものと解され，よって代表部以外のPLOの諸活動に本法を適用することは妨げられない（US v. PLO, *ILM,* Vol.27 (1988), p.1055）。

(2) 本判決の評価

この判決を通読して感じることは，判決ににじむ担当裁判官の苦

渋の判断である。アメリカでは，前述のように，条約と制定法のあいだでは後法優先の原則が働く。本件は原則的にこれが適用される事例であった。したがって，この原則を使えば手っ取り早く事件を処理することができるのであるが，他方，その場合はアメリカの国際法上の義務の不履行を招くことになる。この裁判官は，一貫してこの事態を避ける必要があると思慮したため，苦労を強いられることになった。同国では，「議会の法律は，他に可能な解釈の余地があるときは，決して国際法に違反するように解釈されるべきではない」（連邦最高裁首席裁判官マーシャル・1804年）とする判例法上の伝統がある。そこで，この裁判官が着目したのは，「議会の明確な意思」の欠如論である。つまり，条約排除の議会の明確な立法意思がないときは，後法優先の原則は働かないとするものであって，これも判例上十分に確立した法原則となっている（『合衆国外交関係法リステイトメント』（第3版）115節）。

この判決の評価は，読み手によって微妙に異なるであろう。とくに，立法意思の欠如の証明には，裁判官の苦心の痕跡がうかがわれる。ヒギンズ（R. Higgins・のちの国際司法裁判所の裁判官）は，本判決を評して，「みごとな目的志向であると同時に説得力に欠ける，注視すべき理由づけをもつ一件」，とやや厳しい見方をしている。判決後，本件の控訴をめぐって，これを争おうとする控訴積極派の司法省と判決の線で収めたい消極派の国務省の対立があったようであるが，最終的には「外交政策上の考慮」から控訴を見送る方針がとられた。アメリカ政府としては本判決にしたがう道を選んだのであるが，むしろ，この判決によって政府は救われたともいえるであろう。繰り返すまでもなく，こうした問題が生ずるのは，条約と法律の地位が同等とされることによるのであって，日本やフランスの

ように条約の優位がとられているところでは，この種の問題は法的には起こりえないことになる。

第5章

現代国際法の基本的法原則

本章の検討課題

国際法は主として国家間の関係を規律する法であるため，その主体は国家であるとされてきたが，すでに述べたように，現代国際法は限定された範囲で個人や国際機構をもその法主体として包摂するにいたっている（本書13頁以下参照）。そのため，その規律事項はきわめて広範多岐にわたっており，そこには数えきれないほどの多様な規則が存在する（種々の条約，慣習国際法の諸規則）。にもかかわらず，それらは全体として1つのまとまりをもった法秩序をなしている。ということは，これら諸規則の全体的調和を保つための主導的な法原則がそこに介在していることを意味する。すなわち，各種の規則のあり方を規制し，主導する基本原則である。

それでは，その基本的法原則とみなされるのは具体的にどのようなものであろうか。この点で看過しえないのは，国連総会の友好関係原則宣言（1970年）である。これは，国連憲章に取り込まれた重要な「国際法の原則」を明らかにしたものである。そこでは，次の7つの原則が提示・解説された。①武力不行使原則，②紛争の平和的解決の原則，③国内問題不干渉の原則，④相互協力義務，⑤人民の自決の原則，⑥主権平等の原則，⑦憲章義務の誠実な履行原則，である。いずれも重要な原則であるが，国際法の諸規則のあり方の主導という視点からは次の5つの原則すなわち①，②，③，⑤，⑥

がとくに注目される。それらのうち，①（武力不行使原則）と②（紛争の平和的解決の原則）は本書の後半で詳しく論ずるので（**第12章**），本章では③（不干渉原則），⑤（自決の原則）および⑥（平等原則）について解説することとする。

　これらは国際社会の基本原則として，国家が条約を締結するさいには，これとそごをきたさないように着意しなければならない。そのなかには，①の武力不行使原則や，⑤の自決権のように，強行規範たる性質をもつとされるものもある（国際法委員会）。その場合には，これに違反する条約は無効となるので（本書51頁参照），こうして国際法秩序の統合化がはかられることになる。また，そのほかの原則も，この原則宣言の表題が示すように，いずれも国連憲章が認めるものであるから，憲章第103条の規定（憲章義務の優先）にかんがみて，これらの原則は特別の地位をもつことになる。本宣言は，最後に次のように告げている。「この宣言に定められた憲章の諸原則は国際法の基本原則を構成するものであり，したがって，すべての国が国際的行動をとるにあたって，これらの原則によって導かれること……を訴える」と。

　本章では以下，先に挙げた3つの基本原則について若干順序を変えて概説するが，その前に，国家主権の原則について簡潔に述べておきたいと思う。この原則は先の総会の宣言には取り容れられていないが，17世紀来，国家のもっとも核心的権利とされてきたものであるので，その現代的位置づけをみておく必要がある。

Ⅰ　近代国際法における主権概念

(1) 国家主権の対外的意味

　主権（sovereignty, souveraineté）と呼ばれる概念は，国内的・国際的に多義的に使用されてきた。近代の主権理論の創設者ボーダン（J. Bodin）は，それを「国家の絶対的で永久の権力」とした（『国家論』・1576年）。以来，主権は多かれ少なかれ，いかなる権力にも服さない最高の権利を意味するものとして使われるようになった。国際的には，それは国家の「独立」（independence）を表徴する概念として強調され，19世紀には，そこから国家の「独立権や平等権」が認められると説かれた（フィリモア）。今日においても，「主権国家」という呼称が「独立国家」と相互互換的に使用されているのは，このような意味によっている。

　主権は対内的には国家領域内における国の統治権をさし，その所在が君主にあるのか（君主主権），国民にあるのか（国民主権），それが各国の憲法の規律事項として取り扱われる。対外的には外国の支配・干渉に服さない権利，外国と条約を結ぶ権利，外交使節を交換する権利，自衛の権利，などが主権の具体的属性として挙げられる。ところが，近代国際法（第 1 次世界大戦前の国際法）においては，何よりも国家の独立的生存のための自己保存権（right of self-preservation）が主権の第一の属性として強調された。ホイートンによれば，これは国家が国家であるがゆえにもつ「絶対的な国際的権利」であって，それは他国に対しては「権利」としての性格をもち，国民に対しては「義務」としての性格をもつのである（1836年）。また

ローレンスによると，外国の独立を尊重すべき国家の基本的義務と自己保存権とが衝突するときは，後者が前者に打ち克つ（override）のである（1895年）。実は，この権利（自己保存権）を実現する最後の手段が戦争に訴えることであった。

(2) 戦争の位置づけ

近代国際法は，このように国家がいよいよという事態にいたったときは，主権の行使として戦争に訴えることを容認してきた（戦争容認論）。これは，しばしば国家の戦争権とも呼ばれた。ただ近代の戦争権とはいっても，理由・原因のいかんを問わず認められるものかどうかは疑問である。わが国では，これを肯定的にとらえる，「無差別戦争観」と呼ばれる見方が支配的であった。しかし19世紀の文献を探訪すると，国家が戦争に訴えうるのは，侵害された自国の権利を救済するための最後の手段としてのみである，とする正戦論的考え方がかなり根強くみられることに注意しなければならない（欧米の文献には，筆者が知るかぎり，わが国でいう「無差別戦争観」に相当する用語もみられない）。このように，この時代の戦争のとらえ方にはなお慎重を要する点があるが，ただ今日のように，戦争が一般的に禁止・違法化されていなかったことはたしかである。

❷ 現代国際法における国家主権

(1) 近代主権概念への自省

国家の自由を最大限に保障した近代の主権概念は，第1次世界大戦の反省に伴う国際連盟の創設とともに後退を余儀なくされた。主権の重要な特性とされた自己保存権などは，結局は他者の権利の犠牲において自己の利益の追求を許すものとして，その有効性を否認する見方が優勢となり，その一部とされた自衛権などを除いて，第

２次世界大戦後は国家の固有の権利としての地位をほぼ完全に否定されるにいたった。のみならず，主権概念そのものを放逐する見解さえ台頭するのである。ポリティス（N. Politis）やセル（G. Scelle）の意見がこれである。ギリシャの国際法学者ポリティスによれば，禍いを招くことが多かった主権の原則はもはや時代の要請にそぐわない遺物であって，国際社会の基調概念はいまや"solidarité"（連帯）に取って代えられるべきものであるという（1925年）。

　しかし，現代国際法において主権概念が消滅したとか，放逐されたとみるのは正しくない。現在の国連をみても，この機構は加盟国の主権を否定した，世界政府的組織ではない。他方，現代国際法は，かつてのような主権の至上性や万能性を認める立場もとっていない。そのような包括的な主権のとらえ方は，以前の自己保存権が示すように，各国が有するその他の国際法上の権利義務をないがしろにするおそれがあるからである。

(2) 主権概念の抑制

　国連の友好関係原則宣言は，国家主権の原則を独自の基本原則として取り立てていない。主権平等（国家平等）原則の一環として，「各国は完全な主権（full sovereignty）に固有の諸権利を享受する」と述べてはいるものの，主権原則そのものを，国家平等原則，不干渉原則，武力不行使原則などと並ぶ基本原則として位置づけてはいないのである。さらに注目されるのは，国連の国際法委員会が初期にとりまとめた「国家の権利義務に関する宣言案」（1949年）である。これは「国際法の新たな発展」と「国連憲章との調和」を考慮しつつ定式化したものであるが（前文），ここでも主権の原則にはまったく沈黙しており，そもそも「主権」という用語そのものが最後の条文に一度だけ登場するだけであって，しかも受動的・抑制的に言

及されているにすぎない。すなわち，いずれの国も「各国の主権は国際法の至高性（supremacy of international law）に服する」という原則にしたがわなければならない（14条），というのである。

(3) 主権の現代的地位

現代国際法においては，主権概念は単独の法原則としての地位を大幅に後退させている。平等原則，不干渉原則，平和的解決の原則，武力不行使原則あるいは対抗措置，自衛権といった個別の法制度の実体化が広く進展し，それがかつての包括的な主権概念の中身を大幅に削り取る役割を担っている。こうして，現代の主権概念はこれらの個別法原則を侵食する形でその至上性を主張することはできないとみなければならない。ただし，既述のように，このことは主権概念自体の消滅を意味するものではない。国際法主体としての国家の独立的存在を表示する法概念としてはいぜんとして有効であるし，また国家領域の排他的統治権を示す意味での「領域主権」（territorial sovereignty）という概念は，国際司法裁判所の判例にもいくたびか登場している。第1章の 事 例1 （コルフ海峡事件）でみたように，イギリス海軍の掃海作業の強行が「アルバニアの主権の侵害」と判示したことも思い起こされるところであろう。

Ⅱ 国家平等の原則

■ 国家平等論の歴史的展開

(1) 近代の平等論の発展

国家平等（equality of States）の観念，すなわち国の大小，強弱を問わず，すべての国家は法的に平等である，との観念を明確に説いたのは，17世紀のドイツの国際法学者プーフェンドルフ（S.

Pufendorf）である。彼は，人間の自然的平等のアナロジーから，統一的支配者をもたない国際社会の自然状態において国家は平等であると説く。この国家平等観を国際法の基本原則として強調したのは，18世紀のヴァッテルである。彼によれば，いかなる形態であれ，みずから統治し，外国に依存しない国は「主権国家」（Etat souverain）であって，「その権利は他のすべての国のそれと同じである」。つまり，「小さな共和国も最強の王国も等しく主権国家である。この平等の必然的な帰結として，1国に許されることは他のすべての国に許され，1国に許されないことは他国についても同じである」（1758年）。

　この平等論が揺ぎない法原則として19世紀に受け継がれたことは疑いない。アメリカ連邦最高裁のマーシャル首席裁判官は，ある奴隷輸送の事件（アンテロープ号事件・1825年）において，「国家の完全な平等（perfect equality of nations）ほど普遍的に承認された一般法の原則はない。ロシアもジュネーヴも平等の権利をもつ。この平等から，1国が他国に対して，ある〔自国の・筆者注〕規則を押しつけることはできないことになる」という（The Antelope, 23 U.S. (10 Wheat.) 66）。蛇足かと思うが，ここにいう「ジュネーヴ」とは，名高いスイスの国際都市である。ジュネーヴは神聖ローマ帝国内にあって，永く独立した1国家としての地位を維持してきた。ジュネーヴ生まれの啓蒙思想家ジャン・ジャック・ルソーはジュネーヴ国民であることを誇りに思い，その著書『人間不平等起源論』（1754年）の序文にて，本書を「ジュネーヴ共和国（La République de Genève）に捧げる」としている。

(2)　ローレンスの異論

　この平等原則は19世紀におけるほぼ一致した見方であったが，仔

細にみると，若干の見方の違いがなかったわけではない。ケンブリッジで教鞭をとっていたローレンスは，19世紀の「ヨーロッパ協調」（Concert of Europe）の指導的大国，とりわけイギリス，フランス，オーストリア，プロシア，ロシアはヨーロッパの諸問題について「ある種の管理権」を行使してきたのであって，その意味で「優越的地位」（predominant position）ないし「優位性」（primacy）をもっていたとし，それゆえ，グロティウスの時代（17世紀前半）から説かれてきた国家平等原則は今や見直されなければならないという（1895年）。しかし，この見方には反論が上がった。オッペンハイム（ケンブリッジ）によれば，このとらえ方は政治的意味の不平等と法的原則としての平等論を「混同する」（confound）ものである（1905年）。これに対しローレンスは，その後の自著の改訂版（1911年）においてオッペンハイムに再反論を試みているが，しかし，彼の立場は学説上も国家実行上も受け容れられたものではない。

　この当時，第2回ハーグ平和会議（1907年）が開催された。この会議で「仲裁司法裁判所」という国際裁判所の創設が検討された。その裁判官の選出方法として，大国側が自国からの裁判官の恒常的選出をはかる方式を提案したところ，他の諸国は国家平等原則を盾にとってこれに強く反対し，結局，裁判所の創設そのものが挫折した経緯がある。また第1次世界大戦後の国際連盟が，国の大小を問わず，すべて1国1票の表決制度を採用したことも注視される。この1国1票制は，後述のように，例外はあるものの現在の国連その他の国際機構の一般的制度として受け容れられているのである（本書103頁以下参照）。

❷ 平等原則の基本的意味

　各国の憲法等が定める「法の下の平等」とは，人の年齢，性別，能力，財力等の事実面での差異を前提としたうえで，特段の合理的な理由がないかぎり，法的権利義務の享受においてはすべて等しく取り扱わなければならないとする原則である。国際法上の平等原則もこれと類似する。事実面での大きな差異はあっても，独立の主権国家である以上，すべての国は法的には平等の地位にあるとするものである。19世紀のケント（J. Kent）によれば，「国土や国力」あるいは「政治，宗教，習俗」の違いがどうあれ，「国家は相互に平等」なのである。「ロシアもジュネーヴも平等」という先のマーシャル首席裁判官の説法は，この原則の重要性を強調するために，国勢の対照的なこの2国をあえて選び出したものである。

　国連総会の友好関係原則宣言は，この点を次のようにいう。「すべての国は，経済的，社会的，政治的，その他の相違にかかわりなく，平等の権利と義務を有し，国際社会の平等の構成員である」と。旧くから受け継がれてきたこの原則は，今日では新鮮味のない，凡庸な標語のようにみられがちであるが，実は次のⅢにみる不干渉原則とともに，国際社会の秩序維持のための不可欠な役割を担っている。これをないがしろにしては，諸国の平和的共存は望みがたいものとなろう。

❸ 本原則の具体的意味

(1) 国際法の適用上の平等

　国家平等原則あるいは国連憲章にいう「主権平等の原則」（2条1）は，まず何より国際法の適用における平等をさす。国際法の諸規則は主として慣習法と条約の形で存在するが，そのうち前者（慣

習法）は国際社会のすべての国に普遍的にかつ一律に適用されるのであって，国家のいかんによって，あるいは，その国の意向によって選択的に適用されるものではない。国際司法裁判所によれば，慣習法の規則は「まさにその性質上，国際社会のすべての構成国に等しく効力をもつのであり，それゆえまた，いずれかの国の自己の都合によって一方的にそれを排除しうるものでもない」のである（北海大陸棚事件・*ICJ Reports 1969*, p.38, para.63）。

　同じことは基本的に条約の適用についてもいえる。条約はその全締約国に等しく適用される。この平等適用の原則は，これまではむしろ締約国による条約の誠実な履行義務という形で強調されてきた（*pacta sunt servanda*・合意は守られなければならない（条約法条約26条参照））。もちろん，締約国でない国には条約は適用されない。これは，条約という法規範形成の基本的枠組から生ずる限界であって，適用以前の問題である（*pacta tertiis nec nocent nec prosunt*・合意は第三者を害しも益しもしない（同34条参照））。また締約国であっても，その国が条約の「重大な違反」を犯したときは，その国に対して当該条約の「運用の停止」（suspension of the operation），すなわち条約の一時的適用の停止の措置がとられることがあるが（同60条），これは違反に対する制裁としてとられる措置であって，平等適用の原則に違背するものではない。このように，国際法の適用における平等は厳正に維持されているといえる。

(2)　規範内容における平等

(i)　一般的要請と合理的格差

　規範内容の平等とは法規則の中身がすべての国に一律・均等であることを意味するが，国際法上，この意味での平等がどこまで保障されるかが問題である。これは慣習国際法については基本的に問題

とはならない。同一内容の規則が一律に適用されるからである。問題は条約の場合である。国家平等原則は適用上の平等だけでなく，条約内容の平等も原則的に要求するものと解される。実際，これまでの条約は一般にそのようなものであった（領海条約，宇宙条約，ジェノサイド条約，女性差別撤廃条約，ハーグ・ハイジャック防止条約等）。しかし条約の規律事項のいかんによっては，同じ中身の規則を一律に適用することは，各国の発展状況の違いにかんがみて合理的でないこともある。それはちょうど，憲法の平等規定が合理的な格差を必ずしも禁止しないのと類似する。こうして，近年では一般条約（国際社会の全体の国を対象とする多数国間条約）のなかでも締約国のあいだに内容上の差異を設ける条約がみられるようになった。2つの条約例を次にみてみよう。

(ii)　地球温暖化防止条約

　昨今話題の気候変動国連枠組条約（1992年・（通称）地球温暖化防止条約）は，締約国の「それぞれ共通に有しているが差異のある責任」（3条1）という観念の下に，二酸化炭素等の温室効果ガスの排出削減の義務について締約国間に差異を設けた。実際に削減の義務を負うのは先進国と市場経済移行国（旧ソ連・東欧諸国）であって，途上国は当面免除されるものとした。また削減義務を負う国でも，その削減率に差異が設けられた（2008年から実施された京都議定書は国別の削減率を設定した）。排出削減の義務を負わない途上国のなかには中国やインドなどの大口排出国も含まれていることから，周知のように，この取扱いに対する先進国側の不満が増大しつつある。もちろん，状況が許すときは，条約の改正規定（15条）にのっとってこの仕組みを変えることは可能である。京都議定書に代わる新しいパリ協定（2016年発効）は，すべての締約国にそれぞれの削減義務

を課しつつ，それはなお「共通に有しているが差異のある責任及び各国の能力に関する原則を反映するように実施される」ものとした（3条）。すなわち本協定は，すべての締約国の削減義務を定めつつ，他方，その義務の負担量に差異を認めているのである（本書207頁参照）。

(iii)　核兵器不拡散条約

規範内容の差異という点では，核兵器不拡散条約（1968年・NPTあるいは核兵器拡散防止条約ともいう）の方がむしろ大胆のようにみえる。この条約は，「核兵器国」たる5大国（米・旧ソ・英・仏・中）については核兵器の他国への移譲の禁止と核軍縮の交渉義務を課すものの，核兵器の保有そのものを禁止していない。これに対し，その他の「非核兵器国」には将来にわたって核兵器の製造・保有を禁止し，かつ IAEA（国際原子力機関）の保障措置（査察等）を受けるものとした。いわば，非核保有国には厳重な謹慎処分を言い渡しつつ，他方，核保有国には「よきにはからえ」というのと大差はない。

しかし，こうした差別的条約であっても，それが締約国の総意によるときは有効である。この差別を正当化する根拠は，その必要性と非強制性に求められる。すなわち，これは核兵器の拡散防止のためにやむをえないとする認識（必要性）と，この差別性を容認しえない国にはこれを強制しないということである（これを認めないインド，パキスタン，イスラエルは加入を拒否，北朝鮮は条約を脱退）。

以上のように，国家平等原則は国際法の適用面では忠実に維持されているが，こと条約の規範内容上の平等という面では必ずしも全面的に保障されるわけではない。

④　国際機構の発展と平等原則の変容

(1)　表決制度と平等原則

(i)　1国1票制

　国際機構は今日，各構成国とは別に独自の行動主体たる地位を有している（国際法主体性）。そのために，まずみずからの意思を決定しなければならない。その決定は加盟国の表決という方法で行われる。表決制度にはさまざまな方法（全会一致制，多数決制，拒否権制度等）があるが，いずれの場合でも1国1票制が基本原則とされてきた。国の大小を問わず，どの国も1つの投票権をもつのである。大国であるからといって2票，3票をもつということはない。これは，19世紀の国際機構の発展以来，今日まで変わらず保持されてきた基本原則である。現在の国連もすべての機関（総会，安保理，経社理等）でこの方式がとられている。これは，「加盟国の主権平等の原則」（憲章2条1）に基礎をおくことの当然の帰結といえよう。

(ii)　加重表決制

　1国1票制は大多数の国際機構で採用されているが，例外がないわけではない。IMF（国際通貨基金）や世界銀行（国際復興開発銀行・IBRD）などの金融関係機構では，各加盟国は基礎票として250票をもち，さらに各国の出資額あるいは株式保有数に応じて1票を加算する方式，すなわち加重表決制（weighted voting system）がとられている。ここでは形式的な主権平等原則を斥け，多くの負担を受け負う者には多くの発言権を，という実質的平等をめざしたともいわれる方式がとられている。しかし，これは結局のところ大国支配の原理ではないか，との批判が他方にみられることにも注意しなければならない。

(2) 拒否権制度と平等原則

(i) 拒否権とは

国連の安全保障理事会（安保理）は，わずか15ヵ国で構成されるが（5つの常任理事国と10の非常任理事国），平和の維持に関してはきわめて強力な権限を有している。とくに憲章第7章の強制措置の実施など，総会をはるかに凌ぐ権限をもっているのである。ただ，その決定の成立には5大国（常任理事国）の一致が前提となる（手続事項の決定は別）。すなわち，5大国の1国でも反対するときは，安保理の表決（決定）は成立しない仕組みとなっている（憲章27条3）。これを5大国の拒否権（right of veto）という。つまり，5大国は自国の1国の反対をもって安保理の決定を葬り去ることができるのである。これは，いわば自国の意思を押しとおすことを制度的に保障するものであるから，5大国がもつこの特権は強大である。加えて，これら諸国には地位の常任性という特権も与えられている。

(ii) 平等原則との関係

5大国になぜこのような特権が認められたのか，この点はのちの国際機構を取り扱う章（**第12章**）に譲るとして，ここでの問題は，これが国連のとる「主権平等の原則」（憲章2条1）と両立するかどうかということである。おそらく，この原則と拒否権制度とを矛盾なく説明することはできないと解される。サンフランシスコ会議（1945年の憲章採択の会議）で，拒否権制度に対して異論が噴出したのも，ここに根源がある。他方，国連加盟国はこれを承認したのであるから（憲章への署名，批准），拒否権の制度は「主権平等」の例外として位置づけるほかはないであろう。

国内問題不干渉の原則

◎ 不干渉原則の発展

(1) ヴァッテルの不干渉論

(i) 主張の骨子

不干渉原則とは，国家は他国の国内問題（国内管轄事項）に対して，あれこれと押しつけがましいことをしてはならない，というものである。これは国家が一般国際法上負うきわめて重要な義務であって，先の国家平等原則とともに，弱肉強食の社会を防ぐための番人の役を担っている。

学説史的にみると，この不干渉原則をことのほか強調したのは，先の平等原則と同様，18世紀のスイスのヴァッテルである。もともと，この2つの原則は主権概念のコロラリーと解されるので，彼が両者を重視したのは当然ともいえよう。彼はその著書『国際法』（1758年）において次のようにいう。国家が「自由と独立」を享受する効果として，それぞれの国は自国が何をなすべきか，何をしてはならないかを「自己の良心」にしたがって判断すべきであって，それゆえ，「ある国がそれを行うのが自国の義務であると判断するときは，他の国がそれについてあれこれせよと強制する（contraindre）ことはできない」と。すなわち，「国家の自由と独立の原則の効果として，すべての国はみずからが適当と思う方法で自国を統治する権利をもつのであって，いかなる国も他国の統治に介入する何らの権利も有しない」のである。

(ii) 背景事情

ヴァッテルが不干渉原則を重視するのは，これが近代市民国家の

創設そのものに由来するとみるからである。すなわち，市民が政治社会としての国家を創設するのは構成員（国民）の福祉と幸福の追求のためであるから，いかなる国もその実現に支障をきたすことは相互に避けなければならない，との考えが基底にあったのである。それと同時に想定されるのは，より現実的な考慮である。この点は想像の域を出ないが，彼の主張の背後には母国スイスが絶えず念頭にあったのではなかろうか。スイスは当時の大国オーストリアとフランスに挟まれた小国である。権謀術数の華やかであった当時の外交関係において，また彼自身その外交に携わった経験からも，不干渉原則がとりわけ小国にとって重要であることを実感していたものと推測される。歴史に名高い，いわゆるポーランド分割，すなわちオーストリア，プロシア，ロシアによる分割支配が始まるのはヴァッテルの死から5年後である（彼については112頁参照）。

(2) 19世紀以降の展開

(i) ホイートンの消極論

ヴァッテルの高唱にもかかわらず，不干渉原則が実定法として根づくのは19世紀の後半になってからである。ナポレオン戦争後のヨーロッパでは，体制変革の運動を抑圧するための反革命的干渉行為が幾度となく，かつ公然と繰り返した。こうした状況を直視してのことであろう，国際法学者のなかにも，干渉の是非は「公法というより政治の分野に属する」（ホイートン）問題である，とする見方さえ当時みられたのである（『国際法要論』・1836年）。ホイートンがこのように論じた一節の小見出しは「干渉権」（Right of intervention）となっている（なお，ホイートンの本書は，わが国に取り次がれた最初の国際法の書物であったことは，**第1章**の 国際法豆知識 で紹介した（25-26頁参照））。

(ii) ハレックの批判

こうした消極論を憂慮してか，同じアメリカの当時の国際法学者ハレック（H. W. Halleck）はこれを次のように評している。「不幸なことに，歴史家も法律家も，基本原則に依拠して慣行の合法性を検証せずに，『事実』から『権利』を引き出そうとし，また幾多の実際の行動から干渉の権利を推論しようとする傾向が顕著である。主権国家の国内問題に対する外国の干渉が……国際法の基本原則たる自然法（natural law）に反するのであれば，慣行や慣習がそれを正当化ないし合法化することはありえないことである。いかなる慣行も不正を正当化することはできないからである」と（1861年）。この主張はローマ法の格言 *"ex injuria jus non oritur"*（違法から権利は生まれない）を彷彿とさせるものがある。

(iii) 19世紀後半以降の展開

19世紀後半になると，このハレックの主張が示唆するように，不干渉原則の法規範性を否定する意見はいたって影を潜めるようになる。イタリアのフィオレ（P. Fiore）は，干渉には「精神的干渉」と「武力的干渉」とがあるが，両者ともに「絶対的に違法で国際法違反とみなされなければならない」（1890年）として，今日の法状況を上回るような見解さえ提示しているのである。ただ正確を期すなら，当時の支配的な見方は不干渉原則を積極的に是認しつつ，他方において一定の重要な例外を留保するものであった。広く説かれた例外は，①自己保存権ないし自衛権の行使の場合，②勢力均衡（balance of power）の維持のための干渉，③人道のための干渉，の３つの場合である。

(3) **現代国際法の不干渉原則**

不干渉原則が現代国際法の基本原則であることは，友好関係原則

宣言をまつまでもなく，まったく疑いを容れない。国際司法裁判所
も明確にこれを認め，後述のように，これを実際に適用している。
ここではまず，先にみた例外がどこまで現代に受け継がれているか，
この点からみることとする。

　上にあげた3つの例外のうち，①の「自己保存権」はそれ自体が
今日では認められていない。他方，「自衛権」は今日でも重要な例
外をなすものとして広く承認されている（国連憲章51条）。②の勢力
均衡の例外であるが，現代国際法はこの方式に代えて集団安全保障
体制をとっていることから，法的にはこの例外は認められない。第
1次世界大戦前までは勢力均衡が国際社会の安全保障の唯一の制度
であったため，この制度を維持することがことのほか重視されたの
である。③の人道的干渉の例外，すなわち外国における重大な人権
侵害を阻止するために他国が軍事力をもって介入することの例外に
ついては，実は19世紀においても十分な意見の一致があったわけで
はなく，現在においてもこの状況に大きな変化はない。この問題は，
今日の国連体制下での武力行使の許容範囲の問題に収れんされるの
で，これを取り扱う章（**第12章**）において改めて検討することとす
る（334頁以下参照）。

② 干渉とはどのような行為か

　違法とされる「干渉」（intervention）とはどのような行為をさす
のであろうか。これをみるためには2つの側面からの考察が必要と
なる。1つは，他国のどのような「問題・事項」への介入が干渉と
なるのか，他の1つは，どのような「行為・行動」をとることが干
渉を構成するかである。それぞれについてみてみよう。

(1) 国内問題の範囲

(i) 一般的定義

不干渉原則が適用される国内問題とは，一般的にいうと，国家が主権的判断において排他的に処理・決定することのできる国内管轄事項（matters of domestic jurisdiction）をさす。たとえば，国家がどのような憲法の下に，どのような政治体制・経済体制を構築するか，どのような文化・社会政策を推進するか，などの問題はもっぱらそれぞれの国が決めるべきことであって，他国が指図すべきことではない。しかし個別具体的にみると，ある事項が国内管轄事項（国内問題）といえるかどうかの判断がむずかしいことがある。とくに，その事項に関する国際法の規律が強化されることによって，もはや1国の自由な判断による取扱いを許さないような状況にいたったときである。この点を次にみてみよう。

(ii) 問題の相対性

人権問題を例にとってみると，これは以前にはそれぞれの国の憲法をはじめとする国内法の規律事項（国内管轄事項）とみられてきたが，今日では国際人権規約，女性差別撤廃条約，子どもの権利条約などの多くの人権条約の出現によって，どこまで国内管轄事項といえるのか，その境界が曖昧となってきている。とくにヨーロッパでは，欧州人権条約の下に，本条約の定める人権問題については最終的に欧州人権裁判所（European Court of Human Rights：ECHR）によって解決する仕組みができ上がっている。こうして，同裁判所によれば，この条約の下に「ヨーロッパ公序」（European public order）が形成されているのである（ロイジィドゥ事件・1995年）。ここでは，人権問題が純粋な国内問題といえるかどうか，その性格を変質しつつあるといえよう。

これが例示するように，ある事項が国内問題か否かの判断は，そのときの国際法の規律状況にてらして個別的に決定されなければならない。常設国際司法裁判所がいうように，その決定が国際法の発展に依存するという意味で「本質的に相対的な問題」だということになる（チュニス・モロッコ国籍法事件・1923年）。

(2) 干渉行為の基準

(i) 武力的干渉

次に，どのような「行為」が違法な干渉とみなされるのであろうか。一般には「命令的ないし強制的介入」（dictatorial or forcible interference）がこれにあたるとされてきた。つまり，1国の意思・意見を他国に強制することである。国際司法裁判所はニカラグア事件（1986年）で，「強制の手段」（methods of coercion）を用いるときに干渉行為となるとしている。武力的介入はその典型例である。この事件では，ニカラグアの現政権の打倒をめざす反政府組織コントラ（ニカラグアの国内組織）へのアメリカの軍事的・財政的支援がニカラグアへの干渉行為となるか否かが1つの争点となった。裁判所はこれを肯定し，この支援活動は「1国による他国の国内問題への干渉に相当する」とした（*ICJ Reports 1986*, p.124, para.241）。

本書**第1章**の 事 例1 で取り上げたコルフ海峡事件は，イギリスの軍艦がアルバニアの領海（国際海峡）で触雷被害を受けた事案である。事件後，イギリス海軍は同海域（国家領域）の掃海作業を強行した。イギリスは，この行動は裁判での証拠の収集のための正当な干渉行為であると主張した。しかし，裁判所はこれを明快に斥けた。「主張される干渉の権利は，裁判所としては，ただ力の政策の表示とみなすほかはない。この政策は過去においてもっとも重大な濫用を招いたものであり，現在の国際機構の弱点が何であれ，国

際法においていかなる地位をも有するものではない」と（*ICJ Reports 1949*, p.35）。

(ii) 非武力的干渉

武力を背景とする干渉は，過去における干渉行為の常套手段であった。しかしながら，強制を伴った介入が違法な干渉であるとすれば，それは経済的ないし政治的方法をもってすることもできるであろう。19世紀来，こうした方法による干渉を被ることが少なくなかったラテン・アメリカ諸国は，その米州機構憲章（1948年）において，これを否認する規定をおいた（19条，20条）。国連総会の友好関係原則宣言も，「他国を強制するために経済的，政治的その他いかなる形態の措置」もとってはならないとしている。この点を確認しておくことは重要である。なぜなら，今日では武力の行使・威嚇そのものが違法であるので，干渉の防止のためには，むしろこれ以外の方法によるものを抑制しなければならないからである。もっとも，経済的・政治的方法による場合は，それが違法な干渉にあたるかどうかの判断が容易ではないことがある。相手国に対する合法的な経済・対外政策の変更との区別が微妙となるからである。

以上の考察から明らかなように，強制の要素を伴わない関与，たとえば他国への助言，勧告，示唆等は国際法上は違法な干渉とはみなされない。もっとも，その場合でも政治外交上のレヴェルでは内政干渉との非難を招くことは少なくない。

ヴァッテル

　本章ではヴァッテルにご登場を願う機会が多かった。この先もお世話になるであろうから，ここで手短かに彼を紹介しておきたい。彼は40代の半ば，著書『国際法』（*Le Droit des gens*・1758年）を引っさげて国際法の学界に登場し，英名を馳せることとなった。1714年，スイスのヌーシャテルに牧師の子として生まれ，バーゼル，ジュネーヴ大学で神学，哲学等を修めた。1749年，ザクセン選帝侯の地位にあったポーランド国王の下でベルン駐在の外交官の職をえた。彼が国際法の研究に本格的に着手したのはこの前後からであったと思われる。

　本書の正式な表題は，『国際法すなわち国家と主権者の行動および事務に適用される自然法の原則』である（全３巻・序文を含む本文938頁（初版本））。「自然法の原則」というならば，彼は頑迷な自然法論者であったかというと，否である。一般には彼は自然法主義と法実証主義を融合させた折衷学派であるとされるが，本書の内容からすると，むしろ実証学派に近い（フリードマンのように，彼の自然法への言及は「リップ・サービス」にすぎないとの見方もある）。本書は，その10年前に出されたヴォルフの国際法の著作に触発，影響を受けているが，しかし，少なくともその論述・論証方法は，ヴォルフの，しばしば「衒学的」（pedantic）といわれる手法とは大いに異なるものがある。

　この時期（18世紀半ば）に，早くも現代国際法の基本原則をなす国家平等や不干渉原則などを体系の基調概念にすえつつ，国際社会の実像に見合った法体系をまとめあげたことの意味は特筆に値する。本書が19世紀以降に輩出する著名な体系書の範をなしたことも衆目の一致するところである。また実際の国際裁判，国内裁判でも，本書はしばしば引き合いに出されており，本文でもふれたマーシャル首席裁判官は幾件かの事件でヴァッテルを引用している。本書はこれ以前の書物（ラテン語）とはちがって日常語たるフランス語で著され，また内容的にも実践性に富むものであるため，当時の外交官をはじめ，各方面で広く重用された

ものである。

　他方，後世の学者によるこの英傑の評価は一様ではない。辛口の評価も少なくない。ここでは，この問題に立ち入る余裕はない。ただ，彼の立場にかぎらず，評価の指標をどこにおくかによって，この種の評定は変わりうるものである。グロティウスは『戦争と平和の法』（1625年）によって「国際法の父」なる栄誉に浴したのであるが，本書についてさえ，「ほぼ完全な失敗作」であるとする現代の権威者（ブライアリー）もいる。これは，グロティウスの論述事項が実際にどこまで国際社会の法となったかという視点からみた評価である。おそらく，この評価基準からするならば，ヴァッテルの著書は「ほぼ完全な成功作」ということになるのではなかろうか。

Ⅳ　事例の紹介

事 例 5　カナダは10の州と2つの準州からなる連邦国家である。東部のケベック州は人口の8割がフランス系の住民が占める。同州はもともとフランスの植民地であったが，18世紀の英仏戦争のパリ条約（1763年）によりイギリス領となった。しかしイギリス人の入植が少なかったこともあり，その後も固有の言語（フランス語），宗教（カトリック教），文化を保持してきた。第2次世界大戦後，とくに1960年代に入ってケベックの民族的意識の高まりとともにカナダからの分離運動が起こり，これを抑えようとする連邦政府とのあいだに緊張状態がつづいた。1982年の新憲法の制定にさいしても，ケベック州はこれに反対する態度をとった。

　こうした状況のなか，カナダ総督（カナダ国王・エリザベス2世の役職上の名代）は，1996年，カナダ最高裁判所に対してケベック州の分離問題について次のような諮問を行った。①カナダ憲法上，ケベック国民会議，

立法府または政府は，カナダからの分離（secession）を一方的に行うことができるか。②国際法はケベックのこれらの機関に一方的に分離する権利を与えているか。この点に関して，国際法上の自決権（right to self-determination）はこれら機関に対してケベックが一方的に分離する権利を与えているか。③一方的な分離の権利について国内法と国際法のあいだに抵触がある場合には，カナダにおいてはいずれが優先するか。

カナダ最高裁判所・ケベック分離事件（1998年）

〔参考文献〕*ILM*, Vol.37 (1998), p.1340,『基本判例50』30頁（王志安），『判例国際法〔2〕』284頁（松井芳郎）。

この諮問に対するカナダ最高裁の回答は，本節の課題である自決権についてひととおり概説したのちに紹介することとする。

V 人民の自決権

◼ 自決権の史的展開

(1) 自決原則の台頭

人民・民族の自決（self-determination of people）の観念は，18世紀の啓蒙期の自然権思想やアメリカの独立およびフランス革命の人民主義の思潮などにその思想的基盤が求められるが，広く国際的な関心事となるのは20世紀に入ってからである。わけても，2人の政治家の主張に負うところが大きい。ロシアのレーニンとアメリカ大統領のウィルソンである。彼らは政治的背景を異にしつつも，被抑圧人民や従属民族の解放なり自治を促進すべきことを訴えた。国際連盟の委任統治制度（連盟規約22条）は敗戦国ドイツ（第1次世界大戦）の海外植民地の自治的発展をはかるために設けられたものであるが，

これはウィルソンの思想を反映するものである。ただ，この両名の主張を含む当時の自決の観念は1つの政治的立場として標榜されたものであって，いまだ人民の法的権利としての実体をもつものではなかった。

(2) 自決権の法的確立

(i) 国際的展開

自決権の法的発展に重要な転機を与えたのは国連憲章であった。憲章は「人民の同権及び自決の原則」（1条2，55条）を謳うとともに，信託統治制度（12章）と非自治地域に関する宣言（11章）を設けるなど，自決原則を重視する姿勢をとった。ただ，憲章のいう「自決の原則」そのものの内容，すなわち，どのような人民がいかなる形で享受・行使しうるものか，その内実が明確にされていなかったため，国連発足の当初は，法的に主張しうる具体的な権利とはみなされていなかった。

この状況に重要な発展の弾みを与えたのが1960年の植民地独立付与宣言（総会決議1514）である。本宣言は自決原則の内容を明らかにし，すべての人民は「その政治的地位を自由に決定し，その経済的，社会的および文化的発展を自由に追求する」権利を有するとし（2項），さらに植民地の住民など従属人民は「完全な独立を達成する権利」を有するものとした（4項）。前者は自決権の一般的性格を明らかにしたものであり（❷で述べる内的自決と外的自決を含む），後者は従属人民の特別の自決権（❷で述べる外的自決）を明示したものといえる。この自決権の定式は，基本的にその後の国際人権規約（社会権・自由権両規約1条・1966年），友好関係原則宣言（1970年），ヘルシンキ最終議定書（1975年），世界人権会議のウィーン宣言（1993年）等において繰り返し確認されてきた。

(ii) 判例等の具体的展開

　国際司法裁判所はナミビア事件（1971年）において，自決の原則はすべての非自治地域に適用されるものとし，また西サハラ事件（1975年）では西サハラ（スペインの植民地）の人民が，東ティモール事件（1995年）では東ティモール（ポルトガルの旧植民地）の人民が，またパレスティナ壁建設事件（2004年）ではパレスティナ人民が，それぞれ自決権を有することを確認した。これらのケースは，いずれも旧植民地の人民の自決権が問題となったものである。そのうち，東ティモール事件は同地域を併合しようとするインドネシアの軍事侵攻（1975年）に端を発するものであって，この軍事的併合については，国連の安保理および総会は人民の自決権を根拠にこれを認めない旨を明確にしていた。

(3) 自決権の法的性格

　以上にみたように，自決権はさまざまな国際的決議（国連総会，安保理決議を含む），国際的実行，条約，司法判断等において繰り返し承認・確認されてきた。それにより，これが一般国際法上の権利として確立したことは疑いない。国連時代のこの発展は，政治的主張から法的権利への脱皮のプロセスとみることができる。のみならず，国際司法裁判所は自決権を「対世的権利」（right *erga omnes*）であるとした（東ティモール事件・*ICJ Reports 1995*, p.102, para.29）。そうであれば，この権利の享受者は国際社会のすべての国に対してこれを主張することができ，また，いずれの国（植民地本国を含む）も個別の理由をもってこれを否定することはできないことになる。さらに，学説上ではこれを強行規範（*jus cogens*）とする見方も有力に存在する（国際法委員会，カッセーゼ等）。そうだとすると，ある複数の関係国が条約の締結をもってこの権利を抑圧・排除しようとしても，

その条約そのものの効力が否定（無効）されることになる（条約法条約53条参照）。

❷ 自決権の形態

「人民の自決権」という場合，その主眼とするところが時代によって変わるのはむしろ当然といえよう。脱植民地化の進展時とその完了時とでは，その力点のおきどころは変わらざるをえない。かくして，自決権の概念は一般に2つに分けて理解される。外的自決権と内的自決権である。

(1) 外的自決権

(i) 本権利の享受者

人民の自決権という場合，そこにいう「人民」（people）とは以前には植民地支配下の従属人民をさすことが多かった。先の国際司法裁判所の事例となったナミビア（旧南西アフリカ），西サハラ，東ティモールの人民は，いずれもこのカテゴリーの人民である。これら植民地の人民が「自決権」をもつという場合，それは本国（宗主国）からの分離独立を含む権利をさす。先の植民地独立付与宣言（1960年）が，「従属人民」の「完全な独立への権利」を軍事力等をもって妨害してはならない（4項）としたのがこれである。このような分離独立を含む自決権を一般に「外的自決権」（right of external self-determination）という。1960年以降のアフリカ植民地のあいつぐ独立は，このタイプのものである。

外的自決権はかぎられた人民にのみ認められるものであって，植民地支配下の人民のほか，外国の占領支配の下におかれた人民もその享受主体と解されている（ウィーン宣言2項）。この点は，のちにみるカナダ最高裁によっても確認されている（なお同裁判所は，さら

に内的自決の否定された人民にもこの権利が保障される可能性に言及している）。それ以外の人民，たとえば1国内の少数者（マイノリティ）や先住民族あるいは連邦の構成国（州）の特定の民族は，次の内的自決権は認められても，国際法上，分離独立の権利まで保障されるものではない。さもなければ，国連憲章にいう「国の領土保全又は政治的独立」（2条4）は支えきれなくなるであろう。友好関係原則宣言およびウィーン宣言はこの旨を断っている。

　それでは，植民地と外国支配下の人民に分離権が認められるのはどうしてであろうか。ウィーン宣言は彼らが「特別な状況」におかれた人民であるとしているが，その意味するところは，それが本来のあるべき姿ではない，ということであろう。したがって，彼らの自由意思により，あるべき地位の実現が認められなければならないということである。

　(ii)　本権利の行使の形態

　外的自決権は分離権を含むものの，必ず分離独立しなければならないというものではない。いずれかの独立国（本国を含む）との自由な連合，統合あるいはその他の地位の形成も，それが彼らの自由意思によるものであるかぎり，この権利の行使に含まれる。戦後，アジア・アフリカの従属人民は実際には独立の道を選んだ。遅れてこの権利を行使することになった東ティモールでは，人民内部の意見に対立が生じた。独立派とインドネシアとの統合派の分裂である。そのため，これを決する住民投票が1999年に実施され，結局，独立国家となる道が選ばれた（国連東ティモール暫定行政機構の支援をえて，2002年，独立を達成）。独立であれ統合であれ，重要なことはそれが人民の自由な意思による決定でなければならないということである。

(2) 内的自決権

非植民地化のプロセスがほぼ完了した現在では，自決権の概念は
おおむね内的自決を意味する。これは，国家の領土保全原則の枠内
で，すなわち，人民の分離・独立の権利を伴わない形で，人民の政
治的地位や文化的発展を自由に追求することができるとする権利で
ある。次にみるケベック分離事件の意見は，2つの自決権の相違を
浮き彫りにした事例として注目される。

❸ ケベック分離事件——カナダ最高裁の判断

以上の考察を総括する形で，最後に 事 例5 のケベック分離事
件のカナダ最高裁の意見をみることとする。まず諮問事項①，すな
わちカナダ憲法上の分離権については，ケベック州がこれを一方的
に行使する権利は授与されていないとする。同憲法がとる連邦主義，
民主主義，立憲主義，法の支配等の諸原則を説き起こして，この結
論を提示する。ことに，カナダの連邦体制は，もともとケベック等
の特別の地位を維持するために組まれたものであることを指摘する。

次に②の国際法上の分離権に移り，これについても消極の結論を
提示する。意見の概要は次のとおりである。

国際法は国家の一部地域が一方的に分離する権利を特別に認めて
いるわけではなく，ただ自決権の行使においてこれが例外的に認め
られるにすぎない。自決権には内的自決と外的自決とがあり，前者
は「人民が現存する国家の枠組みのなかで（within the framework of
an existing state）自己の政治的，経済的，社会的および文化的な発
展を追求すること」であって，人民の自決権は「通常は」（normally）
この形態において，つまり国家の領土保全の原則を毀損しない限度
で認められる。

後者（外的自決）は，「潜在的に一方的分離権の主張形式をとる」ものであるが，これは「きわめて極端な状況においてのみ生ずる」，「例外的」（exceptional）な権利である。この形態の自決権が認められるのは，①植民地の人民，②外国の占領支配下にある被抑圧人民であるが，第三の可能性として，③内的自決の否認された人民が考えられるが，この点はなお「不明確」（unclear）である。ただ，いずれにしてもケベックの住民は①，②の人民でないことはもとより，③に該当する人民でもないことは疑いない。彼らはカナダの統治活動に全面的に参画しており，内的自決を十分に享受している。よって彼らが国際法上，カナダからの一方的な分離権を有することはない。なお，事実上の分離独立を達成し，諸外国の国家承認を受けることによって新国家を形成することがあるが，それは当該人民に当初よりその権利が認められていたということを意味するものではない（Reference re Seccesion of Quebec, *ILM*, Vol.37 (1998), p.1340）。

④ コソボの分離・独立

(1) セルビアのなかのコソボ

　上のカナダ最高裁は，外的自決権の行使の形態として第三の可能性を指摘している。すなわち，国内の特定の人民に対して付与されるべき内的自決権が本国によって圧殺されている場合である。同最高裁によれば，内的自決が「全面的に破綻している」場合であるが，ただ，この種の自決権が確立した国際法の原則となっているかどうかは「不明確」であるとも断っている。いずれにせよ，ケベックの人民がこの種の新しい自決権の適用対象となる状況にないことは明らかである，としてこの新制度に論及したものである。この新しい自決権制度は，起源的には先の友好関係原則宣言やウィーン宣言等

の関係規定の解釈から導き出されるものである（原則宣言の第5原則・第7項，ウィーン宣言のⅠ，2の後段規定参照）。本国からの分離を伴うこの自決権は学説上では以前から指摘されてきたが（「救済的分離権」），カナダ最高裁の前向きともみられる判断はこれに拍車をかけたようにみられる。この状況のなかで発生したのがコソボの独立である（2008年）。

　コソボは，独立前はセルビア共和国の1州であった。セルビア人主体の本国と異なり，アルバニア系住民が多数を占め（92%），言語も宗教も異なっていた。そのためコソボは永く自治州の地位を占めてきたが，1989年，ミロシェヴィッチ政権の下で自治権剥奪の憲法改正が断行され，以来，本国とのあいだに熾烈な武力闘争が繰り広げられてきた。ことに，兵力・資力に勝る本国によるコソボ弾圧がいかに凄惨であったかは，次の二つの事態がこれを物語っている。一つは，1999年のNATO諸国（米，英，加，独，仏等10カ国）によるセルビア空爆である（当時，セルビアは隣国のモンテネグロと「ユーゴスラヴィア連邦共和国」を構成していたので，この当時は「ユーゴ空爆」と称された）。これは，コソボ人民の保護・救済のためにとられた大規模な軍事行動である（約2カ月半に及ぶ）。他の一つは，セルビアを取り仕切ってきたミロシェヴィッチ大統領が，2002年，旧ユーゴ国際刑事裁判所に訴追されたことである。この裁判所は，旧ユーゴ連邦の解体にともなって発生した重大な国際犯罪（ジュネーヴ諸条約の違反，ジェノサイド，人道に対する罪等）を裁くために，1993年，国連（安保理）によって設置された国際法廷である（ミロシェヴィッチの裁判は注目されたが，公判中の2006年，死去した）。

(2)　コソボの独立の意義と論点

　事態が深刻化するなか，国連の安保理は，1999年，国連コソボ暫

定行政ミッション（UNMIK）を設置した。すなわち，コソボを国連が行う暫定行政の枠組におきつつ，その間にコソボの最終的解決をはかる仕組である。しかし，長期にわたる解決の模索は実を結ぶことはなく，2008年，コソボは一方的な独立宣言を発した。これを問題視したセルビアは，国連総会においてその合法性を国際司法裁判所（ICJ）に問う手続を要求した（勧告的意見の要請）。2010年の同裁判所の意見は，コソボの独立宣言の発布は一般国際法にも，また安保理の関連決議にも違反するものではないとした。

　コソボの独立は，上記の第三の自決権の行使形態のものと解される。学説上では，これを「救済的分離権」（right of remedial secession）として説かれた。裁判所もこの見方を紹介しつつも，本件ではその正否の判断は「必要ではない」とした（*ICJ Reports 2010 (II),* pp.436-438, paras.79-83. 裁判所は「独立宣言の発布」という手続的側面に判断を限定している）。植民地の独立が完了した現在，この先，外的自決があるとすれば，この種のものとみられており，コソボの事例はその重要な先例を供するものと解される。またコソボの独立はNATO諸国の軍事的支援を受けているが，これはNATO諸国の自衛権の行使とは解されないので，憲章上は安保理の許可が必要であったところ，彼らはあえてその許可を求めなかった。この点を含めて，外国の軍事支援はどこまで許容されるのか，今後に残された課題といえよう（セルビアは，別途，NATO諸国の軍事行動の違法性をICJに訴えたが，裁判管轄権なしとして斥けられた）。なお，コソボは独立後，日・米・英・仏・独等を含む百数十カ国から国家承認を受けているが，国連への加盟は常任理事国たるロシア，中国が独立拒否の姿勢をとっていることから，いまだ加盟の見通しは立っていない（憲章4条2参照）。

〔コソボ事件の ICJ 判例の参考文献〕 *ICJ Reports 2010 (II),* p.404,『百選〔3〕』30頁（竹内真理）,『判例国際法〔3〕』44頁（山田卓平）, *ICJ Reports 1999 (I)・(II),* p.124,『国際法外交雑誌』第100巻1号50頁（酒井啓亘）, *ICJ Reports 2004 (I)・(II),* p.279,『国際法外交雑誌』第112巻1号123頁（酒井啓亘）。

第6章

国　　　家

本章の検討課題

　国際法は，元来，国家相互間のあり方や行動の仕方を定める法であるから，どの問題を取り上げても国家にかかわりのないものはない。にもかかわらず，本章で取り立てて「国家」を取り扱う主旨は，その考察対象が国家そのものの誕生，あるいはその変動，さらには国家が有する対外的地位（特権），といった国家それ自体の存立や地位について検討しようと思うからである。

　より具体的にいうなら，まず国家の成立のための要件，次に，新国家の誕生にさいして行われる，諸外国による国家承認の意味について検討する。これとの関係で，さらに政府の非合法な変更があるときに行われる政府承認について考察する。つづいて国家の地位の変動（領域的変動を含む）があるとき，すなわち国家の分裂や結合，連邦制の解体，植民地の独立などがあるときに問題となる国家承継の制度（条約の承継等）を概観し，最後に国家の対外的特権すなわち主権免除（国家免除）について検討する。なお，最後の主権免除は，いずれ取り上げる外交使節や領事の特権・免除とは発展の系譜を異にする制度である。本章では，あまり細部には立ち入らずに，以上の諸問題の本質的論点に解説の重点をおくこととする。

事 例6　ユーゴスラヴィア社会主義連邦共和国（以下，「旧ユーゴ」と略称）の構成国，すなわちボスニア・ヘルツェゴビナ，クロアチア，マケドニア，セルビア，モンテネグロ，スロヴェニアの各共和国は，冷戦終結後の1991年，あい継いで独立を宣言した。また翌92年にはセルビアとモンテネグロ両国がユーゴスラヴィア連邦共和国（以下，「新ユーゴ」と略称）の樹立を宣言した。各共和国は複雑な民族構成をなしていたため，独立の進展とともに共和国の内部で，また共和国相互間で民族的衝突が激化した。国連の安全保障理事会は事態の鎮静化のため，1992年，国連保護軍（UNPROFOR）を派遣し，また翌93年には，この武力紛争の過程で生じた残虐な犯罪行為を処罰するための旧ユーゴ国際刑事裁判所（ICTY）を設置するなど，厳しい対応を迫られた。

他方，EC（ヨーロッパ共同体）とその加盟国は，1991年，独立過程にある6共和国を含む旧ユーゴ和平会議を設置し，さらに，この会議の一機関として「仲裁委員会」（Arbitration Commission）を設けることとした。この委員会は，各共和国の独立に伴う諸問題，とりわけ旧ユーゴの国家承継に関する法的問題を統一的に処理するために設けられた準司法的機関である（委員会はフランス，ドイツ，イタリアの各憲法裁判所の長官を含む5人の法律家で構成された）。同時期に進行していた旧ソ連の承継問題は関係国の協議による解決が進展していたが，混迷の度を増す旧ユーゴではこれが期待しえない状況にあった。とくに，新ユーゴがみずからを旧ユーゴの地位をそのまま引き継ぐ継続国家（新しい独立国ではない）とする特別の地位を主張したことが問題を錯綜させた。

仲裁委員会への意見の諮問は和平会議の議長によって行われ，1991年11月から93年8月まで，計15の意見が与えられた。意見の中身は承継問題を中心に国家承認や国境問題にも及んでいる。ここでは，それらのう

ちから，承継問題に関する〔意見9〕と〔意見12〕を取り上げることと
する。それぞれの諮問内容は次のとおりである。

〔意見9〕の諮問　旧ユーゴの解体が完了した場合，各国の国家承
継の問題はいかなる基礎において，どのような方法で解決されるべきか
（1992年）。

〔意見12〕の諮問　旧ユーゴの国家財産，公文書および債務の承継
国への配分は，それに協力しない承継国があるときは，いかなる法原則
が適用されるか。とくに，国家財産が当該関係国に所在するときと，し
ないときはどうなるか。また所在するとき，当該財産の自由な処分をど
のような条件で差し止め，また保護することができるか（1993年）。

EC仲裁委員会・旧ユーゴ国家承継事件（1992年，1993年）

〔参考文献〕RGDIP, Tome 96 (1992), p.591 (Avis N° 9)；RGDIP, Tome 97
(1993), p.1106 (Avis N° 12),『基本判例50〔2〕』34頁（王志安），『判例国
際法〔2〕』64頁（樋口一彦）。

これらの諮問に対する仲裁委員会の回答（意見）は，国家承継法
を概説したのちに，まとめて紹介することとする（本書148頁）。

Ⅱ　国家成立の要件——国家であるためには何が必要か

⬛ 国家性の要件

(1)　モンテヴィデオ条約の要件

国際法上で国家（State）というときは，通常は独立した主権国家
をさす。それが国際法の主体たる地位をもつのである。それでは，
そのような国家と認められるためにはどのような実体を備えなけれ
ばならないか，言い換えれば，どのような要件を具備したときに国
際法上の国家（国際法が適用される国家）として認められるのか，ま
ずこの点を明確にしなければならない。

この点で注目されるのは，1933年，米州諸国で結ばれた国家の権利および義務に関する条約（以下，「モンテヴィデオ条約」という）が定める国家性（statehood）の要件規定である。それによれば，国際法の主体たる国家であるためには次の4つの資格，すなわち①恒久的住民，②一定の領域，③政府，④他国と関係を取り結ぶ能力，を充たさなければならないとした（1条）。①は国民となる定住者の存在であり，②は一定の固有の領土を有すること，③はそこを管理する統治組織の存在，④は外交的能力（条約の締結，外交使節の交換等）をもつことである（連邦の構成国や旧植民地は何よりもこの最後の要件を欠いている）。

(2) 4要件論の一般化

　この4要件は，すでに19世紀来の国際法の書物で説かれてきたものであって，モンテヴィデオ条約はこれを確認したものである。この要件は今日においても一般的に承認されており（『合衆国外交関係法リステイトメント』（第3版）201節），先のEC仲裁委員会もこれにほぼ沿う形で，国家とは「領域と住民が組織化された政治的権力に服する共同体（collectivité）であって，主権によって性格づけられたもの」と定式化している（Avis N° 1, RGDIP, Tome 96 (1992), p.264）。

② 伝統的要件の再検討

(1) 再検討の視点

　モンテヴィデオ条約の4要件は，これまで国家であるための必要にして十分な条件とされてきた。しかし，この点は今日，再検討を要すると考えられる。それらは必要条件ではあっても，現代国際法の下では十分条件ではないとみられるからである。具体的にいえば，人民の自決権を圧殺する形での新国家の樹立や，他国領土への武力

的侵攻による新国家の形成などは，たとえ4要件を充たしたとして
も，そこに重大な違法性を内包するがゆえに，今日では国際法上の
国家とはみなされないものと解される。たとえば，人民の自決権を
圧殺した白人政権の南ローデシアの独立（1965年），同様に南アフリ
カによるトランスケイなる「国家」の樹立（1976年），トルコの軍事
侵攻（1974年）による「北キプロス・トルコ共和国」の樹立が，安
保理や総会の非難・不承認の決議とともに，実際には国連加盟国に
よる承認がえられなかったことを看過すべきではない。

(2) 要件としての「適法性」

このようにみると，国家の成立のためには，先の4要件に加えて，
重大な国際法違反を伴わない樹立でなければならない，という意味
での「適法性」（合法性）を新たな要件として組み込まなければなら
ないといえよう。上にみた自決権の侵害や他国領域への武力侵攻な
どは，今日では強行規範（*jus cogens*）の違反ともされるものであっ
て，少なくとも，こうした重大な違反に依拠する国家の樹立ではな
いことが必要である。もとより，この適法性が実際に問題となるよ
うなケースはむしろ稀であって，また，その認定もこれまでは国連
によって集合的になされているのが実情である。その意味で，個々
の国家がその判断を迫られることはこの先もあまりないものと考え
られる。

それでは，伝統的国際法の下では，どうして適法性が要件化され
なかったのであろうか。理由は次の2点に絞られる。第1に，第1
次世界大戦前の近代国際法の下では，武力行使の違法性や自決権の
概念が十分に実定法化していなかったこと，第2に，当時は国家の
成立がもっぱら実効主義（事実主義）でとらえられたこと，である。
後者については若干の説明を要する。実効主義とは，どのような経

Ⅱ　国家成立の要件　　**129**

緯によるものであれ，現実に国家としての実体を備えさえすれば国家たる資格をもつとするものであって，そのプロセスの当否を問わないのである。19世紀のイギリスの国際法学者ホール（W. E. Hall）は，これを次のようにいう。1つの共同体は「国家としての特性を獲得したその瞬間から〔国際・筆者注〕法に服するのであって，国際法はその特性を獲得する前の事態には関知せず，よって，その共同体が国家を形成するために用いた手段（means）には無関心である。しっかりと組織化された共同体の法的地位は，創設時の道徳的過ちや創設時に生じた権利の侵害によって影響を受けることはない。ただし，その侵害が国家となるその共同体に課せられる法的義務を履行する能力と意思について疑義を生じさせないことが条件である」と（1884年）。

Ⅲ　国家承認——他国による承認とはどういうことか

■　新国家の誕生と国家承認

　この地球上には，さまざまな事情から新しい国家がしばしば誕生する（また消滅もする）。戦後の植民地の独立，連邦の解体と構成国の独立（旧ソ連，旧ユーゴの解体等），1国家の分裂（チェコスロヴァキアのチェコとスロヴァキアへの分裂・1993年），あるいは最近のコソボ自治州の独立（ユーゴスラヴィア連邦からの分離・2008年）などがみられる。このような新国家の誕生にさいして，既存の国家の側から，それを国際法の主体たる国家とみなす旨の意思表示が行われる。これを国家承認（recognition of States）という。

　この承認は既存の国家の一方的な行為として行われ，かつ，各国の個別的判断にもとづいて行われる。そのため，新国家の政治的体

制や建国の経緯のいかんによっては，各国の承認に足並みの乱れが生ずることがある。周知の例としては，多くのアラブ諸国はイスラエルを，また日本は北朝鮮（朝鮮民主主義人民共和国）をいまだ承認していない状況である（両国とも国連加盟国）。2008年のコソボの独立については，英，米，仏，独，日などは早々に承認する一方，ロシア，ルーマニア，モルドヴァ，キプロスなどは独立そのものに異議を唱えている。

　これが示すように，国家承認は先にみた国家性の要件の判断のみならず，実際には各国の広範な政治的考慮に服しているのが実情である。ただし，自決権の行使としての植民地の独立のように，他国の政治的判断とはほとんど無縁な領域もあるので注意を要する。

❷　承認行為の位置づけ

(1)　2つの立場の対立

　各国が行う承認はどのような意義ないし効果をもつものか，この点のとらえ方には伝統的に2つの立場の対立がみられる。1つは創設的効果説（constitutive theory）と呼ばれるものであり，他の1つは宣言的効果説（declaratory theory）と称される。前者は，新国家は他国から国家承認を受けることによってはじめて国際法の主体たる地位を獲得する，とみるものである。したがって，この説によれば，承認を受けない新国家は，たとえ先の国家性の要件を充たしていても，承認を拒む国とのあいだでは国際法上の国家とはみなされず，1つの政治的な組織体にとどまることになる。なお，この説においては，承認による国家創設の効果は承認国と被承認国とのあいだにおいてのみ生ずる，という意味において相対的性質のものとされる。

　これに対し，後者（宣言的効果説）は，新国家が前述の国家性の

要件を現実に充たしたときに国際法主体たる国家となるのであって，他国の承認はこれを確認する意思表示にすぎないとする。この説においては，国際法上の国家の成立は要件の充足のレヴェルの問題であって，他国の意思（承認）に依存する性質のものではないのである。以上の2つの説を要約すると，創設的効果説は承認行為が国際法主体たる国家を創設するところの法的行為であるのに対し，宣言的効果説では，そうした法的効果を有しない確認的行為にとどまることになる。

(2) 国際的動向

次に2つの説に関する学説の支持状況からみると，欧米では以前には幾人かの有力な学者によって創設的効果説が支持された（オッペンハイム，ハチェック，ケルゼン，ラウターパクト等）。そのうち，ケルゼンのように，戦前には宣言的効果説をとっていたが，戦後，考え直して創設的効果説に変わったことを率直に認める論者もいる。しかし，全体としてみると，欧米では戦前より宣言的効果説の方がむしろ有力であった。1936年の万国国際法学会の決議はこの立場を確認している。今日では，この立場がますます優勢となっていることは昨今の欧米の学者自身が認めるところである（オブライエン，マッカーフレイ）。わが国では，戦前は創設的効果説が圧倒的に有力であったが，近年ではむしろ逆転しているとみられる。

また条約の規定や判例に眼を転ずると，この問題に言及したわずかな事例はいずれも宣言的効果説の立場をとっている。先のモンテヴィデオ条約（3条）および米州機構（OAS）憲章（13条）はともに，「国家の政治的存在は他国による承認に依存しない」としており，またEC仲裁委員会もその〔意見1〕において，「国家の存在または消滅は事実の問題（question de fait）である。他国による承認は純

粋に宣言的効果（effets purement déclaratifs）のものである」とし
（Avis N° 1, RGDIP, Tome 96 (1992), p.264, para.1），同年の〔意見10〕
においてもこれを再確認している。

(3) 承認行為の位置づけ

　以上のようにみると，承認の宣言的・確認的性質を是認する見方
が総じて優勢である。とくに近年その傾向が強い。いずれが妥当か
といえば，宣言的効果説に軍配を上げなければならない。国際法は
永く，国家の成立は法レヴェルの問題ではなく，上の仲裁委員会が
いうように，「事実の問題」であるとしてきた。その意味で，国家
は国際法の創造主ではあっても，国際法は国家の創造主とはされて
こなかったのである。19世紀のブルンチュリが，「国際法は新しい
国家を創設しない」というのはこの意味であり，また先にふれた
ホールが，国際法は新国家の創設時の経緯や手段には「関知しな
い」というのも同じである。国際法が永いあいだ「適法性」を国家
性の要件に含めてこなかった要因がここにあることは既述のとおり
である。なお，本書では新たに「適法性」を国家性の要件に組み込
む立場をとったことから，そのかぎりで国家の成立に国際法が関与
することになったことを認めなければならない。

　以上まとめると，国家の承認はたんに宣言的・確認的意味をもつ
にとどまり，新国家が国家性の要件を実際に充足したときに国際法
上の地位を獲得するものとみなければならない。そのさい，承認を
拒む国があるとしても，それは新国家とのあいだに外交的交流をも
たないということを意味するにすぎず，新国家の国際法上の地位に
は影響を与えるものではないとみなければならない。とりわけ，戦
後の植民地の独立など，これを創設的効果説でとらえることは自決
権の原則と原理的にあい容れないことになる。

❸ 承認の要件

(1) 一般的要件

　新国家の承認のためには，その新国家が先に述べた国家性の要件（Ⅱ）を充たしていることが必要である。5つの要件のうち，最初の4つは伝統的に説かれてきたものであるが，最後の「適法性」（重大な国際法違反による国家創設ではないこと）は現代国際法の要請であるとみなければならない。EC仲裁委員会は，国家承認が「裁量的行為」（acte discrétionnaire）であることを認めつつ，ただ1つ，「一般国際法の強行規範とりわけ武力の行使を禁止する規範の遵守」を条件に行われなければならないとした（Avis Nº 10, RGDIP, Tome 97 (1993), p.595, para.4）。各要件の充足の認定は各国が個別的に行うのであって，国際社会にはこれを統一的に行う特別の機関は存在しない。ただ第5の適法性（合法性）の要件は，その判断が実際に問われることはあまりないと解されるが，これまでの事例では国連によって集合的に行われている。

(2) 尚早の承認

　国家はこれらの要件の充足を見極めたうえで承認しなければならないが，稀にそれが疑われる，いわゆる尚早の承認（premature recognition）と呼ばれる性急な承認例がみられる。たとえばアメリカによるパナマの承認（コロンビアからの分離・1903年），若干のアフリカ諸国によるビアフラの承認（ナイジェリアからの分離，ただし独立に失敗・1968年），インドによるバングラデシュの承認（パキスタンからの分離・1971年），などはよく指摘される例である。要件を充足する前の承認は，その新国家の樹立が1国からの分離独立であるときは，本国に対する不当な干渉として強い反撥を招くことがある。多くの場合，尚早の承認はたんに要件判断のミスというよりは，政治

的考慮を深くにじませた対応とみられる。

(3) 条件付承認

　承認は国家性の「要件」（requirement）が整うときは無条件で行われるのが慣例であるが，ときに別の「条件」（condition）がつけられることがある。旧い例では，ブルガリア，ルーマニア等の承認にさいして西欧諸国が信教の自由の保障等を条件とし（1878年），また近い例では旧ソ連・旧ユーゴの各共和国の独立にさいして EC 諸国が付した条件がみられる。EC は1991年，「東欧およびソ連邦における新国家の承認に関する指針」を採択し，それら各共和国の承認の条件として，①国連憲章・ヘルシンキ最終議定書・パリ憲章の尊重，法の支配・民主主義・人権の尊重，②人種・民族・少数者の人権の保護，③国境の不可侵の尊重，④軍縮・核不拡散の受諾，などを提示した。これらの条件はとりわけ旧ユーゴの新国家の承認には厳格に適用され，その遵守・履行状況の審査が先の EC 仲裁委員会によって行われた。その結果，ボスニア・ヘルツェゴビナやクロアチアのように，承認に待ったがかかった国もある（〔意見4〕，〔意見5〕）。

　こうした条件付の承認が国際法上許容されるものかどうかは明らかではない。ただ，他の諸国から特段の異議は出されていない。もし許されるとすれば，それは承認行為の政治的性格を一段と鮮明にするものとなる。EC が押しつけた条件は，結局のところ欧州の安定確保のための政治的思惑によることは疑いないからである。さらに指摘されるべき点は，仲裁委員会の立場の矛盾である。委員会が繰り返し強調する承認の宣言的効果説は，国家性の要件の充足によって新国家の法主体性を是認する立場であるにもかかわらず，それとは別の条件の履行を審査して「主権的独立国家」（Etat souverain et indépendant）かどうかを判定することなどは，自覚的かどうかは別として，その基本的立場と両立しないはずである。なお，条件付承認の場合，たとえ承認後に条件の不履行が発生しても，それは承認行為そのものに影響を及ぼすものではないと解さなければならない。それらの条件は国家性の要件とは別枠のものだからである。その不履行の問題は新国家と承認国とのあいだで別途処理されるべき事柄である。

④ 承認の方法

(1) 承認方法の態様

　承認の意思を表明する方法は特定化されていない。大きくは明示的承認と黙示的承認とに分けられる。前者は新国家に向けた通告，宣言等をもって直接的に承認の意思を表明するものである。エジプトのイスラエル承認のように，両国の平和条約（1979年）でそれが明記される例もある（3条1）。後者は，国家の行動をもって間接的に表明するものであって，一般には，①正式な外交関係の開設，②両国の包括的な国家関係樹立の二国間条約の締結（多数国間条約は除かれる），③国際機構とくに国際連合への加盟の賛同，などがこれである。最後の③については，若干の説明を必要とする。

(2) 国連への加盟と承認の関係

　国際連合は数ある国際機構のなかで，もっとも中心的で重要な地位を占めている。その国連への新国家の加入は国家承認の一般的な効果をもつとする見方がある。たとえばケルゼンは，国連憲章が定める重要な権利義務を重視しつつ，加盟の承認は反対国を含めて国家の承認を意味するという。これに近い見解は他の幾人かの学者にもみられる。

しかし国連の実際の取扱いでは，加盟と承認を一体的にとらえる立場は採用されていない。1950年に国連事務総長が明らかにした覚書は，加盟と承認はそれぞれ別の制度であるとした。この立場は基本的には認められるが，ただ次の点に留意しなければならない。すなわち，ひとたび国連加盟国となると，憲章上，多くの重要な一般国際法の規則が加盟国間に適用されることになっており（2条等），この点を考慮すると，新国家の国連加盟に積極的に賛同した国には国家承認の効果を認めることができる（黙示的承認），ということである（反対国にはこの効果は認められない）。実際，わが国のモンゴルやブータンの加盟の賛成はそのように理解されているとみられる。なお，国連加盟の承認は，安保理の勧告にもとづいて総会の3分の2以上の多数の表決によって行われる（憲章4条2，18条2）。

⑤　承認制度の再検討

　最後に，国家承認制度の位置づけについて一言しておきたい。この制度はこれまで一貫して国際法上の制度としてとらえられてきたが，今日なお法制度としての実体を内包するものかどうか，ということである。言い換えれば，それは国際法上の制度というよりは，政治外交上の制度とみられないかということである。承認行為があってはじめて国家創設の効果をもつのであれば，それは法律的行為となるが，るる指摘のように，今日では宣言的なものにすぎないとする見方が大勢である。加えて，承認するか否かも各国の法的義務というよりは政治的裁量に委ねられているのが実情である。EC仲裁委員会によれば，「承認は国家創設の要素をもたず，逆に純粋に宣言的効果をもつものであって，それは諸国が選ぶ時期に，かつ，彼らが自由に決める形式で行われる裁量的行為である」（Avis N° 10,

PGDIP, Tome 97 (1993), p.595, para.4)。

そうだとすれば，これを国際法上の制度として位置づけることは，今日，再検討されなければならないであろう。法的制度とみるにしては，規範的要件や法的効果がはなはだ稀薄だからである。性急な断定は避けなければならないが，検討を要する課題のように思われる。

Ⅳ 政 府 承 認

🔳 政府の承認が行われる場合

国家承認の制度とならんで，伝統的に政府の承認（recognition of governments）という制度が存在する。これは，革命やクーデターなど，非合法な形で政府の変更があったときに，新しい政府をその国の中央政府として認めることである（1国内に事実上，2つの政権が存在するときにも行われる）。したがって，憲法上の手続にのっとって合法的に政府の交替があるときは，承認の必要はないものとされている。承認が行われると，その国との条約の締結やその他の外交問題の処理等は，その新政府をとおして行われることになる。

革命等の非合法な政変があっても，それは一般には「国家」の変更をもたらさないものとされている。これを「国家同一性（継続性）の原則」（principle of the identity (continuity) of a State）という。この原則を確認しておくことは重要である。そうでないと，政府の変更がつねに国家の変更となりかねず，国際法上の権利義務関係が混乱するおそれがあるからである。たとえばロシア革命（1917年）後の新生ソビエト政府は，革命によって成立したソ連邦は旧帝政ロシアとは異なる新国家であるので，旧国家が負った国際法上の義務や対外債務等を承継しないと主張したが，しかし諸外国は国家同一性の原

則によりこれを受け容れなかった。

2 政府承認の要件

(1) 国際法上の要件

　新政府が承認されるための要件としては，国際法は一貫して実効性の原則（principle of effectiveness）を採用してきた（事実主義（de factoism）とも呼ばれる）。すなわち，新政府がその国において実効的な支配権を確立していることである。自律性と永続性のある統治権を確立すること，と言い換えることもできる。そのさい，新政府がとる政治体制のいかんは承認の要件とは無関係である。もっとも，それが承認を早め，あるいは遅らせる要因となることは少なくない。戦後，中国の北京に誕生した人民政府（1949年）の例をみると，イギリスは同政府が「実効的な支配」を確立したとして，翌50年，早々に承認したのに対し，これまで台湾政府を承認してきた日本が「中華人民共和国政府が中国の唯一の合法政府であることを承認する」（日中共同声明）としたのは1972年である。アメリカはさらに遅れ，1979年の承認である。承認が政治的影響下にある実態を端的に投影する事象といえよう。なお，国連での中国代表権の変更（台湾政府の代表から北京政府の代表へ）は1971年に行われている。

(2) 正統主義の主張

　歴史を振り返ると，さらに正統主義（legitimism）の主張がみられる。つまり，新政府は一定の正統な根拠に立脚しなければならないとする主張である。19世紀はじめ，ヨーロッパの神聖同盟の参加国は君主的正統主義を標榜しながら，これを毀損する革命政権の樹立を拒んだことがあり，また20世紀前半には，ラテン・アメリカの一部諸国に立憲的正統主義（提唱者エクアドルの外相の名をとってトバー

ル主義（Tobar doctrine）ともいう），すなわち新政府は立憲的に再組織されなければならない，との立場が唱えられた。これらの主張は，革命やクーデターによる政変を防止するための一部諸国の政策的な立場の表明にとどまり，一般国際法の要件とされたわけではない。

③ 政府承認廃止論の動向

(1) 廃止論の展開過程

近年，政府承認を意識的に回避する国が増えている。この傾向は実は戦前のエストラーダ主義（Estrada doctrine）に起源をもつ。メキシコ外相エストラーダは，1930年，政府承認の制度は他国の政権の資格についてとかく外国の不遜な介入を許すなど好ましくない慣行であって，メキシコとしては今後これを行わないとの態度を表明した。

戦後，理由は一様ではないとしても，政府承認を回避する国が増大し，多くのヨーロッパ諸国にも及ぶようになった（フランス，ベルギー，オランダ，ドイツ，スイス，フィンランド等）。さらに，これまでこの制度を外交的手段として利用することさえ辞さなかったアメリカも，1977年，承認回避策を公表し，ただ「新政府と外交的関係をもつかどうかという問題に関与する」にとどめることを確認した（国務省公報）。また，一貫して実効性の原則に依拠してきたイギリスも，1980年，「もはや政府の承認を行わない」ことを決定した（イギリス外務省声明）。80年代後半には，カナダ，オーストラリアもこれにつづいた（日本は現時点ではこの立場をとっていない）。

(2) 承認回避の理由

政府承認の回避策ないし廃止策は，近年，大勢化しつつある。これらの諸国では新政府とのあいだに外交的関係をもつかどうかの実

務的決定を行うにとどめるのである。それは実態的には政府の黙示的承認と大差はないとの見方もあるが，しかし誕生した新政府を中央政府として認める旨の正規の意思を表明しないのであるから，制度的には重要な違いがあるとみるべきであろう。

　それでは，こうした回避策がとられる理由はどこにあるのだろうか。3点が指摘される。第1に，新政府の承認の許否には干渉がましい事態が付着し，好ましくないとするものである。これは戦前のエストラーダ主義に内在する要因である。第2は，「承認」に伴う誤解の回避である。政府承認は非合法な政変に伴って行われるため，内戦時にきわめて非人道的手段によって新政府が樹立された場合など，実効性の原則によるその新政府の承認が当該政府のとる政治的・政策的立場を「是認」したかのように誤解され，国民的理解がえられないことを重視するものである。イギリスの廃止決定の背後には，この点の考慮が大きく作用していた。第3は，外交的処理の柔軟性の要請である。すなわち，正式の承認の回避によって，諸外国としては政権の移行期に生ずるあらゆる事態に柔軟に対処しうる利点がえられることである。

(3)　承認制度のゆくえ

　前節（Ⅲ）でみた国家承認制度は，それが国際法上のものかどうかを別として，その制度自体の廃止を説く国はない。現段階で政府承認の制度が一般的に廃止されたとはいえないが，元来，一国の統治組織（政府）のあり方は当該国民が決めるべき問題である（国内管轄事項）。そうだとすれば，新政府を承認するとかしないということは，原則的に外部の認定になじまない問題とみるのが理論的には正しいとらえ方といえよう。したがって，たんに新政府とのあいだに外交的関係をもつか否かという実務的レヴェルの決定で事足りる

のであれば，その方が望ましいあり方とみるべきであろう。

Ⅴ　国家承継——領域主権の移動に伴う問題の処理

❶　概　　説

(1)　国家承継とは

「国家承継」（succession of States）と聞いても，その意味に首をかしげる人は少なくないのではなかろうか。「承継」にあたる英語の"succession"は，人の財産相続などという場合の「相続」の意味である。人の制度とは異なるものの，国家の場合にも同様の問題が生ずるのである。たとえば，ソ連邦やチェコスロヴァキアが解体消滅したとき（後者は1993年にチェコとスロヴァキアに分裂），その国家財産や債務の承継（相続）問題が当然に生ずることになる。つまり国家承継とは，新国家の成立あるいは国家領域の一部の他国への移転（割譲）があるときに，もとの国家（先行国（predecessor State））が有する財産・債務や条約等をあとの国家（承継国（successor State））がどのように引き継ぐかということである。この問題は植民地の独立のさいにも生ずる。本国（宗主国）が締結した条約を新独立国は承継しなければならないかどうか。こうした承継問題を規律する国際法の規則を一般に国家承継法という。

(2)　国家承継法の特質

国家承継に関する統一的あるいは一般的規則の発展ははなはだ遅れている。条約の承継に関する規則を別として，国家財産や公文書等に関する規則はとくにそうである。発展の遅延の理由は，第1に，この問題が必ずしも日常的に生起する事象ではないこと（慣行の蓄積の緩慢性），第2に，この問題が生じたときでも，具体的な解決は

関係国（承継国と先行国，あるいは承継国相互間）の個別協定に委ねられてきたこと，第3に，それら個別協定の規律内容は各ケースに内在する歴史的，経済的，地理的特性を反映し多様性に富んでいること，である。最後の点は，たとえば香港の返還を取り決めた英中宣言（1984年）と，東ドイツの西ドイツへの吸収合併をはかったドイツ統一条約（1990年）とが同じ規準で処理しえないことを想起すれば十分であろう。

(3)　2つの一般的条約と個別承継協定

こうした状況の下で国連は承継に関する2つの一般条約を採択した（国際法委員会作成）。「条約の国家承継に関するウィーン条約」（1978年。以下，「条約承継条約」と略称）と「国家財産，公文書および債務の国家承継に関するウィーン条約」（1983年。以下，「財産等承継条約」と略称）である。抽象的な一般規定を設けるにとどまった後者は，いまだ未発効のままである。

本書では，以下，条約の承継について概観することとする。これについては，いくつか重要な規則が形成されており，また，その承継問題は先行国と承継国だけの関心事ではなく，条約の他の締約国の利害にもかかわる事項である。国家財産等の承継は今後ともケースごとの個別協定によらざるをえないと解される。事実，旧ソ連の事例が示すように，問題別に幾多の個別の承継協定の締結が必要となるのである（債権債務承継協定，公文書承継協定，在外資産配分協定，歴史文化財返還協定，核兵器のロシアへの一元的移管協定等）。EC 仲裁委員会によれば，財産等の「国家承継に適用される第一の原則は，各承継国が承継に関するすべての問題を協議し，合意（accords）によって解決することである」（Avis N° 14, RGDIP, Tome 97 (1993), p.1111, para.1）。

❷ 条約の承継と適用規則

(1) 承継の発生形態の区分

条約の承継に関しては，伝統的に次の(2)に示す３つの規則が認められてきた。それらが承継の発生形態のいかんによって類型別に適用されてきたのである。ここでは，次の５つの発生形態に分けて考察することとする。①領域の一部を他国に割譲する「国家領域の一部移転」（先行国存続），②複数の国が１つの国家をつくる「結合」（先行国消滅），③その逆の場合である「分裂」（先行国消滅），④国家の一部が分離して新国家をつくる「分離」（先行国存続），⑤植民地の独立による「新独立国」（先行国存続），である。

(2) 適用規則の種類

他方，適用される承継の規則には，ⓐ条約境界移動規則（"moving treaty-frontiers" rule），ⓑ条約関係継続性の原則（principle of continuity of treaty relations），およびⓒクリーン・スレート・ルール（clean slate rule）である。以下，これらの規則が上のいかなる承継形態に適用されるか，条約承継条約の規定を参照しながら概説することとする。

❸ 条約承継規則の適用

(1) 条約境界移動規則

この規則は主として「国家領域の一部移転」の場合に適用される（条約承継条約15条）。むずかしそうに聞こえる規則であるが，要するに，領域の一部が他国に移転した場合には，その領域にはもはやもとの国（先行国）の条約は適用されず，移転先の国（承継国）の条約が適用される，ということである。その結果としてもし不都合が生じるときは，両国の合意によって特例措置を講じなければならない。香港の返還のさい，国際人権規約の締約国でなかった中国（承

継国）は，イギリスとのあいだに引きつづき本規約を香港の住民に適用する特別の措置をとった（英中共同宣言・1984年）。

(2) 条約関係継続性の原則

(i) 国家の結合と分裂

この原則は，関係国の別段の合意がある場合を除いて，承継国は先行国の条約を引き継ぐとするものである。条約承継条約は，国家の「結合」と「分裂」の場合にはこの原則が自動的に適用されるとした（31条，34条）。ただし，その承継は実際には自動的に行われるのではなく，たとえば旧ユーゴの各共和国が個別的にジェノサイド条約の承継を決定しているように，各国が各条約ごとに判断するのが実態に近いとみられる。

(ii) 分離による新国家

条約承継条約はまた，「分離」による新国家に対しても継続性の原則が適用されるものとした（34条1）。しかし，この取扱いは伝統的な慣行と合致するものとはいいがたい。19世紀来の国家実行は，むしろのちにみる「新独立国」と同様にクリーン・スレート・ルール（承継国の自由な選択を認める規則）の適用によってきたのである。この点は本条約の1つの問題点といえよう。なお，ソ連邦の解体は，承継の発生形態としては，「分裂」ではなく「分離」とみなければならない。というのは，かつての構成国であるロシア連邦が旧ソ連をそのまま引き継ぐ「継続国家」（continuator State）たる地位が国際的に承認されたため，その他の共和国は法的にはロシアからの「分離」と解さなければならないからである（ただし，大戦時にソ連邦に強制的に編入されたと主張するリトワニア，エストニア，ラトビアのバルト3国は「主権の回復」とみなされ，承継国とは解されていない）。

⑶ クリーン・スレート・ルール

この規則は，先行国の条約を引き継ぐかどうかはもっぱら承継国の自由な判断に委ねられるとするものである。つまり，承継国の選択の自由を認める制度である。条約承継条約は，これを「新独立国」（newly independent State）すなわち植民地からの独立国にのみ認めた（16条）。植民地人民が有する自決権にかんがみて，新独立国にはこの規則がもっとも適合的とみられたのである（国際法委員会）。これにより，新独立国は宗主国が締結した条約を押しつけられないことになる。なお，このルールは伝統的には「分離」の場合にも適用されてきたことは先に指摘したとおりである。

④ 境界と領域的制度の特例

⑴ 特例の意味

条約等によって国家間に設定された境界や領域的制度（領域に付着した特別の国際的制度（国際河川の航行・灌漑制度等））は，承継のどのような発生形態においても，その制度の地位に影響を与えないとの特例が国際法上認められている（条約承継条約11条，12条）。したがって，たとえばクリーン・スレート・ルールが適用される新独立国であっても，宗主国が他国と取り決めた国境線や領域的制度を独立時に拒否することはできないのである。これは国際関係の安定性の確保のために以前から認められてきた特則である。

⑵ 連邦国家の解体と国境

EC 仲裁委員会は，1991年，旧ユーゴの各共和国の国境のあり方について諮問を受けた。すなわち，従前の連邦の内部的境界線が国際法上の国境となるか否かである。委員会はこれを肯定しつつ，「別段の合意があるときを除き，従前の境界は国際法によって保護

される国境となる。これは領土の現状維持の原則，とりわけウティ・ポシデティス（*uti possidetis juris*）の原則から導かれる結論である」という（Avis N° 3, RGDIP, Tome 96 (1992), p.268, para.2）。ウティ・ポシデティスの原則とは，元来はラテン・アメリカ諸国がスペイン，ポルトガルから独立するさいに適用されたもので，植民地時代の行政区画線を独立時の国境とするとの原則である。戦後，アフリカの植民地の独立においてもこれが適用されるなど（国境紛争事件・*ICJ Reports 1986*, p.565, para.20），旧ユーゴの件の場合を含めて，本原則の適用が普遍化する現象がみられる。

⑤ 国家承継と国際機構への加盟

　最後に国際機構との関係についてふれておきたい。承継国の加盟問題である。国際機構への加盟は，たとえ先行国が加盟国であったとしても，承継国による当該設立基本条約（国連憲章等）の承継通告によって当然に実現するものではない。国際機構は一般に加盟の承認制（許可制）をとっているので，各承継国は改めて加盟申請の手続をとらなければならない。旧ソ連諸国の国連加盟の場合は，ロシア（旧ソ連の継続国家），ウクライナおよびベラルーシ（ともに国連の原加盟国）を除いて，他のすべての共和国（12ヵ国）は加盟申請の手続をとった（1991〜92年加盟承認）。旧ユーゴの場合には，ユーゴスラヴィア連邦（当時セルビアとモンテネグロで構成）が旧ユーゴの「継続国家」を自称し，加盟国たる地位を当然に承継するとして申請の手続を拒んだが，国連はこれを認めなかった。同国は，のちにこの主張を放棄し，加盟の手続をとって承認された（2000年）。

⑥ 事例6 の委員会意見

以上の考察の締めくくりとして，本章のはじめに示した 事例6 に関する EC 仲裁委員会の回答（意見）をみることとしよう。いずれも旧ユーゴの国家承継に関する問題である（諮問内容は本書127頁参照）。意見の概要は次のとおりである。

(1) 〔意見 9〕の概要

本委員会は〔意見 8〕において旧ユーゴの解体は完了し，同国はもはや存在しないと認定した。よって，その領域には新しい国家が創設され，そのすべての国が旧ユーゴの承継国となる。承継問題は，条約承継条約と財産等承継条約に定められた国際法の原則によって規律される。すべての共和国（承継国）は，承継問題の討議の基礎としてこれらの条約を受け容れた。重要なことは，国際法の強行規範等を遵守しつつ，「合意」によって「衡平な解決」（résultat équitable）をはかることである。EC 理事会は新ユーゴスラヴィア連邦（セルビアとモンテネグロで構成）が旧ユーゴの「唯一の承継国」（unique successeur）ではないことを決定している（1992年 6 月）。したがって，旧ユーゴの国際機構の地位は終了するが，いかなる承継国も自国をもってその機構の地位の唯一の承継者であると主張することはできない。第三国に所在する旧ユーゴの財産，また旧ユーゴの債権・債務は衡平な割合で配分されなければならず，もし合意にいたらなかったとしても，その問題は国連憲章の原則にしたがって，もっぱら平和的手段（仲介，調停，裁判等）によって解決されなければならない（1992年）。

(2) 〔意見12〕の概要

本委員会は〔意見 9〕において，承継問題に適用される基本的規則は合意によって衡平な解決をはかることである旨を明らかにした。

この原則は旧ユーゴの国家財産，公文書および債務の配分問題に適用される。もし1，2の関係国がそのための協力を拒むときは義務違反の国際責任を招くことになる。そのさい，被害を受ける他の承継国は，武力の行使を伴わない対抗措置（contre-mesures）をとることができる。さらに，これら他の承継国は，当該非協力国の権利を留保しつつ，彼らの合意（協定）によって包括的で衡平な解決をはからなければならない。協力を拒む国に承継財産が所在する場合でも，その合意（協定）は国際法上，当該第三国を拘束するものではないが，他方，その第三国は領域主権の枠内においてその合意に効果を与えることも，さらには他の承継国の権益を保全するための措置をとることもできる。また権限ある国際的機関が旧ユーゴの財産について決定を下したときは，当該第三国はこれにしたがわなければならない（1993年）。

【国際法豆知識】　　　　　　　　連　邦　制

　本章ではソ連邦や旧ユーゴなど，連邦国家の崩壊に幾度か言及した。連邦制をとる国は少なくない（オーストラリア，ブラジル，カナダ，インド，ドイツ，スイス，ロシア，アメリカ合衆国等）。連邦国家の形成は，歴史的にみると，まず，いくつかの独立国が条約を基礎に緩やかな連合組織，すなわち各構成国がその主権を維持したままの連合体をつくり（この組織を講学上「国家連合」（confederation）という），その後，統一のための憲法の制定によって連邦体制を構築するのが通例である（講学上これを「連合国家」（federal State）という）。独立宣言後のアメリカ13州（国家）の連合規約（1777年）を経て合衆国憲法（1787年採択・翌88年発効）による連邦制の形成，あるいは，ドイツ諸邦の連合規約（1815年）からドイツ帝国憲法（1871年）によるドイツ統一（連邦国家）などがその例である。この経

過からすると，ソ連邦の崩壊後の CIS（独立国家共同体）の結成は，ちょうど連邦の形成とは逆の過程を歩む展開といえる（連合国家から国家連合へ）。

連邦の構成国（州とか共和国と呼ばれる）はもともとは主権国家であったことから，対内的には高度の自治権（独自の行政，立法，司法権）を有するが，対外的（国際的）にはもはや国際法の主体としての主権的地位をもたない。その地位は，結合体としての連邦国家の側がもつ。したがって，国際条約の締結，外交使節の交換，国際機構への加盟等はすべて連邦の側がその権限と資格をもつ（旧ソ連時代に，ソ連邦とは別に，ウクライナとベラルーシが独自に国連の加盟国であったのはきわめて変則的である（これは1945年のヤルタ会議の了解による））。

連邦制の維持のためには，連邦政府の下に各構成国の求心力（連邦制維持のメリット）が遠心力（独立志向）をつねに上回らなければならない。ソ連邦や旧ユーゴの解体は，冷戦体制の終焉とともに，この求心力が瞬時に弾けてしまったことを意味する。現在は揺ぎない結合を誇るアメリカ合衆国も，かつては連邦制維持の危機に直面しているのである。周知のように，連邦の離脱をはかる南部諸州に対して，これを阻止する北部連合の勝利（南北戦争）によって，「雨降って地かたまる」のたとえにかなうことになったのである。振り返ってわが国をみると，かねて空想するところ，江戸の幕藩体制は連邦制に近い側面をもっていたように思われる。

Ⅵ　主権免除──国家は外国の法廷に立たされるか

　１　主権免除の概念

（1）　主権免除の意味

主権免除（sovereign immunity）とは，国家はその行為や財産に関して，自己の意に反して外国の裁判権に服さない，という制度である。すなわち，自主的に出廷する場合を別として（免除の放棄），外

国の法廷の被告席に立たされないのである。たとえば，A国の政府がB国の企業と取り決めたある種の契約（協定）に違反した場合，その企業はA国の契約違反を自国（B国）の裁判所に訴えることができないということである。

　この制度は国家免除（State immunity）あるいは裁判権免除（jurisdictional immunity）ともいわれ，19世紀来の各国の国内裁判例の集積をとおして形成されてきた。そのリーディング・ケースとされるのは，アメリカ連邦最高裁のスクーナー船イクスチェンジ号事件（1812年）である。フランス海軍に編入されたイクスチェンジ号（フィラデルフィアに入港）の返還請求を求める自国民の訴えに対して，マーシャル判決は，外国の主権者の下にある軍艦に対してアメリカの裁判権を行使することはできない，として訴えを斥けたのである（The Schooner Exchange v. McFaddon, 11 U.S. (7 Cranch) 116）。

(2) 免除の根拠要因

　このような国家の裁判権免除の理由については，一般に *"par in parem non habet imperium"*（対等なる者は対等なる者に対して支配権をもたない）という原則（対等者非支配原則）が適用されるからである，との説明が学説・判例では一様になされてきた。国際司法裁判所も最近の裁判権免除事件（2012年）において，この制度が諸国家の「主権平等の原則」（principe de l'égalité souveraine）に由来するとしている。しかし，この形式的理由は免除の理由を包括的に論拠づけるものとは解しがたい。とくに，後述の制限免除主義が支配的となった今日では，免除されない国家の通商活動に対する裁判権の行使など，この原則では合理的に説明することは困難である。

　そこで，本制度の背景には，さらに実質的な別の理由ないし考慮が作用したものと考えられる。そうした要因として指摘しうるのは，

第 1 に国際礼譲（international comity）の考慮であり，第 2 に判決実現の実際上の困難性，第 3 に外交関係の円滑化のための政策的考慮などである。これらの要因が先の対等者非支配原則とともに複合的に作用して，この制度が形成されたものと考えられる。

❷ 絶対免除主義から制限免除主義へ

(1) 絶対免除主義とは

19世紀の段階では，一般に国家のすべての行為を裁判権の免除の対象とする，いわゆる絶対免除主義（doctrine of absolute immunity）が広く採用されていた。この制度の下では，たとえば政府船舶（公船）が通商活動に携わる場合であっても，その活動には外国の裁判権が免除されることになる。わが国の中国約束手形事件（1928年）において大審院は，「不動産ニ関スル訴訟等」を除いて，「民事訴訟ニ関シテハ外国ハ我国ノ裁判権ニ服セサルヲ原則ト」する，として絶対免除主義の立場を確認した（大決昭 3・12・28 民集 7 巻1128頁）。ただ，この判決にも示されるように，絶対免除主義の下でも不動産に関する訴訟は一般に免除の例外とされてきた。

(2) 制限免除主義への移行

他方，19世紀後半以降，とりわけ20世紀に入ると，国家みずからが対外的通商に携わる現象が増大化した。この状況下で絶対免除の立場を維持することは，取引の相手方たる外国の企業や個人の権益の保護・救済をないがしろにするおそれがあり，ひいては国際通商の健全な発展に好ましくないとの見方が次第に強まった。こうした認識から，国家の行為でも，通商活動等の一定のカテゴリーの行為には免除を認めないとする，いわゆる制限免除主義（doctrine of restrictive immunity）の考え方が発展をみるのである。この立場は，

戦前・戦後を通じて，まずは先進国で勢いをもつものとなり，今日では諸国の大勢となっている。2004年に国連総会が採択した国連裁判権免除条約は，国家の商取引，雇用契約，不法行為，商業目的の政府船舶の運航等にかかわる訴訟では国家は免除を主張しえないとして，制限免除主義の採用を明らかにした。わが国のその立場の確定は先進国としては異例なほど遅れ，ようやく2006（平成18）年の最高裁の貸金請求事件でこの立場が確認され（最判平18・7・21民集60巻6号2542頁），また2009年には上記の国連条約にそって，「外国等に対する我が国の民事裁判権に関する法律」を制定し，制限免除主義の法制化をはかった。

③ 制限免除主義と行為の区分

(1) 国家の行為の二分法

裁判権の免除の有無についてこれまで一般的に採用されてきた区分法は，国家の権力的統治にかかわる「主権的行為」（*acta jure imperii*・権力的行為ともいう）と，私人や私企業でもできる非権力的な「業務管理行為」（*acta jure gestionis*）とに分けるものである。いうまでもなく，免除は前者に限定される。先の貸金請求事件で最高裁が，「私法的ないし業務管理的な行為」については「我が国の民事裁判権から免除されない」としたのは，この区分を確認したものである（前掲判例・民集60巻6号2542頁）。なお，条約や国内法でこれを定めるときは，一般には商業取引，労働契約，人身被害等の訴訟は免除されない，というように免除の対象とならない行為の類型を具体的に列記する方法がとられている。

先にふれた裁判権免除事件では，国際司法裁判所は行為の二分法（制限免除主義）が世界の趨勢であるとしつつも，その慣習法性を

はっきりと認定することなく、問題となったドイツ軍の行為（第2次世界大戦時）は「主権的行為」（*acta jure imperii*）であるので免除が認められるとし、さらに、たとえイタリアが主張するように、その行為が人権法や武力紛争法の重大な違反（強行規範の違反を含む）を伴うものであっても、国際法の現状では、それは裁判権の免除を否定するものではないとした（*ICJ Judgment of 3 Feb. 2012*, paras.52-97）。しかしながら、「国際法の現状では」と断るものの、強行規範の違反の場合でも免除は否定されないとの判断は、その違反行為の絶対的違法性を考えると、なお慎重な検討を要する課題といえよう。

〔本件の参考文献〕*ICJ Judgment of 3 Feb. 2012, ILM*, Vol. 51, p. 569, 『基本判例50〔2〕』42頁（水島朋則）。

(2) 区分の識別基準

一般国際法上、上記のような行為の二分法をとると、当然のこととして、そのための識別基準が問題となる。つまり、主権的行為と業務管理行為とを区別する基準である。これまで有力に説かれてきたのは、行為目的基準説と行為性質基準説である。前者は、国家がいかなる「目的」（purpose）でその行為を行うのか、その意図や動機を重視するものであり、後者は、その行為が私人でも行いうるような私法的な行為か、あるいは国家でなければできない権力的な行為か、その行為の客観的な「性質」（nature）を尺度とするものである。大づかみにいえば、前者（目的基準）の方が免除の範囲が総じて大きくなる。今日では客観性の重視という観点から、少なくとも先進諸国では行為性質基準が優勢であるが、しかし、各国の立場が一致しているわけではない。

前述の国連裁判権免除条約は、商業取引か否かの決定にあたっては第一にその行為の「性質」によるべきものとしつつ、他方、当該

国家の実行において「目的」が考慮されているときは，その目的も斟酌されるものとした（2条2）。わが国最高裁は貸金請求事件において，本件の外国の行為（コンピューター等の売買契約）は「その性質上，私人でも行うことが可能な商業取引であるから，その目的のいかんにかかわらず，私法的ないし業務管理的な行為に当たる」として，行為性質基準説をとっている（前掲民集60巻6号2542頁）。

④ 強制執行の免除

制限免除主義の下では外国を相手に一定の裁判が行われることになるが，その場合でも判決の執行については外国は広い免除（執行免除）を有するので注意する必要がある。すなわち，外国に対する判決の強制執行は制限されるのである。ただ今日では，国家の主権的活動や外交・領事活動等に使用される財産ではない外国の資産（商業活動等のための国の財産）については，差押えや強制執行は容認されるとする見方が一般化している（国連裁判権免除条約19条参照）。

第7章

地球空間の地位
——領域・海洋・宇宙・環境

本章の検討課題

　地球を取り巻く空間は，大づかみにいうと，各国家に帰属する国家領域と，いずれの国のものでもない国際公域とに分けられる。前者はそれぞれの国の領域主権の下にある空間であり（領土，領水，領空），後者はそれ以外の区域，すなわち公海，その上空，深海底がこれである。これは領域主権の有無を基準とした区分であるが，この尺度でみると，領水（領海）の外側にある排他的経済水域や大陸棚は，沿岸国の資源開発の「主権的権利」（sovereign right）が認められるものの，「主権」（sovereignty）の下にはないので国際公域に仕分けられることになるが，資源開発については沿岸国の強い権限が認められるので，両者（国家領域と国際公域）の中間的地位にあるということができる。南極大陸の地位は，国際法上は未確定の状態にある。戦後，領有権紛争が発生したことから，1959年の南極条約は各国の領土権の主張の凍結をはかった。その状態が今日においてもつづいている。

　本章では，これら地球空間の国際法上の地位と，その利用方法を定めた種々の法制度を概説することとする（宇宙空間を含む）。具体的に取り上げるのは，国家領域，海洋，宇宙および地球環境の保護，である。

事　例7　プレア・ビヘア寺院は，タイとカンボジアの国境地帯にある由緒ある古寺院である。1904年のフランス（カンボジアの保護国）とシャム（タイの旧国名）の国境条約は，本寺院地域の国境は分水嶺に沿うものとし，具体的な国境線は両国の混合委員会において画定されるものとした。委員会の画定作業が進展するなか，シャム政府は，別途，フランスに地図の作成を要請した。1908年，シャムが受領した地図ではプレア・ビヘア寺院はカンボジア側に位置していた。他方，1934年から35年にかけてシャムが独自に行った測量では，地図の線と分水嶺が一致せず，寺院地域はシャム側に属するものであったとされる。しかしシャムは，これについて何ら問題を提起することなく，1958年（提訴の前年）にいたるまで，先のフランス製の地図を公的に使用してきた。

　　第2次世界大戦後，タイはカンボジア側の抗議を無視して同寺院に警備兵を駐留させ，同地域の主権（領有権）を主張した（カンボジアは1953年に独立）。1958年，両国の協議が行われたが，意見の一致はみられなかった。翌59年，カンボジアは，①寺院地域の自国の主権，②タイ警備兵の撤退，③寺院の古美術品等の返還を求めて，タイを相手に国際司法裁判所に訴えを提起した。なお本件の裁判管轄権の基礎は両国の選択条項受諾宣言に求められた。

国際司法裁判所・プレア・ビヘア寺院事件（1962年）

〔参考文献〕ICJ Reports 1962, p.6,『百選〔3〕』12頁（寺谷広司），『判例国際法〔2〕』136頁（浅田正彦），秋月弘子＝中谷和弘＝西海真樹編『人類の道しるべとしての国際法』（国際書院，2011年）69頁（櫻井大三）。

　この事件に国際司法裁判所がどのように答えたか，次節（Ⅱ）の検討をすませたのちに，まとめて紹介する（167頁以下）。

Ⅱ　国 家 領 域

❶　国家領域とは地球表面のどの部分をさすか

　国家領域とは，国際法上，国家の領域主権（territorial sovereignty）が及ぶ空間である。平たくいえば，その部分は「その国のもの」であって，個人の場合の「わが家の屋敷」に相当する。この主権が及ぶ空間は，領土，領水，領空の三次元構成をなす（なお，領水とは内水と領海で構成される海域であるが，一般には「領海」で代表されることが多い）。領土を別として，領水（領海）と領空が国家領域の構成部分をなすことが普遍的に確立するのは実は20世紀の初頭にいたってからである。以来，国家領域とは主権の及ぶ空間であり，主権の及ぶところのみが国家領域であるとの理解が確立するのである。1958年の領海条約および1982年の国連海洋法条約が，「国の主権」あるいは「沿岸国の主権」は「領海といわれるものに及ぶ」（1条1，2条1）としていることや，1944年のシカゴ国際民間航空条約が，締約国は「その領域〔領土・領水をさす・筆者注〕上の空間において……主権を有する」（1条）としているのは，この意味である。

❷　領域主権の法概念

　各国が有する領域主権（たんに領域権ともいう）とは，法的にどのような性質のものであろうか。この問題は国家領域の中核をなす領土をめぐって議論されてきた。歴史的には，これには2つの見方が示された。まず最初に唱えられたのは所有権説である。すなわち，領土はその国が自由に使用・処分しうる客体であって，国家の領有権はこの客体（領地）に対する所有権であるとする（客体説ともい

う）。ローマ法の所有権のアナロジーにもとづくこの見方は，近世・近代における有力な見解であった。とくに，近世の家産国家観（国家の領土は国王の所有物とする見方）は，この見解の興隆を促した。

　もう１つの見方は，領域主権は国家領域を支配・統治する権限である，とみる権限説である（国家領域はその統治権の及ぶ空間とみることから空間説ともいう）。20世紀になると，独立国の実態を反映したこの見方が有力となった。しかし，領域権が所有権としての法的側面をもつことも否定できない。領土の他国への一部割譲などはこれを表すものである。そこで今日では，領域主権とはこの２つの性質，すなわち所有権たる性質と統治権としての性質を併せもつものとみられている。

　戦前の国際連盟規約（10条）および現在の国連憲章（２条４）はともに国家の「領土保全及び政治的独立」の尊重を定めているが，「領土保全」は領有権の尊重を，「政治的独立」は統治権の尊重を強調する概念である。併せて，ここにみた領域主権（領域権）の実体を構成する概念ということができる。

３　国家領域の構成単位

(1)　領　　土

　領土は国家存立の不可欠の要素である（国家の権利および義務に関する条約（モンテヴィデオ条約）１条参照）。領土の全部を他国に移譲すること（併合）は，国家の消滅を意味する。領土は，領水，領空と違って，その一部を他国に割譲することができる。その場合，当該割譲地に接する領水，領空は領土に付随して移転する（Affaire des Grisbadarna, 1909, RIAA, Vol.XI, p.159)。つまり，領水，領空は領土に付着するのである。

(2) 領　　水

　領水とは，内水（internal waters）と領海（territorial seas (waters)）を併せた海域をいう。内水は領海を測定するための基線（後述）の内側（陸側）にある水域であり，その外側の海帯を領海という（基線から12カイリまで）。ともに沿岸国の「主権」が及ぶ点では変わりはないが，内水では外国船舶の無害通航が認められない点で重要な違いがある（その分，内水は領土に近い性質をもつ）。内水と領海の地位については，次節（Ⅲ）の「海洋」で取り上げる。

(3) 領　　空

（i）領空主権の形成

　領土，領水の上空の空域は領空として当該領域国の主権が及ぶ。この空域の地位が実際に問題となるのは，20世紀の初頭，航空機が実用化されるようになってからである。つまり，外国の航空機の飛行をどう取り扱うか，という問題を契機に空の地位が国際問題化したのである。当初は，上空の主権を認めない空の自由論（飛行の自由），領域国の主権を認める空域主権論（飛行の禁止），あるいは無害の飛行と抱き合わせた空域主権論など，いくつかの見方が提唱された。

　こうした状況のなか，第1次世界大戦直後に締結されたパリ国際航空条約（1919年）は，空域主権説を採用した（1条。ただし，締約国相互間では同時に「無害飛行」を認めるべきものとした（2条））。1944年のシカゴ国際民間航空条約はこの領空主権論（空域主権説）を再確認しつつ（1条），他方，パリ条約の無害飛行の観念を排除した。その結果，外国船舶の無害通航が認められる領海と比べると，領空主権の厳格化がはかられたといえる（ただし，不定期航空の民間機にかぎって無許可の飛行の自由を認めた。国の航空機および定期航空業務に就く民間航空機は対象外。3条，5条）。領空主権の原則は，今日では

これらの条約を離れて一般国際法の原則として確立している。

(ii) 領空の範囲

領空の水平的限界（横の限界）は領土の国境ないし領海の外側であるが，垂直的限界（縦の限界）は明確ではない。大気圏説，航空機揚力説，地球引力説等のいくつかの見解がみられるが，明確な限界は定められていない。ただ，領空を超える地球圏外は宇宙空間（outer space）として，領空とはまったく異なる法制度に服することに注意しなければならない（本章Ⅳ参照）。

4 領域の取得

(1) 国家領域の変動

国家領域（領土）はときに変わることがある。以前には，戦争の結果として変動することが多かった。ドイツとフランスの国境地帯にあるアルザス・ロレーヌ地方は，両国の戦争のたびに帰属が替わり，住民の苦労が絶えなかったことはよく知られている。わが国もサンフランシスコ平和条約（1951年）でいくつかの地域の主権を手放している（2条の領土条項）。もちろん戦争だけでなく，平時においても，たとえば領土の一部割譲や国境の変更等が行われることがある。それに伴って国家承継の問題が生ずることはすでに述べたとおりである（本書142頁以下参照）。ここでは，この領土の変更を領域（領土）の取得という観点から考察することとする。

(2) 領域権原——領土取得の要件事実

国家がある土地や島を自国領とするためには，そこに一定の国際法上の権原（title）を創設しなければならない。権原とは，領域取得の基礎（要件）となる一定の事実ないし状態をさし，それが認められることによって当該地域（領土）を領有することになる。その

ような権原として近代国際法が認めてきたのは，先占，添付，割譲，征服である。そのほか時効（取得時効）が挙げられることがあるが，後述のように，異論も少なくない。また，上記の征服の権原性は，現代国際法の下では一般に否定されているといえる。

　これらの権原にもとづく領域の取得は，講学上，原始取得（original acquisition）と承継取得（derivative acquisition）とに大別される。前者は，どの国の領有下にもなかった土地・島を取得する形態であって，先占と添付がこれにあたる。後者は，いずれかの国の領土であったところを別の国が取得する場合であり，割譲がこれである。以前の征服もこのカテゴリーに属し，また，もし時効が認められるとすれば，それもこの形態のものである。以下，それぞれの権原について簡潔に概説することとする。

(3) 権原の個別概要

（i）先　　　占

　原始取得の一形態である先占（occupation）とは，いまだどの国の領有の下にもない無主地を最初に実効的に占有した国がその領有権を取得するとするものである。これには3つの要件の充足が必要である。第1に，そこが無主地（*terra nullius*）であることである。無主地とは，人の住まない土地という意味ではなく，近代西洋諸国の解釈では――はなはだ勝手な解釈であるが――いずれの主権国家のものでもない未開の地をさした。これが植民地獲得に一役買うものであったことはよく指摘されるところである。現在でも，たとえば南太平洋にはイギリス領，フランス領の島々があるが，その多くは先占の法理によっている。

　第2に，領有意思（*animus domini*）を有することである。この要件は，領域の取得の一般的要件であるともいえる。第3は，そこを

実効的に占有すること，すなわち現実に国家の統治権を行使することである。たんに抽象的に領有権を主張するだけでは十分ではない。はるか以前には「発見」による取得が主張されたことがあるが（スペイン，ポルトガル），近代国際法はこれを認めなかった。もっとも，最初の発見国には「未成熟の権限」（inchoate title）が認められるとする立場もある（パルマス島事件判決・1928年）。

今日では先占の対象となる土地や島そのものが見当たらない状況となっている（南極は1959年の南極条約によって領有権の主張が凍結されている）。ただ，過去の領有紛争をめぐる解決規準として，これが援用されることはなおありうることである。

(ii) 添　　付

原始取得の2番目の形態は添付（accretion）である。添付とは，自国領域内に新しい土地が形成されることをいう。河口の土砂の堆積，海岸の隆起等の自然現象によるものだけでなく，海岸の埋立等の人工的造成を含む。近年，わが国の西之島（小笠原諸島）の沖合いの噴火活動により生じた同島の大幅な拡大はこの例である。いずれの場合も，新しい土地の形成という事実によってその国の領土となるのであって，国際法上そのための特別の手続は必要とはされない。

(iii) 割　　譲

割譲（cession）は承継取得の代表的なものであるが，これは関係二国間の合意（領土割譲条約等）によって領土の一部を他国に移転するものである。具体的には有償の移転（アメリカによるロシア領アラスカの購入・1867年），交換（樺太千島交換条約・1875年）などという形をとり，また以前には国王による贈与ということもあった。

19世紀以来，住民意識の高まりから，割譲地の住民の意向を問う住民投票（plebiscite）が行われたり，住民の国籍の選択を認めるな

どの措置がとられることがあった。しかし，これらは割譲に必要な一般国際法上の要件ではないので，その取扱いのいかんは関係国の合意によって決められるものである。

2014年，黒海のクリミアにおいてウクライナからの独立を問う住民投票が行われた。その結果を踏まえ，本国ウクライナの反対を押し切って，ロシアへ編入する措置がロシア政府とのあいだに講じられた。しかし，これは実際上はロシアによるクリミアの併合であるとする見方は強く，同年の国連総会の決議（68/262）はその合法性を否認した。

(iv) 時 効

時効（prescription）は一定の時の経過に法的効果を認めるものである。たとえば，本来は自分の財産ではない場合でも，一定期間，その所有の意思をもって平穏に占有したときは，その者の所有権を認める制度である（取得時効）。国内法では時効の期間や要件が明記されているが（わが国民法162条，163条参照），国際法ではそのような明示規定はなく，時効の中断の制度も具体化されていない。こうした本質的な規定の欠如を考えると，国際法上，この制度の存在を肯定しうるかどうか，むしろ消極的にみなければならない。

にもかかわらず，19世紀来，学説上ではこれを支持する立場も少なくない。そこには「時効」のとらえ方の問題がかかわっている。すなわち，これを「黙認」（acquiescence）の法理とほとんど同等視する見方が少なからずみられるのである。黙認は 事 例7 の判決概要で紹介するように（本書167頁以下参照），領土紛争の解決規準として認められてきたものである。しかしながら，時効と黙認は区別されなければならない。時効は一定期間の歳月の経過という客観的事実に効果を与えるものであるのに対し，黙認は特定の関係国の異

議の回避という主観的要因に効果を付与するものだからである。こうした不確定状況を考慮したものか，国際司法裁判所は1999年のカシキリ／セドゥドゥ島事件において，この法理（時効）の国際法上の地位については判断を差し控える態度をとった（*ICJ Reports 1999 (II)*, p.1105, para.97）。

(v) 征　　服

征服（subjugation, conquest）は実力（武力）による他国領土の取得である。近代国際法においては武力の行使（戦争を含む）が一般的に禁止されていなかったため，領有の意思をもって征服地域を実効的に支配するときは，その領有が認められるものとされた（もっとも，19世紀においても，たとえばブルンチュリやボンフィスのように，その権原性を否認する論者もいた）。

現代国際法においては，この制度は武力不行使原則（国連憲章2条4）と正面から衝突するので，法的地位をもちえないと解さなければならない。1990年のイラクによるクウェートの軍事侵攻（併合）にさいして，安保理は，その併合は「何んらの法的効力」ももたず「無効」（null and void）であるとした（決議662）。これは違法な軍事侵攻による領域権原の成立を否認したものといえる。

5 領 土 紛 争

(1) 解決のむずかしさ

領土紛争（国境紛争を含む）は，数ある国際紛争のなかでも，わけても解決の厄介なものの1つである。それは賠償の支払いですむような問題ではないからである。日ロ間の北方領土問題も，周知のように，すでに半世紀余にわたる外交課題となっている。領土問題の解決を妨げる要因は多々ある。両国が主張する権原の食い違い，歴

史的事実認識の対立，国民感情・住民意識の動向，関係条約の解釈の対立，これらが複合的に絡み合っていることが多い。これらの諸要因を当事国の交渉で解きほぐすのは並大抵のことではない。そこで，最後の解決策として国際裁判に持ち込まれることも稀ではない。

(2) 国際裁判所による解決

戦後，国際司法裁判所に付託された主な事例としては，次のものが挙げられる。英・仏のマンキエ・エクルオ島事件（1953年），[事 例 7] のプレア・ビヘア寺院事件（1962年），ブルキナファソ＝マリの国境紛争事件（1986年），エルサルバドル＝ホンデュラスの領土・島・海洋境界紛争事件（1992年），リビア＝チャドの領土紛争事件（1994年），ボツワナ＝ナミビアのカシキリ／セドゥドゥ島事件（1999年），カタール＝バーレーンの海洋境界・領土問題事件（2001年），カメルーン＝ナイジェリアの領土・海洋境界事件（2002年），インドネシア＝マレーシアのリギタン島・シパダン島事件（2002年），マレーシア＝シンガポールのペドラ・ブランカ事件（2008年）である。

国際裁判は紛争の解決にきわめて効果的であるが（その判決は当事国を拘束する），逆に，当事国としては万が一の場合を考え，裁判に踏み込めないことも多い。国際裁判は原則として両当事国の合意によって行われる（ただし裁判条約や選択条項受諾宣言があらかじめ存在するときは別）。北方領土問題（本書169頁の [国際法豆知識] 参照）も両国が合意すれば国際司法裁判所へ付託することができるが，現状では双方の側にそうした姿勢はみられない。

❹ [事 例 7] の判決概要

本章の [事 例 7]（プレア・ビヘア寺院事件）について，国際司法裁判所はどのように判断したのであろうか。領土紛争の司法的解決の

一例としてみてみよう。判決の概要は次のとおりである。なお，ここでは1961年の管轄権に関する判決（先決的抗弁判決）は省略する。

　プレア・ビヘア寺院に対するカンボジアの主張は主として地図に依拠するものであるが，問題の地図は国境画定を託された混合委員会の承認を受けたものではないので，それ自身は法的拘束力を有しない。しかし本質的な問題は，拘束力はないものの当事国が同地図の線を国境線として受け容れたかどうかである。この点タイは，条約が定める分水嶺と異なる地図を承認しておらず，また，これに異議を唱えてはいないものの，これに同意したわけではないという。しかし，タイはこの地図を政府機関をはじめとする各方面に広く配布している。もし地図に同意しないのであれば，タイは合理的な期間内に何らかの反応（reaction）をとる必要があったが，実際には長期にわたり，そうしなかったのであるから，これを黙認した（acquiesced）ものとみなければならない。

　またタイによれば，かりに地図を承認したとしても，それは，たとえば地図の線と分水嶺が一致していたであろうという錯誤によるものであるとされる。しかし錯誤の抗弁は，当事国が錯誤の発生に寄与したときとか，それを回避しうるか，または，その発生を予見できるような場合には，この抗弁が認められないことは確立した法の規則である。

　タイは独自の測量（1934～35年）を実施したのちも，1958年にいたるまで問題の提起を行うことなく，この地図を使いつづけてきた。その間，幾度となくフランス側に問題を提起する機会があった。また1930年には，シャム（タイ）のダムロン殿下がフランス側の公式接待を受ける形で本寺院を訪問している。こうした一連の事実を考量すると，たとえ1908年時点で地図の承認に疑義があったとしても，

タイは同寺院に対するカンボジアの主権を黙認したものとみなされる。タイは，安定した国境という利益だけにせよ，1904年条約の利益を50年にわたって享受してきており，他方，カンボジアはタイによる地図の受諾を信頼してきたのであるから，「タイは今やその行動をもって地図を受け容れなかったと主張することは排除される（precluded）」。よって，同寺院はカンボジア領をなすと判断され，タイは警備兵を撤退させ，持ち去った古美術品を返還しなければならない。

　以上が判決の概要である。この判決では条約の分水嶺の正確な位置は問題とはされず，もっぱらタイによる地図の認否が争点とされた。本件の地図そのものは条約の一部をなすものではないので拘束力はないものとされたが，裁判所はタイのその後の行動を何より重視し，結局，黙認の法理とエストッペル（禁反言）ないしこれに近い原則（判決の最後の部分）を適用して地図の線を両国の国境線として承認した。つまり，ここでは当事国が事後にとりつづけた行為に決定的な効果が与えられたのである。条約と地図の不一致が不問に付された点では，タイにとって厳しい判決だったかもしれない（そのためか，タイは当初，本判決の承認に強い抵抗感を示したといわれる）。なお，本判決が示した錯誤に関する見解は，その後，条約の無効原因（同意の無効）の1つとして条約法条約に取り容れられた（48条）。

┌─────────┐
│ 国際法   │　　　　　　　北 方 領 土
│ 豆知識   │
└─────────┘

　「北方領土」とは，根室半島の先の歯舞群島（ハボマイ）と色丹島（シコタン）および知床沖合の国後島（クナシリ）と択捉島（エトロフ）の計4島をさす。千島列島と樺太（現在のサハリン）の帰属問題を日ロ間で最初に取り決めたのは，1855（安政元）年，伊豆の

下田で結ばれた日露和親条約（下田条約）である。それによると，ウルップ（択捉のすぐ北側の島）以北の島はロシアに，択捉以南は日本領とし，樺太については境界を設けずに「是迄仕来之通たるへし」とし，両国民の混住する共有状態を確認した。その後，樺太に対するロシアの勢力拡大を危惧した明治政府は，榎本武揚をサンクト・ペテルブルクに派遣し，樺太全島のロシア領有と引き換えにウルップ以北の千島全島を日本領とする，いわゆる樺太千島交換条約を締結した（1875（明治8）年）。こうして樺太に対する領土権を失ったものの，1905（明治38）年には，日露戦争のポーツマス平和条約で日本は樺太の南半分を領有することとなった。この結果として，日本は第2次世界大戦前には千島の全島と樺太の南半分を領有していた。

　大戦の末期，米英ソの3首脳（ルーズベルト，チャーチル，スターリン）は，旧ソ連が日本との戦争に参加する代償として，樺太南部のソ連への「返還」と千島列島の「引渡し」を密かに約した（ヤルタの秘密協定・1945年2月）。1945年8月のソ連の対日参戦によって，これらの島はソ連軍によって占領された。1951年のサンフランシスコ平和条約はこの一連の経過を受け継ぐ形で，日本は「千島列島」と樺太南部の領土権を「放棄する」とした（2条(c)）。しかし，ソ連は本条約への署名・批准を拒否したため，1956年，日ソ間で改めて両国間の戦争状態の終結をはかる日ソ共同宣言（これは法的効力をもつ条約）を締結し，領土問題については，後日，日ソ平和条約が締結されたのちに，歯舞，色丹の2島が実際に引き渡されるものとした（9項。この日ソ交渉で日本は4島の返還を要求）。北方領土をめぐる法的レヴェルの発展はこの段階で止まったままとなっている。

　わが国政府は，北方4島は固有の領土であるとしてその返還を主張しているが，この問題との関係で決定的な重要性をもつのは，先の対日平和条約の領土条項である。とくに次の2点の見方に注意を要する（以下，樺太は対象外とする）。第1は，千島を「放棄する」（renounce）とは何かである。法的には日本の手から放れたのであるが，他方，ヤルタ協定のようにソ連に「引き渡す」（hand over）とはされていない。第2に，

放棄した「千島列島」(Kurile Islands) とはどの範囲の島をさすのかということである。北海道の一部と解される歯舞，色丹を別として，国後，択捉は下田条約（1855年）以来，一貫してわが国の領土だったのであるから放棄すべき対象とはなりえない（固有の領土論），というのが日本政府の基本的な立場である。これらの法的意味は，歴史的経緯とともに，関連するその他の国際文書（カイロ宣言，ポツダム宣言等）との整合性をはかりながら解明されなければならない。

Ⅲ　海　洋

１　海洋の法的地位

　地球の表面は約7割が海であるといわれる。豊かな資源を擁するこの海は，もっぱら人類の都合と関心から，国際法上，4つの海域に大別されている。①沿岸国の国家領域を構成する領水，②国家領域ではないものの，資源開発について沿岸国の広範な管理・開発権が認められる国家管轄水域，③各国の自由な利用に供される公海，および④国際管理の下におかれる深海底である。

　①の領水は，すでに述べたように，基線の内側（陸側）の内水と外側の領海を併せた水域をいう（一般には「領海」の名称で代表されることが少なくない）。ともに沿岸国の主権（領有権）が及ぶところとして国家領域を構成する。②の国家管轄水域とは，具体的には排他的経済水域と大陸棚をさす。資源開発について沿岸国の「主権的権利」(sovereign right)，すなわち排他的または独占的な権利が認められる水域である（ただし「主権」が及ぶ水域ではない）。③の公海は，以上の①，②以外の広い海洋をさす。④の深海底は，各国の大陸棚より先の海底部分をさし，そこには公海の制度は適用されず，国際

的に管理される特別の制度（深海底制度）が適用される（深海底の上部水域は公海たる地位をもつ）。

本節（Ⅲ）では，これらの海洋の法制度を，以下，国連海洋法条約にもとづいて概説することとする。この条約は海洋の国際法（海洋法）の集大成をはかった，海の基本条約である（1982年採択（第3次国連海洋法会議，1994年発効））。なお，本節における以下の記述では，国連海洋法条約の条文の引用にさいしては本条約名を省略する。

❷　内水と領海

(1)　基　　　線

基線（base line）とは，各国の海域幅（領海等）の画定の起点となる線をいう。もともとは領海を測定するための線であったが，今日では，さらに接続水域，排他的経済水域，大陸棚の外側の限界を定める起点ともなっている。基線は国際法の規則にしたがって各国が定めるものとされている。

基線の引き方には2つの方法がある。通常基線と直線基線である。前者は海岸の低潮線（潮が一番引いたときの海岸線）を基準とするものである（5条）。後者は適当な岬ないし島の外側を結ぶ直線を基線とするものであって，海岸がきわめて複雑な形状をなしているときに用いられる（曲折が激しい海岸や一連の島が存在するときなど。7条）。戦前，ノルウェーが採用したこの方式は，戦後，イギリスによって争われたが，国際司法裁判所はその合法性を認めた（漁業事件・1951年）。以来，条約でもこれが認められるようになった（領海条約4条）。直線基線の採用にあたっては，「海岸の全般的な方向から著しく離れて引いてはなら」ないことに注意しなければならない（7条3）。わが国においても，「領海及び接続水域に関する法律」

（1996（平成8）年）において直線基線の採用が決定された（2条）。諸外国においてもこれが広く採用されている。

(2) 内　　水

内水（internal waters）は，上にみた基線の内側にある水域である。そのうち，とくに重視されるのは国際海港（国際交易に使用される海港）と湾である。内水は，次の(3)でみる領海と違って，外国船舶の無害通航が認められない（その意味で領土と同等視される）。

(i) 港

ここで取り上げる港は，国際交易に使用される海港である。沿岸国は，この種の港に外国の船舶の入港を認める義務を負うかどうかが問題となる。学説上では，この義務を肯定する見解がなくはないが，しかし特別の条約上の義務がある場合（たとえば在日米軍地位協定5条参照）を除いて，一般国際法上はそのような義務はないものと解されている。わが国が2004（平成16）年，特定船舶入港禁止特別措置法を制定し，北朝鮮の船舶の入港を禁止したのはその事例である。ただ，入港を認める義務がないとはいえ，自国の経済的発展等を考慮して，国際海港については実際には広く開放するのが通例である。

(ii) 湾

沿岸国の内水として認められる湾（bay）であるためには，一定の地理的条件を充たさなければならない。すなわち，①その沿岸が同一の国に属するものであって，②湾口（湾の入口）が24カイリ以内であり，③その奥行の広さが湾口を直径とする半円より広い水域をもたなければならない（10条）。これを充たす湾の場合，湾口に引かれた直線が基線となり，その外側が領海となる。

以上の条件を充たさない湾は内水として取り扱われないが，特例

として，長期の史的慣行によってその国の内水として認められてきた，いわゆる歴史的湾（historic bay）は例外となる（10条6）。たとえば，中米3ヵ国（ニカラグア，エルサルバドル，ホンデュラス）の沿岸をなすフォンセカ湾は，国際司法裁判所により，そのような湾として認められた（領土・島・海洋境界紛争事件・*ICJ Reports 1992*, pp.580-609, paras.369-420）。ただ，歴史的湾の明確な定義が存在しないため，ときとして，それが濫用されることがある。旧ソ連のピョートル大帝湾（湾口115カイリ）の内水化宣言（1957年），リビアのシドラ湾（湾口約300カイリ）の同様の宣言（1973年）はその例として知られ，諸外国はその承認を拒否した。

(iii) 内　　海

1国の領土に囲まれ，2以上の入口によって外洋に接する内海については，国連海洋法条約には明示規定がみられない。しかし，長期の史的慣行によりその国の内水として認められてきたときは，内水たる地位が認められるものと解される（歴史的湾の法理の類推）。こうした立場から，わが国の瀬戸内海については，大阪高裁はこれを日本の内水とした（テキサダ号事件・大阪高判昭51・11・19刑月8巻11＝12号465頁）。その後，1977（昭和52）年の領海法につづいて，現在の領海・接続水域法は瀬戸内海のこの地位を明記した（2条）。

(3) 領　　海

(i) 領海の幅員

領海は国家領域として沿岸国の主権の及ぶ海域であるが，奇妙なことに，その幅（幅員）については永いあいだ統一化されなかった。海の二元構造，すなわち「狭い領海」と「広い公海」の区分は18世紀には広く承認されるようになったが，肝心の「狭い領海」の範囲については各国の利害が解きがたく錯綜していたため，結局，20世

紀後半の国連海洋法条約で12カイリ制に落ち着くまで（3条），統一化されないままであった。解決を妨げた主たる要因は，諸国の軍事・安全保障の考慮と漁業資源をめぐる利害の相克・錯綜である。では，なぜ国連条約によって解決されたのであろうか。この条約は海洋の諸制度を包括するものであるため，それらをうまく抱き合わせることによって利害の対立を調整することができたのである。とくに国際海峡の新通航制度の導入や排他的経済水域の創設がこれに大きく貢献しているのである。

(ii) 外国船舶の無害通航権

外国の船舶は，沿岸国の法益を侵害しないことを条件に，その国の領海を事前の許可を受けることなく通航することができる。これを外国船舶の無害通航権（right of innocent passage）という。この制度は，船舶の航行利益と沿岸国の法益の確保という2つの要請のバランスをはかる形で，永い史的慣行の下に形成されたものである。元来，慣習国際法上の制度として発展してきたのであるが，現在ではこれが国連海洋法条約に成文化されている。

同条約によれば，「無害」とは沿岸国の「平和，秩序又は安全」を害しない航行をさし，具体的には，武力行使，軍事演習，違法な情報収集，密輸・密出入国，重大な汚染，漁業，調査活動等を行わない通航である（19条）。無害通航権は商船や一般の政府船舶に認められるが，軍艦についてはかねてより見方の対立があった。この点は現在の国連条約でも解決されておらず，そのため，各国の取扱いに委ねられる状態になっている。その結果，軍艦の無害通航を認める国（主として米・ロ・西欧諸国），事前の許可を求める国，事前の通告を求める国，その他の規制を設ける国など，当然のことながら一様ではない。なお，当該領海が国際海峡を構成するところでは軍

艦も無害通航権をもつ。このことは**第1章**の 事 例1 （コルフ海峡事件）でみたとおりであるが，現在の国連条約では，のちにみるように，主要な国際海峡に適用される「通過通航」の新設によって問題の新たな解決をはかった（**4**参照）。

③ 接 続 水 域

接続水域（contiguous zone）とは，領海に接続して設けられる，沿岸国の一定の規制権が及ぶ水域である。その幅は領海基線から24カイリを超えることはできない（33条2）。この水域は以前は公海上に設定されたのであるが，今日では多くの場合，排他的経済水域の一部と重なることになる。沿岸国はこの水域において，「通関上，財政上，出入国管理上又は衛生上の法令」の4事項について取締権を行使することができる（33条1）。たとえば，密輸，密出入国等の規制である。これらの取締りは本来は領海内で行われるべきことであるが，今日の出入船舶量の増大，船舶の高速化等により，狭い領海内での取締りに限界があることにかんがみて設けられたものである。規制・取締りの対象項目は上記の4事項に限定される。

この制度は公式には1958年の領海条約に採用されたが，日本は本制度に消極的に対応した（制度の不採用）。沿岸国の規制権の拡大によって海洋の自由を制限すべきではない，との原則論を押しとおしたのである。しかし，1996（平成8）年の「領海及び接続水域に関する法律」は，この名称が示すように，本制度の採用を決定した（4条）。近年の密入国や麻薬の不正取引その他の法令違反の増大に対処したものである。

④ 国 際 海 峡

(1) 海上交通の要衝としての国際海峡

国際海峡（international strait）は，通常，海域幅が狭いため，そこが沿岸国の領海となることが少なくない（中央に公海帯が残らない）。マラッカやジブラルタルなど主要な海峡はほとんどそうである。他方，国際海峡とは各国の船舶の「国際航行」に使用される海峡をさすので（34条参照），そこは必然的に海上航行・海上通商の要衝となる。そこで国際法は，通常の領海（国際海峡でないところの領海）と比べて，諸国の船舶の通航をより強く保障してきた。

(2) 強化された無害通航

これは伝統的に採用されてきた通航制度であって，通常の領海の無害通航より，次の2点において通航権が強化されている。第1に，国際海峡では沿岸国はそこでの無害通航の制度を停止しえないことである（通常の領海では安全保障上不可欠である場合には，一時的に特定の水域でそれを停止することができる。25条3）。言い換えれば，これは国際海峡の閉鎖をいっさい禁止するものである。第2は，すでに述べたように，外国の軍艦も無害通航権をもつことである（通常の領海ではこの点について意見の対立がある）。なお，この制度の下では海峡の上空（領空）の飛行の権利は認められず，また潜水船（潜水艦を含む）は国旗を掲げて浮上航行をしなければならない。

この伝統的な通航制度は，国連海洋法条約の下ではもはや主要な地位は与えられず，特別な国際海峡に限定的に適用されるにすぎないものとなった（45条）。というのも，多くの主要な国際海峡では，次にみるようなより自由な通航制度（通過通航制度）が適用されることになったからである。

⑶ 通過通航制度

(i) 本制度の創設

海洋法の集大成をはかった第3次国連海洋法会議では，海峡の通航問題は1つの重要な検討課題であった。強大な海軍力を擁するアメリカ，旧ソ連は，国際海峡では伝統的な無害通航制度（上記⑵）に替えて，公海並みの自由通航と飛行を認めるべきことを強く主張した（軍艦・軍用機を含む）。海軍力の自由な展開をもくろんでのことである。これに対しては，主要な海峡沿岸国（ギリシャ，インドネシア，マレーシア，フィリピン，モロッコ，スペイン等）の強い反発を招いた。この対立を打開するためにイギリスによって提唱されたのが通過通航という新制度である。他に有効な打開策がなかったこともあり，これが一般的な制度として採用された。

(ii) 制度の概要

通過通航（transit passage）とは，公海または排他的経済水域の一部とそれらの他の部分とを結ぶ海峡における「継続的かつ迅速な通過」のためにのみ行使される「航行及び上空飛行の自由」（freedom of navigation and overflight）である（38条2）。通過する船舶・航空機には一定の規則の遵守が義務づけられるものの（39～42条），基本的には通航の自由が保障され，また伝統的な無害か否かも通航の条件とはされていない。提案国イギリスは，これは米ソの主張と海峡諸国の主張の「中間的立場」をとったものだというが，基本的に軍艦・軍用機を含む通航の自由であることを考えると，むしろ米ソ案に接近したものといえる。いずれにしても，国際海峡にはこの新制度が一般的に適用されることになったのである（37条参照）。従来の無害通航制度は，前述のように，ごく限定された国際海峡に適用されるにとどまる（45条）。

⑤ 大 陸 棚

(1) 大陸棚制度の形成

大陸棚（continental shelf）とは，領海の外側に延びる大陸の延長部分の海底区域をさす（後述⑨の深海底を含まない）。その上部水域は以前には公海を構成していたが，現在ではその多くが排他的経済水域となる（大陸棚はこの経済水域よりさらに延びていることがある）。1945年，アメリカのトルーマン大統領は，同国周辺の大陸棚資源については同国が「管轄および管理」するとの宣言を発表した。以来，各国とも同様の立場を採用し，1958年の第1次国連海洋法会議での大陸棚条約の採択となった。その後，この制度は現在の国連海洋法条約（第6部）に受け継がれたが，その前にすでに慣習国際法上の制度としての地位を確立していたものである（北海大陸棚事件・1969年 事 例2 ）。

(2) 本制度の骨子

国連海洋法条約によれば，基線から200カイリまでの海底は一律に沿岸国の大陸棚であり，これを超えて地質的に大陸の棚状部分が延びているところでは，最大限度を設けつつ，その超過区域もその国の大陸棚として認められる（76条1，5）。ただし，後者の場合の外縁線（外側の限界）については，沿岸国は新設の大陸棚限界委員会の判断を徴するものとされている（76条8）。沿岸国は，「大陸棚を探査し及びその天然資源を開発するため，大陸棚に対して主権的権利を行使する」（77条1）。「主権的権利」（sovereign right）とは，資源の探査・開発のための独占的ないし排他的権利である。国際司法裁判所によれば，この権利は大陸棚の存在という事実によって沿岸国が「当然にかつ原初的」（*ipso facto* and *ab initio*）に有する「固有の権利」であって，その取得に「特別の法的手続」を必要としない

のである（北海大陸棚事件・*ICJ Reports 1969,* p.22）。

　対象となる資源は，石油・天然ガス等の鉱物資源にかぎらず，定着性種族も含まれる（77条4）。わが国が以前の大陸棚条約（1958年）に背を向けた（加入の拒否）のは，対象資源に定着性種族が含まれていたためである。このことはすでに述べた（**第2章**の国際法豆知識（43頁参照））。しかし，国連海洋法条約ではもはやこの姿勢はとりえなかった。わずかこれだけの理由のために，本条約そのものを拒むことなどはありえないことである（海の基本法たる性格をもつこの条約は留保を禁止している）。

⑤　排他的経済水域

(1)　本制度の形成

　戦後，海の資源に対する各国の関心・要求は急上昇の一途をたどった。わけても発展途上国の要求は強烈であった。その典型的な主張が200カイリの資源水域の要求である。国連総会は，1970年，3年後の73年から海洋法の全面的な見直しをはかる第3次海洋法会議を開催することを決定した。この決定を契機に，アジア，アフリカ，ラテン・アメリカの諸国はあい継いで200カイリ制度の創設に向けて運動を展開した。これには米ソその他の先進諸国も，条件つきとはいえ，同調的であった。みずからも広大な資源を抱え込むことができるのである。遠洋漁業国・日本は最大の苦汁をなめることになったが，日本が孤軍奮闘したところで，どうにもなるものではなかった。こうして，この制度は国連海洋法条約第5部の「排他的経済水域」（exclusive economic zone：EEZ）として正式に採用されたのである（以下ではたんに「経済水域」ともいう）。

(2) 資源の開発制度

(i) 対象資源

　沿岸国はその経済水域の生物資源および海底資源に対して「主権的権利」を有し，また，人工島・海洋構築物の設置，科学調査，海洋環境の保護・保全について「管轄権」を有する（56条1）。この水域内の海底区域は先に述べた大陸棚となるため，この海底区域の資源開発は第6部（大陸棚）の規定によるものとされた（56条3）。したがって，第5部の経済水域の主たる開発対象は上部水域の生物（漁業）資源ということになる。

(ii) 開発方式の骨子

　この資源に対する開発方法の骨子は次のとおりである。まず沿岸国は自国の経済水域における総許容漁獲量を決定する（61条1）。すなわち，自国水域の最大漁獲限度の決定である。これは資源の最大持続生産量を維持するものでなければならない（資源の枯渇を招くような漁獲量であってはならない）。そのうえで，沿岸国は「自国の漁獲能力」（自国の実際の漁獲量）を決定しなければならない（62条2）。そこに余剰分が生ずる場合，つまり自国の漁獲量が先の総許容漁獲量に達しない場合，その余剰分について他国の入漁を認めなければならない（62条2後段）。これは，資源をただ抱え込むのではなく，その最適利用（optimum utilization）を促進する趣旨によるものである（62条1）。

　この方式により，たとえばアメリカの場合，広大な排他的経済水域を抱える一方で漁業資源に対する国内需要が小さいので，その余剰分について広く他国（日本を含む）の入漁を認めている。ただ，他の諸国の参加（入漁）は無条件ではない。そのための事前の協定を必要とし，その協定において沿岸国は対象魚種，漁獲量，期間，

漁船・漁具の規制，入漁料等を取り決めることができるのである（62条4）。

(iii)　魚種別規制

本条約は一部の魚種については特別の規制措置を設けた。たとえば，高度回遊性魚種（カツオ・マグロ類）の開発・保存については地域的国際漁業機関等と協力するものとし（64条），また遡河性資源（サケ・マス類）については母川国（産卵・孵化する河川をもつ国）が「第一義的利益及び責任」を有することから，原則として公海での漁獲が禁止され，経済水域の内側においてのみ行われることになった（66条）。ということは，遡河性魚種については自国の経済水域以外では漁業の自由が消滅したことを意味する。さらに，1995年には本条約とは別に，国連公海漁業実施協定が採択され，ストラッドリング魚種（経済水域の内外を移動する魚種）と高度回遊性魚種について新たに予防的措置（予防的アプローチ）等を採用しつつ，それらの資源の保存・管理を強化する方策をとった。

(3)　経済水域の性質

排他的経済水域はしばしば「国家管轄水域」といわれる。それは，資源の管理権が沿岸国に与えられているからである。しかし，資源問題以外の船舶航行，上空飛行，海底電線・海底パイプラインの敷設等については，各国は他国の経済水域において公海におけるのと同じ自由を享有する（58条1）。言い換えれば，この水域は資源開発については領海に近い性質をもつものの，それ以外の利用については公海的性質をもつのである。

そのため当初は，この水域が基本的に領海なのか公海か，という伝統的発想にとらわれた見方の混乱が生じたが，しかし，これは領海でも公海でもない，「排他的経済水域」という固有の水域（*sui*

generis zone）であるとみなければならない。その意味で，数世紀に
わたって維持されてきた海洋の二元構造（狭い領海と広い公海）は，
これによって大きく修正されることになったのである。

　なお，排他的経済水域と前述の大陸棚での科学調査の自由が認め
られるかどうか，これについては先進国と途上国とのあいだで主張
の対立があった（先進国は調査の自由を主張）。今日，各国とりわけ先
進国は海洋調査に本腰を入れている。本条約は原則として「沿岸国
の同意をえて実施する」ものとしつつ，ただ，「人類の利益のため
に海洋環境に関する科学的知識を増進させる目的」の調査計画には，
「通常の状況においては，同意を与える」ものとした（246条2，
3）。妥協の結果とはいえ，2つの場合をうまく区別しうるかどう
か，問題が生じることがあるであろう。

▉ 公　　　海

(1)　海洋の二元構造の形成

　公海（high seas）とは，いずれの国の領海でも排他的経済水域で
もない海域をさす。どの国のものでもないことの結果として，いわ
ゆる公海自由の原則（principle of freedom of high seas）が適用される。
もともと，ローマ法では海はいかなる人も国家も領有しえない共有
物（*res communis*）とされた。近世の初頭にいたって，スペイン，ポ
ルトガルがかの大航海をなし遂げると，それを口実に両国は途方も
なく広大な海洋（大西洋，太平洋，インド洋）の領有権を主張した。
世界の通商の独占をもくろむこの法外な主張は，もとより他の諸国
の承認するところではなかった。

　1609年のグロティウスの『自由海論』（*Mare Liberum*）は，母国
オランダの立場を学術的に代弁した著作である。本書は，彼の後年

の名著『戦争と平和の法』（1625年）の前にかすんでしまった感があるが，しかし，その後の海洋の自由の原則を不動なものとした点で画期的意義をもつものであった（本書については195頁の 国際法豆知識 参照）。もっとも，当時，本書に対する反論も少なくなかった。イギリスのセルデン（J. Selden）の『閉鎖海論』（*Mare Clausum*・1635年）は，その代表例として知られている（この当時，イギリスは同国近海の海を「イギリス海」（British seas）として領有を主張していた）。

このような17世紀の全ヨーロッパ的海洋論争の時代を経て18世紀になると，1つの収束点がみえてきた。すなわち，沿岸周辺の狭い海域は沿岸国の水域（領海）とし，それより先の広大な海洋は自由な公海とする，という海洋の二元構造の了承である。もっとも，これは一般的な了解であって，前述のように，領海の具体的な幅やその正確な法的地位については永いあいだ意見の一致がみられなかったのである。

(2) 公海自由の原則

国際法上認められた公海自由の原則は，次の2つの意味をもつ。1つは帰属からの自由であり，他の1つは使用の自由である。

(ⅰ) 帰属からの自由

帰属からの自由とは，「いかなる国も，公海のいずれかの部分をその主権の下に置くことを有効に主張することができない」（89条）ということである。つまり，そこは法的にどの国にも帰属しないという意味である。そのため，従来，これを *res nullius*（無主物）とする見方や *res communis*（共有物）とするとらえ方がみられた。

(ⅱ) 使用の自由

帰属からの自由の効果として，公海の使用の自由が認められる。この自由は，内陸国（海に面していない国）を含むすべての国に等し

く認められる。主な使用の自由としては，航行，上空飛行，漁業，海底電線・パイプラインの敷設，科学調査などである（87条1）。ただし，これらの使用の自由は各国の勝手気ままな行動を許すものではない。国際法は2つの種類の制約に服すべきものとした。国際条約の規制と合理的使用の原則である。

(a) 国際条約の規制　　公海の使用・利用については，今日さまざまな条約上の規制が設けられている。漁業規制，海洋環境の保護，海上犯罪の規制等である。これらの法規制は自由の制限のためではなく，むしろ海洋の自由の安定的・恒久的享受のためのものであるとみなければならない。

(b) 合理的使用の原則　　「自由な使用」という概念は，当然，他国の利用を前提とする。したがって，他者を顧みない気ままな使用は当然許されないことになる。国連海洋法条約は，「公海の自由を行使する他の国の利益……に妥当な考慮（due regard）を払って行使されなければならない」とした（87条2）。これは，以前より公海の合理的使用の原則と呼ばれてきたものである。アメリカ連邦最高裁は，1826年のマリアンナ・フローラ号事件において，海は万人の共同利用の場であるので，いずれの者も排他的な特権を主張することはできず，よって，「どの船舶も他者の権利を侵害しない方法で自己の業務を遂行しなければならない。このような場合に適用される一般的な命題は，『他者のものを害さないように汝のものを使用せよ』（*sic utere tuo, ut non alienum laedas*）ということである」と判示した（Marianna Flora Case (1826), 24 U.S. (11 Wheat.) 1）。

公海上の核実験が使用の自由に含まれるかどうか，アメリカやフランスの太平洋での実験にさいしてこれが争われた。明確な結論は出されなかったが，その被害の広域性と質的深刻さを考えると，こ

の合理的使用の原則を逸脱するもののように思われる。

(3) 沿岸国の追跡権

(i) 追跡権と旗国主義

内水・領海は国家領域として，沿岸国の国内法令が全面的に適用される。追跡権とは，密輸等沿岸国の法令に違反した外国船舶を領海の外の公海ないし排他的経済水域に追跡する権利である（排他的経済水域は船舶の通航との関係では公海と同等視される）。

公海上では，船舶は原則として国籍国（旗国ともいう）の管轄権にのみ服する。たとえば，日本国籍の船舶内で犯罪行為があった場合，その犯罪人がたとえ外国人であっても，日本の法令と裁判権が及ぶ。つまり，日本船舶内の行為は日本の国家領域内で行われた行為とみなされるのである（刑法1条Ⅱ参照）。したがって，他の諸国は公海上のこの船舶に対して拿捕等の強制的な執行権を行使することはできず，その権限は旗国にのみ認められる。これを旗国主義という。公海上への外国船舶の追跡・拿捕は，したがって，旗国主義の例外をなす。

(ii) 追跡権行使の要件

違反船の公海上への追跡が正規に認められるようになったのは，20世紀に入ってからである。船舶数の増大，船舶の高速化などにより，狭い領海内では取り締まり切れないからである。他方，これは旗国主義の例外として認められるのであるから，追跡権の行使は厳格な要件の下に許される。①追跡行為は違反船が領海内にいるときに開始しなければならないこと（すでに領海外に出ているときは追跡は認められない），②追跡の開始前に視覚的または聴覚的停船命令を発すること，③追跡は中断してはならないこと，の3要件を充たすものでなければならない（111条）。この追跡権は，伝統的には内水・

領海内での法令違反について認められてきたが，今日では排他的経済水域や大陸棚に適用される法令違反についても同様に追跡が認められる。なお，いずれの場合も，被追跡船（違反船）が本国ないし第三国の領海内に入ったときは，追跡権はその時点で消滅する（この場合は外交ルートをとおして問題を処理することになる）。

(iii)　追跡権と停船の確保

追跡権の行使において，しばしば紛争の種となるのは停船確保の問題である。すなわち，逃走する船舶をどのようにして停めるか，ということである。これまでの例では，最後の手段として一定の実力の行使（実弾発砲等）に出ることが少なくなく，またその当否が争われたケースも幾件かみられる（アイム・アローン号事件・1935年，レッド・クルセーダー号事件・1962年，サイガ号事件・1999年等）。これらの事例の国際裁定を集約すると，停船確保のための一定の合理的な実力の行使は許容されるものの，人命を脅かす実力の行使は許されない，ということである。

(4)　**海上犯罪の取締り**

(i)　海上犯罪と旗国主義

前述のように，公海上の船舶は旗国（船籍国）の管轄権にのみ服するので，たとえば船内での犯罪行為については，旗国のみがそれを直接に取り締まることができる（ただし裁判権は旗国のほか，犯罪者の本国ももつ（属人主義））。他方，船舶は海を移動するので，とりわけ外洋型の船舶については旗国の取締権といっても，おのずと限界がある。そこで，国際法は一定の海上犯罪については例外的に旗国以外の国にも取締りの権限を認めてきた。主な対象犯罪と取締方式は以下のとおりである。

(ii) 海 賊 行 為

　海賊の歴史は人類の歴史とともに旧いともいわれる。20世紀に
入って幾分か沈静化したようにみられたが，近年，勢力を盛り返し
つつある。わけても，アフリカ・ソマリア沖の海賊の横行は国際的
関心事となっている。わが国が2009年，海賊行為対処法を制定し，
海上自衛艦の派遣を可能としたのは，この動向に対処するためで
あった。海賊行為（piracy）とは，以前には，私的目的のために公
海上の他の船舶の財物を略奪する行為，つまり海の強盗（robbery
upon the seas）とみられてきたが，今日では略奪行為のみならず，
他船に対する私的目的による不法な暴力行為および抑留行為も含む
ものとされている（国連海洋法条約101条(a)）。

　公海上の海賊行為に対しては，いかなる国の軍艦または権限ある
政府船舶（警察権をもつ巡視船等）も当該船舶を臨検・拿捕し，自国
の法令をもって処罰することができる（105条）。犯罪者，使用船舶
の国籍のいかんを問わない。すべての国が有するこの権限を普遍的
管轄権（universal jurisdiction）という。海賊は古来，「人類一般の敵」
（*hostis humani generis*）とみなされ，このような普遍主義の対象犯罪
とされてきたのである。その法的な根拠をより具体的に言い換える
と，海賊はまず本国・旗国を含むいずれの国の管轄権に服すること
も拒否する無法者であるということ，また，その行為は海上通商の
妨害という国際社会の一般利益の侵害をなすこと，この2つを主な
根拠としている。普遍的管轄権を定めた条約の規定（105条）は，幾
世紀にもわたって認められてきた慣習法上の制度を確認したもので
ある。

　なお，外形上は海賊行為そのものであっても，その犯行場所が1
国の領海内であるときがある。この場合は，国際法上の海賊行為

（公海上の行為）とは区別され，船舶に対する武装強盗（armed robbery against ships）と呼ばれる。犯行場所が１国の領域内（領海）であるため，各国の普遍的管轄権の対象とはならず，これに対する直接の取締権は当該沿岸国にのみ認められる。

(iii) 奴隷輸送

奴隷取引・奴隷輸送（slave trade）は，19世紀はじめまでは国際法上は特段に違法とされる行為ではなかった。イギリスは19世紀初頭以来，これを禁止するために各国に条約の締結を働きかけ，船舶の相互臨検の制度を普及させた（「臨検」とは公海上の外国船舶を停船させ，船内を検査すること）。こうした伝統を受け継ぎ，1958年の公海条約および現在の国連海洋法条約は，その嫌疑が十分にあるとみられる船舶に対しては，どの国の軍艦もこれを臨検しうるものとした（110条１(b)）。この場合，外国の軍艦は奴隷の解放措置をとることができるものと解される。ただし，輸送の責任者の処罰の権限は旗国に委ねられるので，その意味で海賊行為の場合と同様の普遍的管轄権が認められているわけではない（99条参照）。もっとも，この奴隷取引の取締制度は今日ではその社会的使命を終えたとみてよいであろう。

(iv) 船舶の不法奪取

他船を襲撃する海賊とは別に，同一船内で行われる船舶の乗っ取り行為（航空機のハイジャックに対してシージャックともいう）や船内テロ行為に対する国際法上の規制措置は存在しなかった。1985年のアキレ・ラウロ号事件（地中海で発生），すなわち乗客を装って乗っていた武装グループに乗っ取られた事件を契機に，1988年，海上航行不法行為防止条約が締結された。本条約は，海賊のような普遍主義とは異なる，いわゆる「引渡しか訴追か」（*aut dedere aut prosequi*）

の方式をとった。これは，犯罪の容疑者を確保した国（寄港した国，逃亡先の国等）は，その者を関係国に引き渡さないときは，その者の国籍や船舶の国籍のいかんを問わず，自国において刑事訴追の手続をとらなければならないとするものである（不処罰の防止）。

こうして，どこかの国で必ず裁判権が行使されることになるので，裁判権については条約を基礎に一種の普遍的管轄権を創設することになる。ただ，この条約は，海賊の場合のように，公海上でのどの国の強制的執行権（船舶の拿捕，自国への引致等）も認めるというものではないので，この点で海賊の取締制度との大きな相違がみられる。このような直接の執行権の行使は，基本的に旗国に留保されている。なお，本条約の2005年の改正議定書は取締りの対象犯罪を拡大するとともに，許可方式の臨検制度を導入した（次項参照）。

(v) 麻薬の不正取引

船舶による麻薬の不正取引に対しては，国連海洋法条約はその防止のための一般的な協力義務を定めるにとどまり（108条），外国による強制的な臨検等を認めていない。しかし，この協力義務の規定にもとづいて，1988年の麻薬・向精神剤の不正取引防止条約は許可方式の臨検制度を採用した。すなわち，他国の船舶が麻薬の不正取引に従事しているとの「合理的根拠」をもつ国は，あらかじめ旗国の許可をえたうえで臨検するという方法である。この許可要請は，当該船舶を発見した公海の現場からも行うことができる。許可を与えるかどうかは旗国の判断による。この方式は，中南米やカリブ海諸国からの麻薬の密輸に手を焼いていたアメリカがこれ以前からとっていたものであり，この条約はそれを一般化したものである。

◙ 海洋の境界画定

(1) 領海の境界

同じ海岸に隣り合う国（隣接国），あるいは海域幅が狭い場合のあい向い合う国との関係では，まず領海の境界が問題となる。領海の境界は幾何学的基準である等距離線（隣接国）ないし中間線（向い合う国），すなわち，いずれの点をとっても基線上のもっとも近い点から等距離にある線とされている（15条。ただし，合意によって別の線を採用することは可）。領海の幅は狭いこともあり，一般にこの基準の適用によって特段の支障をきたすことはなく，実際，これが広く採用されている。

(2) 大陸棚と排他的経済水域の境界

(ⅰ) 条約の境界画定規定

領海の場合と異なり，大陸棚と排他的経済水域の境界画定は，多くの諸国で未解決のままになっていることが少なくない。東シナ海の日中間の境界問題もその例である。大陸棚や経済水域は領海よりはるか沖合いに延びているため，海岸線の形状いかんによっては，隣接国の場合には等距離方式は必ずしも衡平な解決を保障しないとか，また大陸棚の範囲は陸の自然延長の状態が認められるところまでである，などとする主張がみられる。**第2章**の 事 例2 でみた北海大陸棚事件（1969年）は，等距離線方式の適用が争われたケースである。

こうした経緯をへて，1958年の大陸棚条約に採用された等距離線方式（6条）は国連海洋法条約では明文上は姿を消し，境界画定は「衡平な解決を達成するために……国際法に基づいて合意により行う」ものとされた（74条（経済水域），83条（大陸棚）。両条文は同一規定）。「国際法に基づいて」とはいっても，これを具体的に定める条

文なり規則が別段に用意されているわけではない。玉虫色の決着をはかった本条約は，結局，「衡平な解決」を実現する具体的な方法については国際判例等の集積に委ねたものといえる。そこで，次にその判例をみることとする。

(ii) 判例の画定方法

この問題について多くの解決実績をもつ国際司法裁判所の従来の事例は，いずれも大陸棚と経済水域に共通の単一の境界線の決定が求められてきた（両区域についてそれぞれ異なる境界線を決めるものではない）。ほぼ確立したとみられる裁判所の画定方法は，次のような3段階の過程をとる。まず最初に幾何学的に等距離線を引き，これを暫定境界線とする（第1段階）。次に，これを修正（移動）すべき関連事情（relevant circumstances）があるかどうかを検討する（第2段階）。最後に，関連事情が認められるときは，それに適う形で暫定境界線を修正する（第3段階），というものである。

第2段階で検討される関連事情とは，たとえば画定区域の海岸線の長さの不均衡，島の存在，海岸線の特異な形状等の有無などである。もし関連事情が認められるとき，たとえば海岸線の長さに相当の不均衡がある場合には，第3段階の措置として暫定線が調整されることになる。つまり長い海岸線をもつ国の大陸棚を広くとるために暫定中間線を短い海岸線の国の側に一定程度移動するのである（リビア＝マルタ大陸棚事件・1985年等）。それによって「衡平な解決」がえられるとされるのであるが，ただ，どの程度移動するかは裁判所の判断に委ねられる。関連事情がないときは，暫定等距離線が両国の境界線となる（カメルーン＝ナイジェリア領土・海洋境界事件・2002年）。

以上のような画定方法は，裁判所などの第三機関が決定する場合には効果的であるとしても，当事国の協議でこれを適用しようとす

ると，関連事情の有無や暫定線の移動など，意見の対立によって前進が阻まれることがある。国際裁判に持ち込まれるケースのほとんどは，実はそうした場合である。

❷ 深　海　底

(1)　新制度の創設の経緯

　地中海の島国マルタの国連大使は，1967年の国連総会において，大陸棚以遠の深海底とその資源は「人類の共同遺産」として国際的管理の下におかれるべきである，との革新的提案を行って世界を驚かせた。深海底には，人類にとって地球上の最後の資産といわれるマンガンノジュール（多金属性団塊）が豊富に眠っている。マルタ提案は国連総会の深海底原則宣言（決議2749・1970年）によって基本的に承認されたが，その後，これを具体化する段階に入ると（第3次国連海洋法会議・1973〜82年），その開発制度をめぐって先進国と途上国とのあいだに深い亀裂が生じた。先進国は各国の商業ベースの開発を可能とする緩やかな国際管理を主張するのに対し，途上国は国際機構による一元的開発方式に固執した。この会議が10年もの永い歳月を要したのは，こうした制度構築に難航を重ねたからである。条約第11部にようやく制度化されたものの，採択の表決では，アメリカ等の若干の先進国はなお反対した。

(2)　新制度の骨子

　国連海洋法条約は，まず「深海底およびその資源は人類の共同遺産（common heritage of mankind）である」（136条）ことを確認した（わが国の公定訳は "common heritage" を「共同の財産」としているが，条約が "property"（財産）ではなく，あえて "heritage" としたことを考えると，適訳とはいいがたい）。条約は「人類の共同遺産」（CHM）とは

何か，その内容を明らかにしていない。しかし，これにつづく条文において条約は，①深海底と資源に対する主権的領有・私的所有の禁止，②同資源の人類全体への帰属，③その管理機関たる国際海底機構（International Sea-Bed Authority）の全人類的代表性，などを明らかにした（137〜140条）。CHM 原則は，これらの基本原則を集約した概念とみるべきであろう。

　対立のあった開発方式，とくに開発主体については，海底機構の機関である「事業体」（Enterprise）だけでなく，機構と提携・契約する締約国とその企業も開発に参画しうることとした（153条）。パラレル方式と呼ばれるこの仕組みは，先進国と途上国の主張の妥協をはかったものである。他方，本条約はさまざまの開発上の条件や制限（生産制限，技術移転等）を設けたため，条約採択後も先進国側からの不満がくすぶっていた。そこで，先進国の条約参加を促進するため，1994年，条約第11部実施協定（深海底実施協定）が新たに締結され，種々の制限を緩和する措置がとられた。これによって批准の進展がはかられ，1996年，国連海洋法条約の発効となった。こうして深海底の開発体制が整えられたが，商業ベースの本格的開発は今しばらく先のこととみられている。

⑩　海洋紛争の解決

　今日，海洋をめぐる各国の関心（通商，資源，安全保障等）はますます高まっており，それとともに利害の対立（紛争）の発生頻度も増大している。この事態に備えて，国連海洋法条約は紛争解決手続の整備・強化を図った。すなわち多くの種類の海洋紛争について，最終的には国際裁判によって義務的に処理する方式を導入したのである（第15部）。国際司法裁判所，国際海洋法裁判所，国際仲裁裁判

所等によって, その解決を義務づける仕組みである (ただし, 排他的経済水域での漁業や科学調査をめぐる紛争など, その対象外とされている紛争もある)。ここでは, 相手国の同意がなくても裁判手続がすすむ仕組みとなっていることが注目される。

　最近の南シナ海事件 (2016年) がその例である。中国は, 南シナ海の他の沿岸諸国の排他的経済水域や大陸棚に大きく食い込む形で「九段線」を一方的に設定し, そこに自国の主権を主張するとともに, 環礁の埋め立てや施設の建設を強行してきた。これを違法とするフィリピンは, 上記の条約第15部の裁判手続に訴えた (中国は欠席)。2016年の国際仲裁裁判所の判決は, 「九段線」を含む中国の権利・権原の主張は国際法上の根拠を有しない旨を明確に判示した。これに対し, 中国は本判決を拒否する態度をとっているが, もとより, こうした一方的拒否行動は一般国際法上も, また本条約上も認められない (296条1参照)。これとは別に, オーストラリアとニュージーランドがわが国を訴えたみなみまぐろ事件 (2000年) も, 同じくこの条約の裁判手続によったものであるが, 本件では日本が提起した先決的抗弁が認められ, 仲裁裁判所は本件の管轄権を有しないと判示された。

国際法
豆知識

グロティウスの『自由海論』

　グロティウス (1583〜1645年) は, 彼の主著『戦争と平和の法』(1625年) により, ときに「国際法の父」なる異名をとるが, この大著と比べると, 若き青年時代の『自由海論』(1609年) は小気味のよい小著である。地味な存在にみられるが, その後の海洋の国際法の形成に与えた影響は大きい。当時, スペイン, ポルトガルは, かの大航海の実績を根拠

に広大な大洋の領有を主張し，ローマ教皇の裁可もえていた。他方，アジアとの通商路の確保に気をもむオランダ東インド会社は，飛び切りの俊才グロティウスに白羽の矢を立てた。本書は，もともとはポルトガルとの紛争（カタリナ号事件）のために書かれた『捕獲法論』の一部（第12章）をなすものであったが，のちにスペインがオランダの東インド交易を放棄することを条件に独立を容認する動きをみせたため，急遽，第12章を切り離して刊行に及んだものである。

　『自由海論』は，海の自然的性質と社会的意義に着目しつつ，「航行の自由」と「通商の自由」を多角的に論じたものである。第1章から7章までは，各国の航行の自由を説く。万民法はこれを認めていること，海は先占による取得の対象とはなりえないこと，ローマ教皇は世俗的世界の支配者とはなりえないこと，海は時効や慣習によって独占しえないこと，などが展開される。つづく第8章から13章では，同様の論法によって通商の自由が説かれる。その透徹した論証には，若き情熱さえ伝わってくる。13章のうち，もっとも力点がおかれるのは，第5章の海の先占の否定である（分量的には本書の約3分の1があてられる）。彼が説くところ，私的占有の対象となりえないものは，最初に自然が創出したときと同じように，万人共通の使用が認められなければならないのである。

　本書の反響は大きかった。とくに，その反論・反駁はおそらく著者の予想を上回るものではなかっただろうか。名にし負う反論書は本文でふれたセルデンの『閉鎖海論』（1635年）であるが，それより前のウェルウッド（W. Welwood）の『海法要論』（1613年）における批判に対しては，グロティウスはみずから再反論のペンをとっている（ただし，この論稿は彼の存命中は刊行されなかった）。

　こうして，17世紀はヨーロッパ全体を巻き込む海洋論争の時代となった。書物の闘いが進展するにつれ，1つの収束点がみえてきた。沿岸国が実際に支配・管理しうる，ごく狭い周辺海域はその国の支配海域（領海）とし，それより先の広大な海洋（公海）は自由とする，という海洋の二元構造の了解である。これは，オランダのバインケルスフーク（C. van Bynkershoek）が説く，国家の「領域権は武力の終るところに終

る」（沿岸からの着弾距離の範囲）との主張を取り容れたものであるといわれる（『海洋領有論』・1702年）。ヴァッテルによれば，国家は自国の安全のために沿岸海を領有しうるのであるから，それ以上の管理できない広大な海洋を要求するのは「無意味でばかげた主張」であって，よって，「沿岸からカノン砲の射程範囲の海」が「領域の一部」である（『国際法』・1758年）。

　こうして，『自由海論』の主張は海洋の二元構造論を生み出すのであるが，その主張そのものは公海の自由の原則として，近代・現代国際法のなかに生きつづけたのである。ヴァン・アイジンガ（van Eysinga・常設国際司法裁判所判事）によれば，『自由海論』は「当初はポルトガルに反論するために書かれ，スペインに対抗するために出版され，そしてイギリスに対抗して世界を征服した」のである。

Ⅳ　宇　　宙

❶　宇宙法の形成

　人類は永いあいだ地球上の表面空間を生活圏としてきたため，その活動を規律する法も，当然，地球上の空間に適用される前提でつくられてきた。しかし戦後，人工衛星や宇宙ステーション等による宇宙の利用・開発が現実のものとなると，新たにこれに適用される法が必要となった。宇宙法（law of outer space）である。この法は，主として国連の宇宙空間平和利用委員会が作成した一連の宇宙関係条約によって構成されている。

　一連の条約のなかで，もっとも中核的地位を占めるのは1967年の「月その他の天体を含む宇宙空間の探査及び利用における国家活動を律する原則に関する条約」（以下，「宇宙条約」と略称）である。こ

の条約は，宇宙の地位と利用に関する基本原則を定めた，いわば宇宙の基本法たる性格をもつものであって，その他の関係条約（宇宙救助返還協定・1968年，宇宙損害責任条約・1972年，宇宙物体登録条約・1974年等）は，この宇宙条約をベースとしてつくられたものである。以下，ここでは宇宙条約に定められた基本原則を取り上げながら，宇宙法の要点を概観することとする。

❷　宇宙の地位と利用

(1)　領有の禁止

　月その他の天体を含む宇宙空間は，いかなる理由によっても「国家による取得の対象とはならない」（宇宙条約2条）。これは，宇宙が万民の共有物（*res communis omnium*）であることを認めたものといえる。したがって，地球上の陸地について認められる先占や割譲等の領土取得の制度を，宇宙についてその適用を排除するものである。また，この規定は南極大陸の領有問題について採用された，いわゆる領有権の凍結（南極条約4条），すなわち領有権の主張を肯定も否認もせずに棚上げにする，というものとも異なる。つまり，いっさいの例外を容れない領有権の絶対的否認である。

(2)　探査・利用の自由

　宇宙条約は，すべての国の宇宙の「探査及び利用」の自由，および天体への「立入り」と「科学的調査」の自由を認めている（1条）。これらの自由は，本条約の締約国であるかどうかを問わず，すべての国に開かれたものであり，また，「その経済的又は科学的発展の程度にかかわりなく」，「いかなる種類の差別もなく」認められるものである。もっとも，これは法的意味での自由の保障であって，実際の各国の利用状況には大きな差異があるのは周知の事実で

ある。

　なお，本条約は，これらの探査・利用は「国際連合憲章を含む国際法に従って」行われるべきものとしている（3条）。新しい宇宙法とは別に，既存の国際法の宇宙への拡大適用を確認した本条の規定により，たとえば，宇宙からの違法な武力攻撃や内政干渉等は許されないことになる（武力不行使原則，国内問題不干渉原則等の適用）。

(3)　軍事利用の規制

　宇宙条約は宇宙の「平和的目的」の利用を確認しつつ（前文），軍事的利用については「宇宙空間」と「天体」とを分けて規定した（4条）。後者については，軍事基地や防備施設の設置，兵器の演習等の全面的な禁止がはかられたが，前者の場合には，「核兵器及び他の種類の大量破壊兵器」を地球を回る軌道に乗せないこと，ならびに，これらの兵器を宇宙空間に配置しないこととされた。ここで禁止されるのは核兵器等の大量破壊兵器のみであって，それ以外の通常兵器の配置は対象外とされており，また大量破壊兵器であっても地球を回る軌道に乗せない使用（大陸間弾道弾の発射など）も別である。このように，宇宙空間での軍事利用の禁止には重要な問題点が内包されていることに注意しなければならない。

(4)　国家の専属責任

　宇宙活動は高度な危険を伴う。アメリカのスペースシャトルの帰還の失敗（人命損失），あるいは，旧ソ連のコスモス衛星（小型原子炉搭載）の落下事件（徐々に軌道を外れカナダ北西部に落下）など，多様な形で被害が発生する。こうした場合に備え，宇宙条約は，その打上げ活動が政府機関によって行われるか，民間組織によるものかを問わず，すべて国家が国際的責任を負うものとした（6条）。すなわち，打上げ主体が誰であれ，他国への損害はすべて国家（打上

げ国）が負うものとしたのである（国家専属責任の原則）。

　この責任原則は，宇宙活動について一般国際法の原則を修正するものである。すなわち，一般国際法上では，国家は国家機関が行った行為についてのみ責任を負うのであって，私人や民間人による外国の権益の侵害については，これを防止するための「相当の注意」（due diligence）義務を尽したときは，これについて責任を負わないのである。宇宙条約の先の規定（6条）は，これを修正するものである。高度な危険を伴う宇宙活動の国際的責任を国家に一元化することによって，宇宙活動の管理体制を強化しようとするねらいがある。この基本制度を踏まえつつ，損害責任に関する具体的な条件や手続は1972年の宇宙損害責任条約において整備された。本条約においてとくに注目されるのは、宇宙活動によって地表の他国に与えた損害については，打上げ国がこれについて無過失責任，すなわち過失の有無を問わず賠償の責任を負うとされたことである（7条）。

Ⅴ　環境の国際的保護

◘　国際環境法の発展

(1)　共通の規則の必要性

　国際環境法（international environmental law）と呼ばれる法分野は，国際人権法と同様，ほとんど第2次世界大戦後に発展をみた新しい部門の国際法である。現代の内外の体系的教科書では，これら2つの新領域の法にはそれぞれ独立の1章が割り当てられている。これらが国際法の一部門として重視されるようになったのはどうしてか，その理由は明瞭である。これまで各国の国内法の取扱いに任せてきたこれらの問題は，実は国際社会の良好な発展にとってきわめて重

要な事柄であること，および，いずれも各国家の個別的対応では十全な効果がえられない，ということである。わかりやすい例を挙げると，昨今話題の地球温暖化の防止などは，１国だけの取組みではどうにもならないことである。人権の保障も，歴史の示すところでは国際的な協力体制がないと実が挙がらないのである。

(2) 環境問題の基調概念と主要原則

(i) 「持続可能な開発」概念

1972年の国連人間環境会議（ストックホルム）は，環境に関する初の世界的会議である。ここでは環境問題が「歴史の転換点」としてとらえられ（人間環境宣言・前文６項），さまざまな共通目標と課題を掲げながら，環境に関する「国際法をさらに発展させるように協力しなければならない」ことが確認された（同宣言・原則22）。この会議では「環境の保護」と「開発の必要性」とが相互に「対立」する契機を含むものととらえられ，その調和の必要性が課題として認識されたのである（同宣言・原則13，14参照）。そのため，その後の国際的取組みとしては，この二律背反をどのように融和させるかという点に向けられ，これに応えるために提唱された基調概念が「持続可能な開発」（sustainable development）である。これは，環境と開発という競い合う要請を有機的に調和させることをめざした概念であって，元来は，「将来の世代が自己の需要を充たす能力を損うことなく現代の世代の需要を充たす開発である」（『われら共通の未来』（ブルントラント報告書・1987年））。1992年の環境と開発に関するリオ宣言（国連会議）では，「持続可能な開発を達成するために，環境保護は開発過程の不可分の一部をなし，それから分離して考えることはできない」ものとされた（原則４）。

(ii) 基調概念を支える主要原則

上記の基調概念を実質化するための主要原則が同時に確認されたことにも留意する必要がある。世代間衡平原則（リオ宣言・原則3），共通だが差異ある責任の原則（先進国も途上国も環境の保護に共通の責任を負うが，責任の度合いに差異がある。同宣言・原則7），予防的アプローチ（深刻な環境被害が予測されるときは，完全な科学的証明がないときでも予防的措置を講ずること。同宣言・原則15），汚染者負担原則（同宣言・原則16）などである。これらの原則は，地球的規模の環境条約（気候変動枠組条約，生物多様性条約等）をはじめとする各種の環境条約の主導原則として導入され，それらの実体的規則の構築に大きく貢献している。

ひとくちに国際環境法といっても，それを構成するのは，慣習法の規則のほか，二国間協定，地域的条約，一般的多数国間条約など，広範・多岐にわたる。ここでは，主として近隣諸国に適用される環境法の諸規則と，広く地球環境全体の保護をめざすものとに分けて考察する。

② 近隣諸国の環境損害の防止

(1) 環境損害防止原則

国家は，自国の管轄下の活動が他国やその他の環境に重大な被害を与えないように確保する責任を負う。これを環境損害防止原則（principle of environmental harm prevention）という。この原則は，より一般的な原則である領域管理責任原則，すなわち国家はおよそ自国領域内の活動が他国の権益を侵害しないように確保する義務を負う，という一般国際法の原則を，とくに国境を越える環境損害（越境損害）について格別に発展させたものである。

その端緒を拓いたのがトレイル溶鉱所事件（1941年）である。アメリカとの国境沿いにあったカナダ溶鉱所からの長年の煤煙（亜硫酸ガス）によってアメリカの森林・農作物が被害を受けたという事案であって，仲裁裁判所は，いかなる国も他国に重大な被害を引き起こす形で自国の領土を使用しまたは使用させる権利を有しない，と判示した（Trail Smelter Case, RIAA, Vol.III, p.1965）。こうして，本件はカナダの賠償金の支払いによって幕を閉じた。

環境損害防止原則は，環境そのものを保護法益（法によって保護される権益）としているため，他国領域の環境にかぎらず，国家の管轄外の区域（公海，南極等の国際公域）の環境も保護の対象となる。この原則は先にふれた人間環境宣言（原則21），リオ宣言（原則2）でも確認されており，国際司法裁判所は，これは「今や環境に関する国際法の総体の一部をなす」ものとしている（核兵器使用の合法性事件・ICJ Reports 1996 (I), pp.241-242, para.29）。ただ，この原則は，国家が越境損害の防止に「相当の注意」義務を怠った場合に適用されるものと解されている。

(2) 環境損害防止の手続規則の発展

環境の越境被害をできるかぎり防止するため，さらに，手続的規則の発展がみられたことにも注目する必要がある。事前通報（prior notification）と事前協議（prior consultation）の制度である。また，緊急時の通報義務も注目される。

(i) 事 前 通 報

これは，1国の事業活動が他国の環境に相当の悪影響ないし危害を与えることが予測されるときは，その事業計画を潜在的影響国に事前に通告することである。この制度は元来はヨーロッパの河川利用に関する諸条約に採用されたものであるが，今日では，その他の

環境条約にも広く取り容れられている（生物多様性条約14条1(c)，長距離越境大気汚染条約8条(b)等）。リオ宣言は，事前通報と次にみる事前協議を1つのセットとして確認している（原則19）。今日，これらの手続上の義務は一般国際法の規則として確立したものととらえる見方が有力である。

(ii)　事前協議

これは上記の通報につづいて潜在的影響国の要請にもとづいて行われる，被害リスク削減のための協議である。この協議は合理的な期間内に行われなければならないが，他方，これは影響を受ける国の同意がなければ事業を実施しえないとするものではない。環境被害を最小化するために誠実に協議を行う義務である。ラヌー湖事件（1957年）では，河川の水力発電事業の実施国フランスが下流のスペインの事前の同意をえる必要があるかどうかが問題となった。仲裁判決は，河川の下流国との「事前の合意」を必要とする慣習国際法の規則は存在しないとしつつ，他方，上流の国は信義誠実の原則にしたがって他の河川国の利益に「真摯な配慮」を払う義務があるとした（Affair du Lac Lanoux, RIAA, Vol.XII, p.281）。

(iii)　緊急時の通報

広範な放射能被害を引き起こしたチェルノブイリ原子力発電所事故（1986年）で旧ソ連がこれを公表したのは事故から3日後のことであり，また詳細な情報の発表もなかったことから，諸外国の強い批判を招いた。国際原子力機関（IAEA）はこうした事態に対処するため，同年，原子力事故早期通報条約および原子力事故援助条約を採択した。自然的・人為的とを問わず，緊急時の即時通報は人道上の要請でもある。リオ宣言は，他国への重大な影響をもつ緊急事態について，即時の通報の義務を確認している（原則18）。

(3) 条約による環境責任の強化

一定の事業活動，とくに高度な危険を伴う活動については，特別の条約によってその事業者ないし国（事業の管理国）の責任を強化する措置がとられることがある。たとえば，タンカーの油濁被害，原子力事故損害，宇宙活動による損害には，それぞれの個別条約によって無過失責任（厳格責任）の原則が採用されている（油濁民事責任条約・1969年，原子力損害責任パリ条約・1960年，宇宙損害責任条約・1972年等）。つまり，事業者の過失の有無を問わず，また管理国の「相当の注意」義務のいかんを問わず，発生した損害について事業者ないし国に賠償の義務を負わせるのである。

賠償責任の主体は，油濁損害については事業者とされ，原子力損害も事業者とされるが，その負担限度を超える部分については管理国がこれを補完するものである。宇宙活動の地表上の損害については打上げを許容した国が専属的に責任を負うものとされている（本書199頁参照）。こうした無過失責任の導入は，被害者の救済に万全を期しながら，事業者に対しては高度に慎重な行動を要求することにねらいがある。

❸ 地球環境の保護

(1) 地球環境保護条約の類型

昨今，地球的規模の環境保護が大きな国際的課題となっている。主要国の首脳会議にも登場するテーマである。もっとも，ひとくちに地球環境の保護といっても多様な断面がある。大きな断面図を示すと，①大気圏環境の保護，②生物環境の保護，③海洋環境の保護，④有害物・廃棄物の国際規制，などが掲げられる。これらは実は相互に関連し合っているが，現在のところ，それらを統括する単一の

条約は存在しない。各分野ごとに個別の条約がいくつかつくられているのが実情である。

　各分野ごとに主な条約（一般的多数国間条約）を取り上げると，次のとおりである。①大気圏環境の保護については，オゾン層保護ウィーン条約（1985年）とモントリオール議定書（1987年），気候変動枠組条約（1992年）と京都議定書（1997年）およびパリ協定（2016年）が挙げられる（これら「条約」と「議定書」（あるいは「協定」）の関係については後述する）。②生物環境の保護については，生物多様性条約（1992年）とカルタヘナ議定書（2000年），ラムサール条約（水鳥の湿地に関する条約・1971年），絶滅危惧種に関するワシントン条約（1973年）等が挙げられる。

　③海洋環境については，海洋油濁防止条約（1954年），海洋投棄規制条約（1972年），海洋汚染防止条約（1973年）と追加議定書（1978年），国連海洋法条約（1982年）等があり，④有害物・廃棄物の国際規制に関しては，有害廃棄物越境移動規制条約（バーゼル条約・1989年），特定有害物質・駆除剤に関するロッテルダム条約（1998年），残留性有機汚染物質に関するストックホルム条約（2001年）などがみられる。

　これらの条約には最大多数の国が参加することが重要である。地球的規模の環境異変は，各国の日常的生産・消費活動の累積的結果として徐々に進行するのであるから，すべての国がその防止に足並みをそろえる必要がある。その意味において，すべての国は環境異変の加害国であると同時に被害国でもある。本書では，これらの条約を満遍なくみる余裕はない。そこで，近年の最大の関心事である地球温暖化問題を代表例として取り上げ，その条約レジームを紹介することとする。

(2) 地球温暖化防止の条約制度

(i) 気候変動枠組条約の構造

地球温暖化の防止については，現在，気候変動枠組条約（1992年）と京都議定書（1997年）がこれに対処している。前者は，文字どおり，温暖化防止のための制度的枠組を創設するものである。「持続可能な開発」に基軸をおきつつ，前述の環境保護の主要原則（「共通だが差異ある責任」，「予防的アプローチ」等）を適宜に組み合わせる形で枠組の構築をはかっている。本条約は温室効果ガス（二酸化炭素等）の排出量を1990年のレヴェルに戻すことを目標とし，その実現に各国は共通の義務を負うものの，負担の割合は国によって異なるものとした。具体的には「附属書Ⅰ国」，「附属書Ⅱ国」，および，それ以外の発展途上国に分ける方策をとった。附属書Ⅰ国は，先進国とロシア・東欧の市場経済移行国であり，附属書Ⅱ国は主要先進国（OECD 加盟国）である。温室効果ガスについて主要な責任を負うのは付属書Ⅰ国である。そのうえで，条約は具体的な排出量の削減率の決定は，本条約の締約国会議（COP）で採択される議定書に委ねた。

(ii) 京都議定書からパリ協定へ

1997年の締約国会議で採択された京都議定書は，第1約束期間（2008〜12年）の具体的な排出削減率とその方法等を定めた条約である（2005年発効）。この期間内に先の附属書Ⅰ国は1990年の水準より全体で5％削減する目標を掲げ，そのうえで各附属書Ⅰ国について具体的な削減率を定めた（日本6％，EU 8％削減等）。また，本議定書では削減の促進をはかるため，同時に，共同実施（6条），クリーン開発メカニズム（12条），排出量取引（17条）といった，経済的手法を用いた柔軟な実施策も採用された（これらは京都メカニズム

と呼ばれる）。

　他方，枠組条約の規定を考慮し，京都議定書は発展途上国には削減義務を課さなかった。そのなかには中国やインドといった大口の排出国も含まれているため，先進国側に不満をくすぶらせることになった（アメリカが本議定書に加入しなかった要因でもある）。なお，2013年からは京都議定書の下での第2約束期間を実施することとした（日本，カナダ，ロシアはこれに不参加の立場を表明）。また2020年以降は，これまで削減義務を負っていなかった中国，インド等を含む新しい方式が2015年のパリ協定で合意された（2016年発効）。この協定は京都議定書に代わるものであって，ここでは削減の義務が全締約国に課されたことが注目される。他方，各国の具体的な削減目標は，「共通だが差異ある責任の原則」に則って，それぞれの国がこれを決めるものとされたことや，また，そのための各国の取組みが「野心的な努力」義務（3条）とされたこと（厳格な結果の達成義務ではない），などが注目される。ここには，全締約国参加の取組みであることを考慮した，現実的なアプローチが採用されたといえよう。

(3)　枠組条約と議定書の組合せ

(i)　両者の役割分担

　地球環境の保護をめざす条約では，温暖化防止の条約レジームがそうであるように，枠組条約と議定書（あるいは協定）の組合せの方式をとることが少なくない。オゾン層保護ウィーン条約とモントリオール議定書，生物多様性条約とカルタヘナ議定書，といった具合である。一般に条約（枠組条約）では当該条約レジームの基本的構造・原則を組み立てる一方，その具体的な肉付けは議定書に委ねるという方式である（議定書は条約の締約国会議でつくられる）。

(ii)　意義と問題点

　これによって，本体条約の基本構造を維持したまま，具体的中身については随時，改善・強化をはかりながら目標の実現にすすむことが可能となる。長期的取組みを要する課題に対する，1つの注目される対処方法といえよう。他方，2つの法文書（枠組条約と議定書）は，内容的には一体化したものであるにもかかわらず，法的にはそれぞれ独立しているので，結果として枠組条約の締約国が議定書には加入しないという事態が生じうる（条約締結の自由）。アメリカの京都議定書への不参加がその例であるが，この点は何らかの改善策が模索されるべきであろう。

(iii)　議定書の遵守手続

　環境保護の具体的な実施基準は議定書に定められるが，すべての国が自国の義務を満足に履行しうる能力，資力を有するとはかぎらない。不本意ながら不履行の判定を受けることもありうるであろう。この場合，国際裁判等の法的手段に訴えても，事態の改善に結びつくとはかぎらない。むしろ，そのような締約国の遵守能力を向上させる仕組を設けることが望まれる。この観点から，遵守促進のための技術的・財政的支援を含む特別の遵守手続が設けられることがある。モントリオール議定書の「不遵守手続」（本議定書の場合はこの名称（Non-Compliance Procedure）が使われた），京都議定書に関する「遵守手続およびメカニズム」（2001年），その他，カルタヘナ議定書やバーゼル条約にもこの手続が用意されている。

第8章

個人の地位

本章の検討課題

　この章で取り上げる個人（individual）とは，一般の私人すなわち国家機関の地位にない通常の人をさす。これら個人が国際法上どのように規律されているか，これをみるのが本章の課題であるが，この問題は実はさまざまの章で折にふれて述べているところである。たとえば，前章でみた海上犯罪の取締りや，あるいは次章でみる人権の国際的保護などがその例である。本章では，他の章では取り上げられない，個人に関する比較的重要な規律をまとめて概説するものである。

　第1次世界大戦以前の近代国際法においては，個人について規定することは比較的少なかった。規定する場合でも，個人は国際法の規律の対象としての客体（object）にすぎず，国際法上の権利義務の直接の担い手としての主体（subject）とはみなされなかった。国際法はもっぱら国家の権利義務を定める法であるとの観点から，その法主体は国家のみであるとする見方（国家の排他的主体性論）が広く定着していたのである。しかし現代国際法の下では，この立場はもはや通用しない。限定された範囲ではあるが，個人の権利義務を直接に創設する現象が発展しているからである。このことは**第1章**ですでに論じた（14頁以下参照）。

　本章では主体性の議論を離れて，個人に関する国際法の主な規律事項を考察する。具体的には，国籍問題，外国人の地

位，犯罪人の引渡し，難民の保護，個人の国際犯罪の規制である。人権の国際的保護については，前述のように，次の章で取り上げる。

I 事例の紹介

事例8　語学学校の英語教師として来日したアメリカ国籍のマクリーンは，滞在中，ベトナム反戦運動，米軍のカンボジア介入反対運動等の政治活動に広く携わった。1年間の在留期間の満了に先立って，マクリーンは法務大臣に在留の更新を申請したところ，120日の出国準備期間を除いて更新不許可の処分を受けた。本件はこの処分を違法として取消を求めたものである。最高裁は，以下の理由でマクリーンの上告を斥けた（なお第1審の東京地裁は請求を認容，東京高裁はこれを棄却した）。

特別の条約上の義務がある場合を除いて，国際法上，国家は外国人を受け容れる義務を負わない。また在留の条件等も国家が自由に決定することができる。わが国の出入国管理令〔現在の「出入国管理及び難民認定法」・筆者注〕は，在留の許可とともにその更新の許否については，在留中の状況，在留の必要性・相当性等を審査したうえで法務大臣の広汎な裁量により決定するものとしている。その決定が違法とされるのは，事実の基礎をまったく欠くとか，明白な合理性の欠如等により社会通念上著しく妥当性を欠くなど，その裁量権の範囲を越えるか，その濫用があるときにかぎられる。

日本国憲法の保障する基本的人権は，権利の性質上国民のみを対象としたと解されるものを除き，外国人にも等しく及ぶと解される。政治活動の自由も，わが国の政治的意思決定への参画等を除いて，その保障が及ぶと解するのが相当である。しかしながら，そのことと外国人の在留の権利とは別である。外国人は憲法上，在留の継続を要求する権利が保障されているわけではない。それは法務大臣の裁量により，在留の更新

に相当の理由があると判断される場合にかぎられる。したがって，外国人に対する憲法上の基本的人権の保障は，このような外国人の在留制度の枠内で与えられるにとどまる。

本件上告人の政治活動は憲法の保障が及ばない政治活動とはいえないとしても，その活動が日米の友好，日本の国益上から好ましくないとの認識から，法務大臣が更新を認める相当の理由がないと判断したとしても，その裁量権を逸脱する違法な処分であると判断することはできない。

最高裁判所・マクリーン事件（1978（昭和53）年）

〔参考文献〕最大判昭53・10・4民集32巻7号1223頁，『百選〔3〕』98頁（根岸陽太），『判例国際法〔2〕』217頁（徳川信治）。

Ⅱ 国　　籍

▊ 国籍の意義

現代の国際社会は主権国家を単位として構成されている。その主権国家の構成員がすなわち国民であり，国民とはその国の国籍を有する者である。言い換えれば，国籍（nationality）とは人を特定の国の構成員として結びつける法的な絆である。この法的な絆（国籍）がもつ意味については，われわれは普段あまり意識することはないが，実は各人の日常生活においてきわめて重要な意義をもっている。人は国籍を有するがゆえに，その国の法制上の義務や負担を負うと同時に，国家の法的保護を広く享受するのである。国際法上の国家の外交的保護（自国民の対外的保護）の制度もその1つである。これについて，近年，国際司法裁判所に興味深い事例がみられる（ラグラン事件・2001年）。

ドイツ国籍をもつラグラン兄弟は，幼少時に母親とともにアメリ

カに移住した。幼い頃からのアメリカ育ちであったため，裁判所が指摘するように「あらゆる点で合衆国生まれの市民にみえた」。両名はある犯罪を理由に刑事裁判にかけられた。外国人の逮捕・拘留等のさいには，ウィーン領事関係条約はその者による自国領事との通信・面接の権利を有するとするが（36条），ラグラン兄弟はこの権利を受ける機会がないまま死刑判決を受けた。死刑執行の直前，ドイツはこの裁判の手続的正当性を争って国際司法裁判所に提訴したのである。この場合のドイツの提訴は，自国民保護のための外交的保護権の行使にあたる。実質的には「合衆国市民」であったにもかかわらず，法的にはドイツ国民であったため，本国ドイツがこれに介入したのである。ドイツの提訴は遅きに失する結果となったものの，国籍のもつ意味を改めて教えるものがある（外交的保護の制度は**第11章**で取り上げる（285頁以下参照））。

　〔本件の参考文献〕*ICJ Reports 2001,* p.466,『基本判例50〔２〕』90頁（山田卓平），『百選〔３〕』94頁（北村泰三），『判例国際法〔２〕』562頁（山形英郎），『国際法外交雑誌』第106巻４号75頁（酒井啓亘）。

２　国籍付与の一般原則

(1) ノッテボーム事件

　ここではまず，国際司法裁判所のノッテボーム事件（1955年）からみることとしよう。ドイツ人であったノッテボームは，戦前から中米のグァテマラで事業を営んでいた。第２次世界大戦が始まると，彼は速やかにリヒテンシュタインへ赴いた。同国は中立国であった。彼はリヒテンシュタインの国籍を取得（帰化）するために相当額の供託金を積み，ごく短期間の滞在をもって国籍を取得した。しかし帰化後，彼はふたたびグァテマラに戻り，従前の事業活動に従事し

た。他方，連合国側であったグァテマラはノッテボームを敵国民（ドイツ人）とみなし，その財産を差し押え，身柄を拘束した。戦後，リヒテンシュタインはノッテボームの中立国国民たる地位を主張しつつ，彼の財産の没収等の措置は国際法に違反するとして，問題を国際司法裁判所に提訴した（外交的保護権の行使）。

(2) 裁判所の対応と真正連関理論

同裁判所はこの訴えを受け付けなかった。裁判所によれば，帰化の申請時にノッテボームはリヒテンシュタインに常居所をもつわけではなく，長期滞在の事実もなく，また帰化後も同国に居住する意思をもたないなど，リヒテンシュタインとの実質的な結びつきははなはだ乏しく，このような真正な結合を欠く場合の国籍の付与は，付与する国での国内的取扱いはどうあれ，他国に対してその付与の国際的効力を主張しえないものとした。言い換えれば，グァテマラはノッテボームをリヒテンシュタインの国民として認める義務を負わないのであるから，リヒテンシュタインはグァテマラに対して外交的保護権を主張しえないというのである（*ICJ Reports 1955,* pp.20-26）。

国籍の付与には当該国との実質的な結びつきを必要とする，とのとらえ方を真正連関理論（genuine link theory）あるいは真正結合理論（genuine connection theory）という。裁判所が提示したこの見解は，今日一般的に受け容れられている。したがって，次にみるように，国籍の付与が各国の判断にもとづく国内管轄事項であるとしても，この理論（原則）による制約があることに注意しなければならない。

〔本件の参考文献〕*ICJ Reports 1955,* p.4,『百選〔3〕』144頁（山下朋子），『判例国際法〔2〕』464頁（徳川信治）。

❸ 国籍の取得

(1) 出生による取得（先天的取得）

本書の読者の多くの人は日本人すなわち日本国籍を有する人ではないかと思う。そして，そのうちの多くの人は両親がともに，あるいは，いずれかが日本人であろうと思われる。日本の国籍法は，両親のいずれかが日本人であるときは，その子は日本国籍を取得するものとしている（国籍法2条①。本書246-247頁参照）。このように，親を基準に国籍を与える立場を血統主義（*jus sanguinis*）という（どの国で生まれるかを問わない）。ドイツ，イタリア，中国，韓国もこれを採用している。

他方，同じ出生を理由としながら，どの国で生まれたか，出生地国を基準として国籍を付与する立場を生地主義（*jus soli*）という（親の国籍を問わない）。アメリカ，カナダ，オーストラリア，中南米諸国などがこの立場である。いずれをとるかは，それぞれの国の国籍法によって定められる。一般に，その国の文化的・精神的統一性を重視する国では血統主義に傾き，他方，アメリカ，オーストラリアなど移民による建国の歴史をもつ国では生地主義がとられる。もっとも，どの国もいずれかの立場を原則としつつ，のちにみる国籍の抵触を低減させる趣旨から，他の立場を補充的に採用している。たとえば日本の国籍法は，子どもが「日本で生まれた場合において，父母がともに知れないとき」は，その子どもは日本国籍を有するものとする（2条③）。これにより，その子が無国籍となることが避けられる。以上のような出生による国籍の取得を先天的取得という。

(2) 帰化（後天的取得）

出生以外の理由による国籍の取得を後天的取得（広義の帰化）という。次にみる狭義の帰化のほかに，婚姻や養子縁組等の身分行為

によるもの，領土の割譲や国家の分離・独立などの場合がある。そのうち，一定期間の居住等を理由とする狭義の帰化がもっとも一般的である。帰化の条件は，それぞれの国が定めるものとされている。日本の場合，通常の帰化は5年以上の居住，20歳以上，素行の善良性，生計能力，政府破壊活動の経歴がないことなどが条件とされている（国籍法5条）。その認定は法務大臣が行う。

④　国籍の喪失

　国籍の喪失は2つの場合に大別される。①自己の意思による国籍の離脱と，②本人の意思によらない剥奪，である。①の離脱は，かつては国家への永久忠誠の観念により必ずしも一般的に認められてきたわけではないが，近年では自由主義思想の下に「国籍自由の原則」が標榜され（世界人権宣言15条2参照），各国の法制にも大きな変化がみられる。わが国憲法も国籍離脱の自由を認めている（22条Ⅱ）。ただし，国籍法はこの場合，外国の国籍の取得を条件としている（11条Ⅰ）。これは無国籍の発生を防止するためである。なお以前には，外国人との婚姻による自国籍喪失の制度が広くとられていたが（戦前の日本の国籍法），今日では夫婦国籍独立主義が一般的な潮流となっている（女性差別撤廃条約9条1）。②の国籍の剥奪は，外国の軍務への就任，自国への反逆行為などを理由とするもので，この制度を有する国は少なくないが，わが国にはこの制度はない。

⑤　国籍の抵触

　人はいずれか1つの国籍をもつのが理想とされる（国籍唯一の原則。または，国籍単一の原則ともいう）。それ以外の場合（重国籍，無国籍）は，本人のみならず国籍国にとっても不都合が生ずることがあ

る。徴兵制，義務教育あるいは国民保険制度などを考えるとわかりやすいであろう。しかし，この目標はいまだ理想のままにとどまっている。重国籍（国籍の積極的抵触）や無国籍（消極的抵触）があとを絶たないからである。その主たる原因は，各国がそれぞれにとる血統主義と生地主義の違いによるところが大きい。遺憾ながら，この亀裂は容易には埋め合わせることはできないので，当面は抵触の発生をなるべく抑制するための手当を講ずるほかはない。たとえば先に述べたように，日本生まれで父母がともに知れない子に日本国籍を与えること（国籍法 2 条③），外国籍の取得のさいは日本国籍を失うこと（同11条 I），また成人となった重国籍者の国籍の選択の義務（同14条）などがこれである。

⑥　法人・船舶・航空機の国籍

　国籍の制度は元来は人（自然人）について用いられてきたが，今日ではさらに法人，船舶，航空機についても採用されている。法人については，国籍付与の基準は一義的に定まっていない。主な基準としては，設立準拠法主義と本拠所在地主義とがある。船舶・航空機は一般に登録国の国籍を有するものとされている（登録の条件は各国が定める）。船舶については国籍国（旗国）と当該船舶とのあいだに「真正な関係」（genuine link）がなければならないとされているが（国連海洋法条約91条 1 ），これが必ずしも十分に守られているとはいえない状況にあるため，いわゆる便宜置籍船（国籍国との結びつきのほとんどない船舶）と呼ばれる船が広くみられる（リベリア，パナマ船籍のタンカーなど）。これらの船舶は旗国による管理・規制が行き届かないため，海難事故や汚染事故を生じさせる原因ともなっている。

Ⅲ　外国人の地位

▣　外国人の出入国

　国際法上，国家は外国人の入国について許否の裁量権を有する。このことは，本章の　事　例8　（マクリーン事件）でわが国最高裁も確認している。そのため，どの国でも入国の条件等を定める法令をもっている。わが国では出入国管理及び難民認定法がこれを定めている。ただ，裁量事項であるからといって，いっさいの国際交流を閉ざす意味での鎖国的な入国拒否は今日では認められないと解される。各国は，国連憲章上，経済・社会・文化の諸分野において相互に国際的協力を促進しなければならない義務を負っているからである（国連憲章1条3，55条，56条）。

　次に外国人の出国については，国家は原則としてその自発的退去を拒むことはできない。ただし，安全上，刑事上，衛生上等の正当な理由がある場合は別である。他方，自主的な出国ではない，強制的な退去措置はどこまで可能であろうか。強制的退去には3つの場合がある。①退去強制，②追放，③犯罪人の引渡し，である。①は通常，不法入国，不法残留など，出入国法の違反がある場合にとられる。②は，合法的な入国・滞在によるときでも，何らかの理由（政治的危険等）で退去を強制するものである。スパイ活動はその典型である。これは外交官に対しても独自の手続（「ペルソナ・ノン・グラータ」）の下にとられる（266頁参照）。追放は以前にはその国の主権的裁量の下に行われてきたが，今日では人権法の発展とともに，その正当な理由を必要とするだけでなく，手続的保障（権限ある機関での審査の請求）も要求されるようになっている（自由権規約13

条）。③の犯罪人の引渡しについては節を改めて考察する（本章**Ⅳ**）。

2 滞在国における地位

(1) 一般的地位

外国人は滞在国の統治権（主権）の下にあるので，その国の法令と裁判権に全面的に服する。政府の長や外交官など，特別の地位にある者は裁判権や課税権等から免除されるが，それは一定の特権が付与されるということであって，滞在国の法令の適用から一般的に解放されるということではない（そのような「治外法権」の見方は今日では否定されている）。他国に滞在する人は，自国にはない，異なる法制度に服することをつねに認識していないと，思わぬ誤算を招くおそれがある。そのさい，本国との制度的違いを主張してもはじまらない。どのような法制度をつくるかは，基本的に各国の主権的規律事項だからである（国内管轄事項）。

他方，外国人であるからといって，国家はどのように取り扱ってもよいということではない。「すべての者は，すべての場所において，法律の前に人として認められる権利を有する」（自由権規約16条）のであるから，人としての生活を営むのに必要な権利能力，行為能力あるいは出訴権等は当然に認められなければならない。今日では，とりわけ人権条約の発展により，外国人の地位の向上が大幅にはかられている。先のマクリーン事件で最高裁が，わが国憲法の定める「基本的人権の保障は，権利の性質上日本国民のみをその対象としていると解されるものを除き，わが国に在留する外国人に対しても等しく及ぶものと解すべき」である，としたのも方向性を同じくしている。ただし，参政権や一定の公職就任の権利など，国家意思の形成や遂行にかかわる権利は一般に制限される。国民主権の

原理にもとづく制約である。また，兵役の義務や義務教育も免除されるのが通例である。

(2) 特別の条約による地位

　以上の外国人の地位に加えて，関係国の特別の条約によって相互の国民の地位・待遇の向上がはかられることがある。通商航海条約（日米通商航海条約，日ソ通商条約等），領事条約（日米領事条約，日英領事条約等），投資保護条約（日中投資保護協定，日韓投資保護協定等）などにこれが定められることが多い。日米通商航海条約では，双方の国民の入国，旅行，身体の保護，財産の取得・保護，事業活動の承認その他が取り決められている。そのうちのある事項については最恵国待遇（most-favoured-nation treatment）を，また，他のあるものについては内国民待遇（national treatment）を与えるものとしている。前者は，締約国が当該事項について第三国の国民に与えられる待遇より不利でないものを供与することであり（外国人相互間の待遇の平等化），後者は自国民に与える待遇より不利でないものを相手国国民に付与するものである（内外人待遇の平等化）。

Ⅳ　犯罪人の引渡し

❶　概　　説

　犯罪人が処罰を逃れるために国外に逃亡することは旧い昔からみられる。交通手段の発達とともに，その数は増大している。しかし，犯罪を犯した者はその罪を償わなければならない。犯罪の防止のためにもそれが必要である。国家間で逃亡犯罪人の引渡しが行われるのはそのためである。もっとも，外国からの引渡請求があった場合，国家（被請求国）は逃亡犯罪人を引き渡す義務があるかというと，

一般国際法上はその義務はないとされている。自国の領域主権内にいる以上，その国の自主的判断が認められ，したがって法的には引き渡すことも，あるいは拒むこともできるのである。

しかし，前述のように，犯罪の防止という観点からすれば，引き渡すことが求められる。そこで，多くの国は次の2つの措置をとっている。1つは，犯罪人引渡しのための条約の締結である。わが国には日米犯罪人引渡条約（1978年）と日韓犯罪人引渡条約（2002年）とがある。このような条約の締結によって，締約国間では相互に引渡しが義務化される。引渡義務の創設，それが条約締結の最大のねらいである。

多くの国がとるもう1つの措置は，犯罪人引渡しのための国内法の制定である。わが国の逃亡犯罪人引渡法（1953（昭和28）年）がこれである。これは条約上の引渡義務がないときでも，相互主義を条件に引き渡すことを定める法律である（相互主義とは，もし日本が引渡請求を行うときは，同種の犯罪について相手国からの請求にも応ずる旨を保証すること。3条②）。こうして，一般国際法上の義務はないにもかかわらず，犯罪人の引渡しが広く行われているのである。

以上のような犯罪人引渡しの条約や国内法は19世紀の前半より広くみられるようになった。そこには各国が共通に採用する基本原則が成立している。それらは犯罪人の引渡しに関する一般国際法の原則とみることができる。次に，それらの基本原則をみることとする。

❷　犯罪人引渡しの基本原則

(1)　双方可罰の原則

犯罪人の引渡しのためには，引渡しの対象となる犯罪が請求国，被請求国の双方の法律によって処罰されるべき犯罪とされていなけ

ればならない。これを双方可罰の原則ないし双罰性の原則という。いずれか一方の国で法上の犯罪とされていないときは，処罰のために引渡しを請求することも，あるいは引渡しに応ずる理由もないはずである。引渡しはある程度重大な普通犯罪について行われる。わが国の引渡法では，請求国の法令と被請求国たる日本の法令でともに死刑，無期または3年以上の拘禁刑にあたるときとされている（2条3，4）。

(2) 特 定 主 義

引渡請求国は，その請求対象となった特定の犯罪についてのみ処罰することができる。これを特定主義という。その趣旨は，引き渡されたのちに請求国が引渡しの対象犯罪以外の，たとえば政治犯罪の理由で重罰を科すようなことがないように防止するものである。主として犯罪人の擁護のための条件であるが，同時に先の双方可罰の原則を確保するためにも必要である。のちにもふれる中国民航機ハイジャック事件（張振海事件）において東京高裁は，中国側の引渡請求は「ハイジャック以外の犯罪の捜査を新たに行って刑罰を科すこともない，この点は，ここで明確に保証する」との中国側の対応を確認している（東京高決平2・4・20高刑集43巻1号27頁）。

(3) 政治犯不引渡しの原則

(ⅰ) 本原則の史的発展

政治犯罪人はこれを引き渡さない，とする慣行が始まるのはフランス革命以降であるといわれる。それ以前は，むしろ政治犯罪人を中心に引渡しが行われていたようである。絶対王政の時代は，君主主義体制を破壊するような政治犯こそが引き渡されるべきものだったのである。しかしフランス革命後，ヨーロッパ各国の憲法が政治的意見や思想信条の自由を保障するようになると，政治犯罪人はむ

しろ庇護されるべき対象に変わってゆくのである。また，革命・反革命の争乱の頻発したヨーロッパでは，政治犯罪人の取扱いは厄介な外交問題に発展することが少なくなかった。そこで，この種の犯罪人は，その政治的立場のいかんを問わず，相互にいっさい引き渡さないとするのが国際関係の安定化のために賢策であるとの政策的考慮があったことも指摘されなければならない。

当時のイギリスの国際法学者フィリモアは，「政治犯罪人の場合には引き渡すべきではないものと一般に認められている」とし（1854年），またスイスのブルンチュリも，政治犯罪人については各国は庇護権を有し，「彼らを引き渡したり，追放したりすることはできないものとみなされている」と説いている（1881年）。こうして19世紀以降，政治犯罪人は引き渡さないものとする，という取扱いが一般化し，また各国の法律や条約でもこれが一様に規定されるようになったのである（わが国の逃亡犯罪人引渡法2条①，日米引渡条約4条1(1)，日韓引渡条約3条(c)参照）。

(ii)　本原則の法的意義

政治犯不引渡しの原則は広く認められるようになる一方，その法的位置づけについては，従来，必ずしも十分な意見の一致があったわけではない。わが国の尹秀吉（ユンスーギル）事件ではこれが争点となった。本件では密入国のため退去強制の処分を受けた尹の送還が本原則に反するかどうかが争われた。東京地裁は本原則の慣習国際法性を認めて強制送還を取り消したが（東京地判昭44・1・25訟月15巻3号300頁），東京高裁は，政治犯不引渡しの義務は一般国際法の原則として確立していないとして，地裁の判断をくつがえした（東京高判昭47・4・19訟月18巻6号930頁。なお最高裁は高裁の判断を支持した）。

しかしながら，後者（高裁，最高裁）の見方が今日の支配的な立

場かどうかは疑問である。1990年に国連総会が採択した「犯罪人引渡しモデル条約」（引渡制度の雛形を示した見本条約）は，引渡しの拒否事由を絶対的なものと任意的なものとに分け，政治犯罪を絶対的拒否事由としている（3条）。また，前述の中国民航機ハイジャック事件（1990（平成2）年）で東京高裁は，わが国の法律に定める政治犯罪人の引渡しの禁止規定は各国の国内法，条約に「通常見られるところであるから，このような原則ないし主義が，各国において広く認められていることは疑いない」として，むしろその慣習法性を肯定的にとらえているようにみえる。

(iii) 政治犯罪の概念

ところで，政治犯不引渡しの原則という場合の「政治犯罪」（political offence）とは何であろうか。実はこれは意外に難問である。この犯罪は一般に2種に分けられる。絶対的政治犯罪（純粋政治犯罪）と相対的政治犯罪である。前者はもっぱら政治的秩序を破壊・侵害する行為であって，反逆の企図，革命・クーデターの陰謀，非合法な政治結社の結成などがこれにあたり，後者は政治秩序の侵害に伴って普通犯罪（放火，列車転覆等の罪）を犯すものである。

絶対的政治犯罪が引渡しを拒むべき政治犯罪にあたることはほとんど異論はないが，相対的政治犯罪については一律にとらえることはできない。各事案ごとに個別的に決定しなければならない。そのさいの判断の基準としては，いわゆる「優越の理論」と呼ばれる方法，すなわち，その行為の普通犯罪としての性質と政治的犯罪としての性質とを比較衡量して，いずれが優越するかを見極めて決定するという方法が各国で広く採用されている。先の中国民航機ハイジャック事件でも，本件事案の行為が「どの程度に強く政治的性質を帯びているか，それは政治的性質が普通犯的性質をはるかに凌い

でいるか」を個別的に判断するほかはない，としてこの方法をとっている。そのさいの判断の尺度として，政治目的の真実性，行為の政治目的との客観的な関連性，行為の内容・結果の重大性と目的との均衡性，を検討すべきものとした（その判断の結果として，本件では政治犯罪としての性格が否定され，容疑者は中国に引き渡された）。

〔本件の参考文献〕東京高判平2・4・20高刑集43巻1号27頁，『百選〔3〕』102頁（稲角光恵），『判例国際法〔2〕』243頁（岡田泉），『ジュリ』959号62頁（高野雄一）。

(iv)　不引渡原則の例外犯罪

一見，政治的犯罪とみられるものであっても，政治犯不引渡しの原則が適用されない犯罪がある。一般国際法上確立しているものとしては，まず外国の元首およびその家族に対する危害行為である。1856年にベルギーがこれを法制化して以来，各国に広く受け容れられている（これを定めた法律・条約の条項を加害条項あるいはベルギー条項という。日韓引渡条約3条(c)(i)参照）。さらに無政府主義（anarchism）の行動も同様である。その行為は特定の国の政治秩序ではなく，およそ政治的秩序一般を否定するものであるため，結局，市民全体に対する反社会的犯罪とみられるためである。その他，個別の条約においてとくに政治犯罪とはみなさない，あるいは引渡しの対象犯罪とする旨が明記されることがある（拷問禁止条約8条，ハーグ・ハイジャック防止条約8条，ジェノサイド条約7条等）。

(4)　自国民の不引渡し

多くの国は，逃亡犯罪人が自国民であるときは，これを引き渡さないものとしている（わが国の逃亡犯罪人引渡法2条⑨参照）。自国民の外国での犯罪は，一般に自国民の国外犯として，その国の刑事法による処罰が可能であるという理由によっている（わが国刑法3条参

照）。もっとも，英米諸国ではとくに重大な犯罪を除き，犯罪の処罰は犯罪地国の法廷によるとの立場（犯罪地国法廷主義）をとっているため，自国民でも広く引き渡す措置がとられている。その意味で，自国民の不引渡しといっても，それが一般国際法の原則として確立しているということはできない。日米，日韓引渡条約は，ともに自国民については引渡しの義務を負わないとしつつ，他方，「その裁量により自国民を引き渡すことができる」としている（日米条約5条，日韓条約6条1）。

(5) 人権法の発展と犯罪人の引渡し

　戦後の国際人権法の発展は犯罪人の引渡し制度に相応の影響を与えることになった。わかりやすい例を挙げると，自由権規約の第二議定書（死刑の廃止）の締約国の場合，死刑の執行が予想される国に対しては，あらかじめ死刑を科さないか，あるいは執行しない旨の保障がえられないかぎり，その対象となる犯罪人を引き渡すことは困難となる（次章の 事 例9 （ジャッジ事件）はそのケースである）。また人権条約が禁止する拷問や非人道的取扱いが予測される国に対しても同じことがいえる。こうした人権上の問題は比較的最近になって重視されるようになったため，以前の引渡条約や法律はこれに対処する規定を備えていない。先の中国民航機ハイジャック事件でもこれが問題となった。東京高裁はわが国では裁判所の引渡しの可否の決定にもとづいて，最終的に「引き渡すのが相当であるか否か」，「特に人権保障に欠けるものではないかどうか等の点についての判断は，法務大臣の審査・決定事項とされてきた」という。

　ヨーロッパ人権裁判所はゼーリング事件（1989年）において，引渡請求国での犯罪人の処遇にかんがみると，本件の場合の引渡しはヨーロッパ人権条約第3条（拷問・非人道的取扱いの禁止）の違反を

引き起こすとした（Soering v. United Kingdom, *EHRR,* Vol.11, p.478）。こうした人権法の新たな展開に対して，伝統的引渡制度はどのように対処すべきか，とくに引渡条約の締結のさいに慎重に考慮されるべき課題といえよう。

Ⅴ 難民の保護

❶ 国際的展開の経緯

難民（refugee）とは，国内の政治的圧迫や迫害等を逃れて他国に庇護を求める人をいう（亡命者ともいう）。難民の国際的保護が動き出すのは第1次世界大戦後のことである。当時の国際連盟は，ロシア革命によって発生した難民の保護のために難民高等弁務官を任命した（ノルウェーの探検家ナンセン）。その後，第2次世界大戦の前後をとおして，とりわけ西欧・東欧諸国において大量の難民が発生した（ナチスの迫害の被害者その他）。大戦中につくられた連合国救済復興機関や戦後の国際難民機関がそれらの救済にあたったが，東西冷戦の渦中，必ずしも十分な成果を挙げえたわけではない。

そこで国連はこれに代わる対処策として，国連難民高等弁務官事務所（UNHCR）を設置（1951年1月発足）するとともに，「難民の地位に関する条約」（1951年。以下，「難民条約」と略称）を採択した。この難民条約は「1951年1月1日」以前に生じた難民に適用され（1条A(2)），かつ「欧州」の難民を主眼とするなど（1条B(1)），特殊な性格をもつものであったため，1967年，この時間的・地理的制約を取り払うための「難民の地位に関する議定書」が締結された。これによって難民条約が一般的性質の条約に生まれ変わることになったのである（日本は1982年から両条約の当事国）。

❷ 保護対象としての「難民」

(1) 難民の定義

難民条約は，この条約で保護される難民（「条約難民」）であるための３つの要件を示した。第１に，人種，宗教，政治的意見等のゆえに「迫害を受けるおそれがあるという十分に理由のある恐怖」を有すること（迫害要件），第２に，そのために国籍国の保護が受けられないこと（保護喪失要件），第３に，それゆえに国籍国（本国）の外に逃れること（国外性要件），である（１条A(2)）。そのうち，第１の迫害要件はかなり厳しいものとなっている。たとえば，この要件の下では戦乱を逃れるためとか，経済的困窮を避けるためというだけでは条約上の難民にはあたらないことになる。

(2) 迫害要件の認定

迫害要件については，２つの要素を勘案することが求められる。すなわち，「迫害を受けるおそれがあるという……恐怖」を有すること（主観的要素），および，それが「十分に理由のある」恐怖（well-founded fear）であること（客観的要素），である。後者は迫害の恐怖がある程度客観的であることを求めているが，これを厳格に要求すると，着のみ着のまま逃げてきた難民には通常はその立証に困難をきたすことが少なくない。わが国では従来，この客観的要素の存在を厳格に求める傾向が強かったため（たとえば難民不認定処分取消請求事件・東京地判平元・７・５行裁集40巻７号913頁参照），先進国のなかにおいて難民の認定率が低いレベルで推移する要因をなしてきたのである。

条約にもとづく難民を一般に条約難民というが，国家はこれとは別に，その政治的裁量において難民を広く受け容れることは妨げられない。わが国が1970年代の末から行ってきたヴェトナム難民の受

容れがこれである。これは難民条約の枠外の措置として行われたものである（条約にもとづく受容れは締約国の義務として行われる）。

❸ 難民の保護とノン・ルフールマン原則

条約の締約国は，難民認定を受けた者に対しては条約上の一定の保護を与えなければならない。初等教育，公的扶助，一定の労働・社会保障，裁判を受ける権利等，これらについては自国民と同一待遇を与えるものとしている。条約はまた，「当該締約国の社会への適応及び帰化をできる限り容易なものとする」（難民条約34条）としているが，これは「自国民」としての永住的な受容れを義務づけるものではない。それは一種の努力目標にとどまっている。

他方，国家は自国にいる難民を「その生命又は自由が脅威にさらされるおそれのある領域の国境へ追放し又は送還してはならない」（難民条約33条1）。これをノン・ルフールマンの原則（principle of non-refoulement）という。これは高度に人道的要請にもとづく原則であって，難民として認定されなかった申請者にも適用されるものと解されている。また，この原則は今日では条約の締約国であるか否かを問わず，すべての国に適用される慣習国際法のルールであるとされている。

以上にみたように，迫害を逃れる難民には，引渡しが禁止される政治犯罪人とともに，一定の保護が与えられる。これ以外の場合にも，国家は自国に逃れてきた者を保護する広い権限を有している（領域的庇護）。国家が有するこの権限を庇護権（right of asylum）という（次頁参照）。迫害を受ける難民や政治犯罪人の場合には，国際法上，国家の庇護が義務づけられる特別の事例である。

庇 護 権

　他国から避難してきた者を自国領内に保護することを領域的庇護 (territorial asylum) といい，国家が有するこの権利を庇護権という。これは国家の領域主権に基礎をもつ権利である。庇護される者はすでにその国の領域内にいるのであるから，庇護の供与は他国の主権を侵害することにはならないのである。

　このような庇護の歴史は，古代ギリシャの都市国家間の慣行に遡る。各ポリス（都市国家）の神殿はその避難所としても使われたといわれる。中世においてはカトリック教会や封建領主による庇護の慣行が普及した。こうした慣行が近世・近代の領域的庇護の制度に発展するのである。グロティウスは，「祖国を追われて庇護を求める外国人に対しては，彼らが既存の政府に服し，抗争の回避に必要な規則を遵守するならば定住することを拒否すべきではない」とした（『戦争と平和の法』・1625年）。実は彼自身，宗教上の争いで幽閉されていたオランダの孤城を脱出してフランスに亡命した人である。彼の代表作であるこの書物は，フランス国王の庇護の供与のなか執筆されたものである（そのため本書はルイ13世に献呈されている（序文））。

　庇護権は，近・現代国際法上，一貫して国家が有する権利とされてきた。すなわち，条約等で特別に定められる場合（迫害を受ける難民，政治犯罪人等）を除いて，その供与は国家の義務ではなく，国家の裁量権と解されたのである。言い換えれば，庇護権は一般国際法上では庇護を求める個人の権利ではないことになる。世界人権宣言（1948年）は，「すべての人は迫害を逃れて他国に庇護を求め，かつ享受する権利（right to seek and enjoy in other countries asylum）を有する」とする（14条1）。この規定は，その後，国連総会の領域内庇護宣言（1967年）や世界人権会議のウィーン宣言（1993年）で再確認されている。

　世界人権宣言のこの規定は，一見すると個人の庇護権（他国に亡命する権利）を認めたかのようにみえるが，そのようには解されていない。庇

護の申請が受け容れられたときに，これを享受することができる，との意味だというのである。そうなると，さして新味のない規定ということになるが，しかし，これが前述の難民条約（1951年）や領域的庇護に関する米州条約（1954年）の締結を促し，難民の保護の促進に結びついたことも考え合わせなければならない。なお，憲法等の国内法で庇護権が定められるときは，これに該当する個人にはその権利が認められることになる（ドイツ基本法16a条1，イタリア憲法10条3）。

　領域的庇護とは別に，ときに外交的庇護（diplomatic asylum）が問題となることがある。これは，外国の大使館等がそこに逃げ込む犯罪人等を庇護することである。たしかに外国の公館は不可侵権（領域国の一方的な立入りを禁止する権利）をもっているが，一般国際法上，犯罪人等を庇護する権利を有しているわけではない。避難者はその国の領域内にいるのであるから，この場合の外国公館の庇護は，国際司法裁判所がいうように，領域国の裁判権等の「主権の侵害」を構成することになるのである（庇護事件・ICJ Reports 1950, pp.274-275）。なお，特定の諸国間で特別の条約の締結をもってこれ（外交的庇護）を相互に認めることは妨げられない（外交的庇護に関する米州条約・1954年）。

Ⅵ　個人の国際法上の犯罪

❶　国際犯罪の類型

　ここで取り上げる国際犯罪とは，個人の犯罪すなわち個人の刑事責任が追及される犯罪であって，国家を責任主体とするものではない。そこでまず「国際犯罪」という概念であるが，本書では，その防止のために国際法が関与・規律する犯罪行為をさすものとする（したがって，犯罪行為がたんに複数の国にまたがるという意味での国際犯罪を含まない）。国際法が規律する犯罪を「広義の国際法上の犯罪」と呼ぶならば，それはさらに2つに大別される。「国際的規制

犯罪」と「狭義の国際法上の犯罪」である。両者はともに諸国の共通の法益を侵害するものであるが，その防止（処罰）に関する国際法上の規律の仕組みが異なることから，このような区別が設けられるのである。以下，その仕組みの相違と対象となる犯罪を具体的にみることとする。

❷　国際的規制犯罪

(1)　本形態の犯罪概念

　国際的規制犯罪とは，ある行為が各国の共通の法益を侵害するものであるため，国際法がまずこれを処罰すべき犯罪と定め，これを受けて各国が処罰のための国内法上の制度を整える，という形態の犯罪をいう。すなわち，当該行為を処罰すべき犯罪と位置づけるのは国際法であり，その刑事罰を科すための具体的実施方法を定めるのは国内法という類型のものである。この場合，国際法の定め方としては，慣習国際法によるものと条約に定めるものとがある。前者の例は海賊行為である。これについては，すでに述べたように（本書188-189頁），国際法はすべての国の普遍的管轄権（裁判権を含む）を認めている。条約で定めるものは，とりわけ戦後に多くみられる。ハーグ・ハイジャック防止条約（1970年），拷問禁止条約（1984年），爆弾テロ防止条約（1997年），海上航行不法行為防止条約（1988年），その他がある。

(2)　条約上の規制方式

　これらの条約では，対象となる犯罪行為の防止のために基本的に共通の方式が採用されている。まず処罰対象となる行為（ハイジャック等）を特定化したうえで，締約国はこれを犯罪として刑罰を科し，かつ，これについて自国の裁判権を設定する措置をとるも

のとする。そのうえで，もし容疑者が自国領域内に所在するときは，その者を関係国（犯罪地国，容疑者本国，航空機登録国等）に引き渡さないときは，その者の国籍，犯罪地のいかんを問わず，間違いなく自国において刑事訴追の手続をとらなければならないとする。すなわち，「引渡しか訴追か」（*aut dedere aut prosequi, aut dedere aut judicare*）の制度である。これは言い換えれば，容疑者がどの国へ逃れても処罰に遺漏がないように，締約国間で裁判権の行使に普遍主義を設定するものである（不処罰の防止）。

　国際司法裁判所の訴追・引渡請求事件（2012年）は，拷問禁止条約に採用されたこの制度にもとづいてベルギーがセネガルに亡命したチャド共和国の元大統領の引渡しを求めたものである。元大統領は在職中，自国民の拷問を含む重大な人権侵害の犯罪にかかわったという。同裁判所は，拷問禁止条約はこの種の犯罪の不処罰の防止の観点から，もし引渡しを行わないときは，その者が所在するいずれの締約国も訴追の手続をとるという「普遍的管轄権」（compétence universelle）を設定したものであるとし，よってセネガルの不訴追の状況は本条約の義務（7条1）の違反を構成するので，引渡しに応じない以上は，遅滞なく訴追の手続をとらなければならないとした（*ICJ Judgment of 20 July 2012,* paras.71-122）。

　〔本件の参考文献〕*ICJ Judgment of 20 July 2012,*『基本判例50〔2〕』10頁（竹内真理）。

③　狭義の国際法上の犯罪

　国際法上の犯罪（広義）のもう1つのカテゴリーである狭義の国際法上の犯罪とは，その違反が国際社会全体の一般利益の侵害とみなされ，国内法を介さずに国際的手続（国際刑事裁判所等）によって

直接に刑事罰が科されるものである。この種の裁判としては，戦後のニュールンベルクおよび東京軍事裁判，1990年代の旧ユーゴとルワンダの国際刑事裁判の先例がある（あとの2つの裁判は安保理によって特別に設置された刑事裁判所によって行われた）。これらはいずれも特別法廷によるものである。常設的な国際法廷は2002年に発足した国際刑事裁判所（International Criminal Court：ICC）をまたなければならなかった。現在では，この裁判所の対象犯罪が狭義の国際法上の犯罪とみなされる。

　ICC 規程によれば，同裁判所は「国際社会全体の関心事である最も重大な犯罪」である，①集団殺害罪（民族的集団等の殺害・破壊），②人道に対する犯罪（文民に対する広範・組織的な殺りく・拷問等），③戦争犯罪（武力紛争法の重大な違反行為），④侵略犯罪（侵略行為の計画・遂行等），について管轄権を有する（5条1）。これらの犯罪の内容は規程第6条から8条に具体的に定義されているが，最後の侵略犯罪については，その定義と適用条件について意見の一致がみられなかったため，当面その適用は凍結されてきた（5条2参照）。しかし，2010年に開催された締約国の検討会議でこの点について大筋の合意が成立し，規程改正の発効（2017年）をまって侵略犯罪の凍結を解除することとなった（定義については第8条の2参照）。

④　国際刑事裁判所

　この裁判所は，上記4つの国際犯罪（狭義の国際法上の犯罪）を行った者の個人責任を追及する常設法廷である（裁判所の所在地はオランダのハーグ）。そのさい，その者の公的地位や資格すなわち元首，政府の長，政府職員であるかどうかを問わずに責任が問われる（ICC 規程27条）。公訴権を有するのは，①規程の締約国，②安全保

障理事会，および本裁判所の一部門を構成する③検察官，である。ただし，①，③の提訴の場合には，当該犯罪の発生地国ないし被疑者の本国（国籍国）のいずれかが本規程の締約国であることが条件とされている（12条2）。②の安保理の提訴のときはこの条件はつかない。2005年，安保理はスーダンのダルフールで起こった惨事に関して，非締約国である同国のバジール大統領を本裁判所に訴追する手続をとった。なお，凍結が解除された侵略犯罪については，締約国は自国領内・自国民の当該犯罪についての裁判権を留保する道が開かれている（15条の2の4）。

　上記4種の犯罪は，国際刑事裁判所のみが排他的な管轄権を有するものではない。それぞれの国がその国内法にもとづいて，これらの犯罪について刑事裁判権を行使することは妨げられない。むしろ，同裁判所規程はそれが「国家の責務である」とする（前文）。しかしながら，この種の犯罪は，旧ユーゴやルワンダの事例のように，国家の非常事態（内乱，戦争等）において発生することが多いので，国内裁判が正常に機能しない場合がある。そのような場合に，「国際刑事裁判所が国家の刑事裁判権を補完する」ものとした（前文，1条）。すなわち，国家の裁判手続が正常に機能しないとき，あるいは当該国が刑事処罰を遂行する意思や能力がないときに，国際刑事裁判所がこれを補完するのである。これを補完性の原則（principle of complementarity）という。補完的とはいえ，国家主権を隠れ蓑にした不処罰を封ずる点で重要である（本書360-361頁参照）。

第9章

国際人権法

本章の検討課題

　人権とは，人間の尊厳（dignity）に由来する，すべての人が生来有する権利である。したがって，性，人種，富，社会的地位等に関係なく，すべての人が等しく享受する権利である。このような人権の観念は，歴史的にはヨーロッパに発展した人権思想に基盤をもつ。イギリスのジョン・ロック（J. Locke）やフランスのジャン・ジャック・ルソー（Jean-Jacques Rousseau）の自然権思想，すなわち人は生まれながらに譲り渡すことのできない自由と平等の権利を有しており，これを保障するために人々は社会契約をとおして政府を樹立するのである，との思想がこれである。この考え方がアメリカの独立宣言（1776年）やフランスの人権宣言（1789年）に受け継がれ，19世紀以降，各国憲法の基本原理として受容されるのである。

　この自然権思想が示すように，人権の保障は実は民主的政府の樹立を不可欠の前提とする。ロックがその著書『統治二論』（1689年）において，国王権力の絶対性（王権神授説）を否定したのはそのためである。統治者の専制政治がはびこる体制の下では，人権の尊重は期待すべくもない。ロックは次のようにいう。「絶対君主制というものは，一部の人々からは地上における唯一の統治形態だとみなされているが，実際は市民社会と矛盾するものであり，したがって市民的統治の

形態ではとうていありえない」と。またルソーも，民主制，貴族制，君主制の３形態のうちで，最後の君主制については，「これほど強力な政府はないとしても，同時にこれほど個別意思が力をもち，容易に他の意思を支配する政府もない」とする。絶対性を志向する「国王の個人的利益は，まず第一に，人民が弱くて，貧しくて，決して国王に反抗しえないということである」として，君主制に手厳しい評価を下している。

このように，人権の保障は各国の政治制度と深く関係することから，これまで各国の憲法をはじめとする国内法で定められるべきものとされてきた。その結果として，人権問題は各国の国内管轄事項とみなされるようになり，それがひいては国による取組みの差異を許すことになっただけではなく，１国内での重大な人権侵害に対する国際的な対応策の構築をも困難なものとしてきたのである。第２次世界大戦時のドイツ・ナチスのユダヤ人の大量虐殺，戦後の南アフリカのアパルトヘイト（人種隔離政策）などは，その最たる事例である。

かくして，国の枠を越えた，人権保護の国際的取組みの必要性が戦後強く認識されるようになったのである。主として人権条約の締結という形で発展した国際人権法は，国際環境法とともに，戦後の国際法の展開を表徴する特質を示している。本章では，このような人権法の発展を，主要な人権条約の保障制度を解説しながら概説することとする。

I　事例の紹介

事例9　アメリカ合衆国の国民ロジャー・ジャッジは，1987年，殺人の罪によりフィラデルフィアの裁判所において死刑の判決を宣告され

たが，同年，脱獄しカナダに逃亡した。翌88年，カナダ・ヴァンクー
ヴァーでの強盗行為により10年の禁固刑を言い渡された。服役中の1993
年，同人は退去強制の命令を受けたが，カナダ矯正局の勧告により，刑
期満了まで退去処分は延期された。その間，同人はアメリカでの死刑執
行が行われないとの保証があるまでは，アメリカへの移送は行われるべ
きではないとの訴えをカナダ行政・司法当局に起こしたが却下された。
1998年，死刑不執行の保証のないままアメリカへの退去強制があった日，
ジャッジは代理人をとおして本件を自由権規約委員会に通報した（同規
約選択議定書にもとづく申立て）。カナダの退去処分は自由権規約第6条そ
の他の違反をなすというものである。なおカナダは本件当時，死刑廃止
の第二選択議定書の締約国ではなかったが，1976年以来，死刑廃止国で
あった。本通報に対する規約委員会の見解（2003年）の要点は次のとお
りである。

　この問題の検討にあたっては，委員会はキンドラー事件（1993年）の
先例を想起する。この事件において本委員会は，死刑廃止国が死刑の宣
告を行った国へ犯罪人を移送することは，規約が必ずしも死刑を禁止し
ていないことにかんがみて，その行為自体は同規約第6条1項の生命に
対する権利の違反を構成するものではないとした。しかしながら，この
判断は10年前のものである。この間，死刑の廃止やその不執行について
広範な国際的コンセンサスが形成されつつあり，またカナダ最高裁も，
例外的な場合を別として，政府は引渡しの前に不執行の保証をとりつけ
なければならないとしている。「規約は生きた文書（living instrument）
として解釈されるべきであり，また，そこに保護される権利は今日的状
況の脈絡にてらして適用されるべきである」。

　自由権規約第6条1項は生命の保護のための規定である。死刑廃止国
はどのような状況でも生命保護の義務を負う。第6条2項から6項は一
定の限界を設けつつ，その例外を定めている。この例外は死刑存置国の
みに適用される。「死刑を廃止した国は，死刑が適用される真の危険に
人をさらさない義務を負う。よって，退去強制であれ引渡しであれ，死
刑の宣告が合理的に予測されるときは，死刑廃止国は死刑判決が執行さ

れないとの保障を欠くままに，個人を自国の管轄から〔他国へ・筆者注〕移送することはできない」。第6条の起草経過を振り返ると，死刑は多くの代表によって「異例」ないし「必要悪」とみられた。したがって，第6条1項の規則は広く解釈し，2項は狭く解釈するのが論理的であろう。「以上の理由により，本委員会は，カナダは死刑廃止の第二選択議定書をいまだ批准してはいないものの，しかし，これを廃止した締約国として，死刑の宣告を受けている通報者を，その執行が行われない旨を保証することなく合衆国へ退去させたことにより，第6条1項にもとづく彼の生命に対する権利を侵害したものと認定する」。

　　　　　　　　　　　　　　　自由権規約委員会・ジャッジ事件（2003年）

〔参考文献〕*ILM*, Vol. 42 (2003), p.1214,『基本判例50〔2〕』74頁（西片聡哉），『判例国際法〔2〕』225頁（徳川信治）。

Ⅱ　国際人権章典への歩み

❶　国連憲章と人権

　戦後の平和維持機構・国際連合はもっぱら大戦時の連合国の手によって創設された（ちなみに，「国際連合」（the United Nations）という名称は実は「連合国」（united nations）の呼称をそのまま取り継いだものである）。その連合国は第2次世界大戦発生後の1942年1月，連合国共同宣言（Joint Declaration by United Nations）を発し，今次の大戦を勝ち抜くことが「生命，自由，独立および宗教的自由を守り，また人権と正義を擁護するために不可欠である」とし，わけてもこの戦争は「ヒットラー主義（Hitlerism）に対する勝利の闘い」であると位置づけた。つまり，今次大戦は人権擁護のための闘いでもあるというのである。

こうした経緯の下につくられた国連であるので，人権の国際的保護がその目的の1つとされたことはむしろ当然の帰結である。国連の目的を定めた憲章第1条は，「人種，性，言語又は宗教による差別なくすべての者のために人権及び基本的自由を尊重する」ことを謳い（同条3），また憲章は随所で人権の尊重を訴える規定を設けている（前文，1条，13条，55条，56条，62条，68条，73条，76条等）。この規定ぶりは，人権擁護の観念を欠落させた，戦前の国際連盟規約とは好対照をみせている。

　他方，国連の目的の第一に挙げられるのは，何より「平和の維持」である（憲章1条1）。その国連が同時に人権の尊重を重視するのは，その創設の経緯が物語るように，1つの思想に立脚しているからである。すなわち，「平和の維持」と「人権の尊重」は不可分の関係にあるとの考え方である。「平和」のないところに「人権」はなく，「人権」のないところに「平和」はなし，との思想である。世界人権宣言の冒頭（前文）の一節，「人類社会のすべての構成員の固有の尊厳と平等で譲ることのできない権利を承認することは，世界における自由，正義および平和の基礎である」，との一文がこれを示している。

② 国際人権章典の作成

(1) 世界人権宣言の意義

　国連憲章は人権の尊重を重視するものの，その規定は何ぶんにも抽象的・概括的でしかない。どのような人権をどこまで保障すべきか，その具体性を欠いている。そのため，憲章は「人権の伸長に関する委員会」を特別に設けて，この委員会に人権保護の具体的進展を託することとした（68条）。1946年，経済社会理事会（経社理）の

下に設置された人権委員会（Commission on Human Rights）がこれである（なお，この委員会は，2006年，国連総会の下におかれた人権理事会（Human Rights Council）として改組・強化された）。人権委員会に託された第一の課題は国際人権章典の起草である。国際的先例をもたないこの作業は難題である。委員会はまず，各国の共通目標としての人権基準を明らかにする宣言（人権宣言）を公布し，次にそれを実現するための人権条約を作成する，との2段階の方策で課題に取り組むこととした。

こうしてまず最初に世界人権宣言（Universal Declaration of Human Rights）が1948年，国連総会で採択された。これは，各国の努力目標としての人権基準を宣明したものであり，宣言自体は国連加盟国を法的に拘束するものではない。30ヵ条からなるこの宣言は，大まかに分けると，第1条から21条まではいわゆる自由権と呼ばれるカテゴリーの人権，すなわち国家の干渉や制約が排除されるべき種類の人権を定めている（差別の禁止，拷問・苦役の禁止，思想・信教の自由，表現の自由等）。自由権は，歴史的には専制政治と闘う西欧の市民革命をとおして人々が勝ち取ったものである。第22条から27条は社会権，すなわち国家の積極的な施策の下に人びとが享受する権利を定めている（社会保障の権利，労働の権利，教育の権利等）。社会権の主張は，自由主義体制，資本主義体制の下で生じる階層化のひずみを是正する意味合いをもつ。最後の3ヵ条（28～30条）は，人権の享受に伴って生ずる社会的責任に関する一般規定である。

世界人権宣言は，それ自身法的拘束力をもたないものとして採択されたが，しかし，そのうちの多くの規定は今日では人権に関する一般国際法として受容されたものと解されている。また，戦後の多くの新興独立諸国は，これを自国の憲法規定のなかに取り容れてお

り，さらに，戦後の多くの人権条約の共通の立法指針を提供するなど，大きな役割を演ずるものであった。

(2) 国際人権規約の採択

人権委員会の次の課題は，世界人権宣言に基礎をおく人権条約を作成することである。しかし，この法制化の作業は難航した。東西冷戦が進行するなか，両陣営の人権観の相克がこれに拍車をかけた。自由権こそが人権体系の本丸に据えられるべきであるとする西側諸国に対し，社会権の保障があってこその自由権であるとする東側諸国との対立は容易には解消されず，また，自由権と社会権とではその実現のため実施制度に差異を設けざるをえないこともあり，結局，それぞれを２つの条約に分けて規定することとなった。「経済的，社会的及び文化的権利に関する国際規約」（以下，「社会権規約」という。なお，Ａ規約とも呼ばれる）と，「市民的及び政治的権利に関する国際規約」（以下，「自由権規約」という。Ｂ規約とも呼ばれる）である。両規約を合わせて，ほぼ世界人権宣言に対応する。２つの規約はともに1966年，国連総会で採択された（わが国は両規約発効後の1978年に締約国となった）。

以上の３つの人権文書，すなわち世界人権宣言，社会権規約および自由権規約を合わせて一般に国際人権章典（International Bill of Rights）といわれる。今日の国際人権法の中核をなすものであって，あとに述べる他の人権諸条約（拷問禁止条約，女性差別撤廃条約等）はこの人権章典に典拠し，また，これを補完するものとなっている。なお，自由権規約には，それを補強するための２つの選択議定書がつくられている。個人通報制度に関する第一選択議定書（1966年）と死刑廃止に関する第二選択議定書（1989年）である（わが国は現在，いずれの議定書にも加入していない）。

(3) 国際人権規約の構造

(i) 共通第1条の自決権

社会権規約，自由権規約はそれぞれ5部，6部の構成となっている。ここで概要の説明を要するのは，ともに最初の4部である。第1部は，両規約共通の第1条，「人民の自決権」に関する1ヵ条の規定である。植民地支配の存在など，自決権が否定された状況下では，どのような人権保障も空虚な飾り文句でしかないので，この観点から自決権の重要性を特記したものである。

(ii) 両規約の人権実現義務の方策

第2部は，人権実現のための締約国の一般的義務を定めたものである。社会権規約でとくに注目されるのは，この権利の実現を「漸進的に（progressively）に達成する」ものとしたことである（2条1）。すなわち，一挙に実現する必要はなく，将来に向けて徐々に達成することを求めたものである。社会権の実現には財政措置等の国の積極的施策を必要とするので，とりわけ多くの新興途上国の立場を考慮する必要がある。こうした規定も手伝って，社会権規約は個人の具体的権利を直接に付与したものではない，との見方が広く浸透している。わが国の最高裁も上記の規定（2条1）に言及しつつ，第9条の社会保障の権利は締約国が「右権利の実現に向けて積極的に社会保障政策を推進すべき政治的責任を負うことを宣明したものであって，個人に対し即時に具体的権利を付与すべきことを定めたものではない」としている（塩見事件・最判平元・3・2訟月35巻9号1754頁）。

他方，自由権規約にはこうした漸進的達成というような緩衝装置は設けられていない。自由権は基本的に国家からの干渉の排除をめざすものであるから，国家は規約の加入と同時にその実施の義務を

負うのである。また，規約上の自由権は個人に具体的な権利を直接に付与するものと解されており，したがって，国家によるその違反に対しては締約国の裁判所に直接に救済を求めることができるものとされている。わが国の判例もこれを広く確認している（指紋押捺拒否損害賠償請求事件・大阪高判平6・10・28訟月42巻1号16頁，受刑者接見妨害国家賠償請求事件・徳島地判平8・3・15判時1597号115頁）。

(iii) 人権の実体規定

両規約はともに第3部において締約国が保障すべき人権の内容を具体的に定めている。社会権規約では，労働の権利，社会保障の権利，生活の権利，教育の権利その他が，自由権規約では，生命に対する権利，拷問・強制労働等の禁止，身体の自由，公正な裁判の権利，思想・宗教の自由，表現の自由，集会・結社の自由等が定められている。これらを合わせて，前述のように，世界人権宣言にほぼ対応するが，人権規約は締約国に法的義務を課すものであるため，達成すべき人権の内容・程度をより精緻に規定している（なお，人権宣言にある庇護権，財産権の規定は規約にはなく，他方，規約の自決権，少数者の権利は宣言には存在しない）。

(iv) 履行確保の措置（実施制度）

両規約の第4部は，ともに条約義務の履行確保のための方法，あるいは違反があったときの対処手続について定めている。こうした実施措置を設けることは人権の実現にとって重要である。そうでないと，せっかくの人権条約も絵に描いた餅になりかねないからである。どのような実施方法が設けられているか，この点は他の人権条約（女性差別撤廃条約，子どもの権利条約，欧州人権条約等）の場合を含めて，のちにまとめて考察する（本章IV）。

❶　個別的人権条約

(1)　意義と概要

　以上にみた国際人権章典が国際人権法の中核をなすことはすでに述べたとおりであるが，しかし，これだけで万全な体制が築かれたわけではない。これらが十分にカヴァーしていない特定の人権問題，あるいは，さらに具体的な保障基準を必要とする問題もある。それらは別の条約をもって補強する必要がある。国連は人権章典の起草の前後をとおして，こうした条約をいくつか世に送り出してきた。

　主要なものをいくつか例示すると，ジェノサイド条約（1948年），人身売買等禁止条約（1949年），奴隷制等廃止補足条約（1956年），人種差別撤廃条約（1965年），アパルトヘイト禁止条約（1973年），女性差別撤廃条約（1979年），拷問禁止条約（1984年），子どもの権利条約（1989年），移住労働者権利保護条約（1990年），強制失踪からの保護条約（2006年）などが挙げられる。

　このうちから1つ，女性差別撤廃条約を取り上げると，これは自由権規約の男女平等規定（26条）を前提としたうえで，本条約では平等の「実際的な実現」（practical realization・2条(a)）あるいは「事実上の平等」（_de facto_ equality・4条1），すなわち実生活における事実レベルでの平等の実現をねらったものである。条約や憲法等に定める法の前の男女平等にもかかわらず，実社会にいぜんとしてはびこる不平等に対峙しようとする条約である。定型化された男女の役割分担等の固定観念や習慣を修正すべきものとする規定（5条）はその1つである。なお，わが国は本条約への加入にさいして国籍法

の改正をはかった（1984年）。これ以前の国籍法では子どもの日本国籍の取得は，母ではなく父が日本人であることを要件としてきたため（父系血統主義），本条約の規定（9条2）に合わせて，父母いずれかが日本人であればその子の日本国籍の取得を認める立場（父母両系血統主義）に改めたのである（国籍法2条①）。また，日本が男女雇用機会均等法を制定したのも本条約の批准に合わせたものである。

(2) 人権条約の適用範囲

　これらの条約が定める人権は締約国が個々人に保障するものであるから，基本的に国家対個人という形で適用され，私人相互間（民間組織を含む）で生ずる人権問題にはこれが直接に適用されることはない。その意味で憲法の人権規定が公権力と個人の関係を規律し，私人相互の関係を対象としない，というのと同じ状況にある。それゆえ，私人による人権侵害に対しては，被害者は人権条約を持ち出して裁判に訴えることはできないことになる。国による違反行為ではないからである。もっとも，この点で興味深い裁判例がみられる。外国人入浴拒否事件（2002（平成14）年）である。この事件は，入浴を拒否された外国人が浴場経営者（主たる被告）らを訴えたものである。私人間の事案であるにもかかわらず，札幌地裁が人権条約を相当に重視する判断を下した点が注目される。本件判決の概要は次のとおりである。

　公衆浴場の外国人入浴拒否の措置について，原告らはこれを人種・民族的差別を禁じた憲法や国際条約の違反をなすとするが，「国際人権B規約〔自由権規約・筆者注〕及び人種差別撤廃条約は，国内法としての効力を有するとしても，その規定内容からして，憲法と同様，公権力と個人との関係を規律し，又は，国家の国際責任を規定するものであって，私人相互の間の関係を直接規律するもの

ではない」。しかしながら，私人の行為によって他の私人の基本的
な自由や平等が実際に侵害され，それが社会的許容限度を超えてい
るとみられるときは，民法1条，90条や不法行為等に関する諸規定
によって，そのような侵害を無効ないし違法として私人の利益を保
護すべきである。そのさい，「憲法14条1項，国際人権B規約及び
人種差別撤廃条約は，前記のような私法の諸規定の解釈にあたって
の基準の1つとなりうる」。本件の入浴拒否は，「人種，皮膚の色，
世系又は民族的若しくは種族的出身に基づく区別，制限であると認
められ，憲法14条1項，国際人権B規約26条，人種差別撤廃条約の
趣旨に照らし，私人間においても撤廃されるべき人種差別にあたる
というべきである」（外国人入浴拒否事件・札幌地判平14・11・11判時
1806号84頁）。

　本判決は，人権条約の私人間での直接的な適用性を否認しつつ，
他方，適用される私法の諸規定の解釈において上記諸条約の規定が
重要な判断基準となることを認めたものである。ここでは人権条約
の間接的な適用という形式をとっているが，実質的には相当に重い
効果がこれに付与されたとみることができる。

〔本件の参考文献〕札幌地判平14・11・11判時1806号84頁，『百選〔2〕』
　106頁（中井伊都子），『判例国際法〔2〕』345頁（中坂恵美子），『ジュ
　リ』1246号260頁（佐藤文夫）。

2　地域的人権条約

(1)　意　　義

　国際人権章典（世界人権宣言と両人権規約）を補強するもう1つの
カテゴリーの条約は，地域的人権条約である。上記**1**の個別的人
権条約（女性差別撤廃条約等）はそれぞれ国際社会における普遍的適

用をめざすのであるが，地域的人権条約は，文字どおり，特定の地域の諸国間で実施されるものである。主要なものとしては，欧州人権条約（1950年），米州人権条約（1969年），およびアフリカ人権憲章（バンジュール憲章・1981年）がみられる（アジア地域にはこの種の条約はいまだ存在しない）。これらの条約は，一般的・普遍的条約を毀損しない範囲で各地域諸国の社会的・文化的同質性を活かした人権システムを構築するものであり，さらに，次にみるように，いっそうすすんだ実施制度（とくに人権裁判制度）を設けている点も注目される。ここに地域的人権条約の存在理由がある。

(2) 欧州人権条約体制

人権制度の家元を自負するヨーロッパ諸国は，戦後，早くに欧州人権条約（1950年）を採択した。世界人権宣言から2年後である。これには政治的な思惑があった。東西冷戦が台頭するなか，西側の民主体制の擁護のために，法の支配と人権保障の確立が不可欠と考えられたのである。自由権を中心とした本条約は，その後の多くの議定書によって漸次強化された。たとえば，財産権・教育権等に関する第1議定書（1952年），死刑廃止の第6議定書（1983年），外国人の追放・刑事手続の保障に関する第7議定書（1984年）等である。また，手薄だった社会権については，別途，欧州社会憲章（1961年）を採択した。こうした実体法の発展に劣らず注目されるのは人権裁判所の創設である。

(3) 人権裁判所

人権の番人としての国際的人権裁判所は，現在のところ上にみた地域的レヴェルでの裁判所，すなわち欧州人権裁判所，米州人権裁判所，アフリカ人権裁判所などをみるのみである。世界的レベルでの人権法廷はいまだ日の目をみていない。

上記の地域的裁判所のうち，もっとも先進的な発展を遂げているのは欧州人権裁判所である。この裁判所は，欧州人権条約の締約国政府のみならず，個人にも広く提訴権を認めており（欧州人権条約34条），それが同条約の実効性の向上に大きく寄与しているのである。すなわち，人権侵害の司法的救済を実現しつつ，その判例の蓄積をとおして体系的で実効性のある人権法を発展させているのである。なお，米州およびアフリカ人権裁判所では提訴権をもつのは締約国とそれぞれの人権委員会であるが，ただ後者（アフリカ人権裁判所）では，締約国がそれを受諾する旨の宣言をしている場合には個人の提訴権が認められるものとしている。

Ⅳ　国際人権法の実施制度

❶　人権保障の実現に向けて

　戦後，急成長を遂げた国際人権法の重要な課題の1つは，これをどのようにして効果的に実現するかということである。それぞれの人権条約はその実現のためにどのような実施制度や履行確保の手続を設けているのか，最後にこの点を概観する必要がある。ここではまず各種の人権条約に設けられた実施制度を展望したのち，次に国連が独自にすすめる人権問題の審査手続を概観することとする。

❷　人権条約上の実施制度

　各人権条約は，通常，その条約の管理・運営にあたる独自の機関（人権委員会）を設けている。たとえば，自由権規約委員会，人種差別撤廃委員会，子どもの権利委員会等である。地域的人権条約はさらに人権裁判所を設けていることは先に述べたとおりである。こ

れらの条約機関（委員会，裁判所）は，しばしば実施機関と称され，当該条約の目的の実現にあたるのである。

　条約で設けられる実施制度としては，これまで次の5つのものがみられる。①国家報告制度，②国家通報制度，③個人通報制度，④調査制度，⑤人権裁判制度，である。各条約によって採用される制度に相違がみられるが，2つ以上の制度を併用する例が少なくない。以下，各制度の概要を通観することとする。

③　実施制度の個別的概要

(1)　国家報告制度

　この制度は，当該人権条約の実施のために締約国がとった国内的措置等を実施機関（人権委員会）に定期的に報告することである。この制度はほとんどの人権条約に広く採用されている。自由権規約の場合は，5年ごとに出されるこの報告書は同規約委員会において討議・検討され，改善点を含む総括所見（concluding observations）が提示される。わが国の第1回報告書（1980年）については，アイヌ民族を含む少数者（規約27条）の有無が本委員会で問い質され，その後の政府報告書が当初の立場を変更し，これを認めるという展開があった。

(2)　国家通報制度

　これは他国の人権条約の違反を別の締約国が当該条約の委員会に申し立てる制度である。国家間の争訟という形をとるため，いくつかの条約に制限的に採用されているのが実情である。自由権規約，拷問禁止条約，移住労働者権利保護条約では，これを認める旨の特別の宣言をした締約国相互間でこれが適用されるものとしている（ただし，人種差別撤廃条約ではこうした条件（宣言による承認）を設け

ていない）。制度の存在にもかかわらず，実はその実例をほとんどみ
ないというのが現実である。どの国も他国を訴えるほど余裕綽綽た
る状況にはないことがうかがわれる。また外交関係への配慮という
こともあろう。

(3) 個人通報制度

(i) 制度の概要

　この制度は，人権侵害を被った個人が直接に関係条約の人権委員
会に通報し，その審査を求める手続である。被害者の直接の申立て
を認めるこの制度は，自由権規約，社会権規約，女性差別撤廃条約
のそれぞれの選択議定書によって設けられ，また人種差別撤廃条約
および拷問禁止条約では，これを認める旨の宣言をする締約国につ
いてこれが実施される。すなわち，これらの選択議定書の締約国あ
るいは上記宣言をした「締約国の管轄下にある個人」（自国民のみな
らず滞在する外国人を含む）は，その国の侵害行為を関係条約の委員
会に申し立てることができるのである。本章の 事　例 9 （ジャッジ
事件）は，カナダの自由権規約第6条（生命に対する権利）等の違反
に対して本人ジャッジ（カナダで服役中のアメリカ国民）が同規約委
員会に申し立てたケースである（Roger Judge v. Canada (Communica-
tion No.829/1998), *ILM*, Vol.42 (2003), p.1214）。他方，日本は上記のい
ずれの選択議定書や宣言にも参加していないので，わが国政府の違
反に対しては，どの被害者（国民，外国人）もこの手続に訴えるこ
とはできない。ちなみに，自由権規約の選択議定書には同規約の締
約国の約3分の2が加入している。

(ii) 手続的条件

　被害者がこの手続を利用するためには，いくつかの条件を充たす
必要がある。もっとも重要なのは，国内的救済の手続を完了してい

ること，すなわち，その違反問題について当該国で開かれている救済の手続（裁判等）をすべて尽くしたうえで，なお公正な救済・補償がえられなかったという場合でなければならない，ということである。言い換えれば，国際的手続に訴える前に，まずその国の国内的解決を求めなさいということである。そのほか，その通報（申立て）が明白に根拠を欠く場合，権利濫用とみられる場合，匿名である場合は，当該委員会はこれを受理することはできないものとしている（自由権規約選択議定書2〜5条）。

(iii) 委員会の見解の意義

個人通報が受理されると，自由権規約委員会の場合は，双方の当事者（通報者と締約国）の意見を聴取したのち，委員会としての「見解」（view）をとりまとめる。準司法的手続によるものの，この見解は当事者を法的に拘束するものではない。勧奨的ないし勧告的なものにとどまるが，ただ，これを手掛かりとして友好的な解決が模索されることが期待される。先のジャッジ事件では，委員会の「見解」後，カナダは死刑執行の停止を要請し，アメリカ側もこれに応じたといわれる。

(4) 調 査 制 度

これは十分に信頼のある情報にもとづいて，条約委員会の委員が関係国に赴いて人権侵害の状況を調査するものである。委員会の調査は関係国の同意の下に非公開で行われ，その調査結果は委員会の意見を付して当該国に通知される。この制度は，現在のところ拷問禁止条約（20条）と女性差別撤廃条約選択議定書（8条，9条）にのみ採用されている。

(5) 人権裁判制度

人権裁判所による条約の実施は，その審理手続の公正性，判断

（判決）の拘束性により，もっともすすんだ制度であるが，前述のように，現状では欧州，米州，アフリカ地域の人権条約に採用されているにすぎない（本書249-250頁参照）。世界的規模の人権裁判所の創設は将来の課題である。先の地域的人権裁判所のうち，個人の直接の提訴権を広く認めている欧州人権裁判所は，その判例の発展をとおして欧州人権法体系の形成に重要な役割を担っている。

④　国連による人権の実施制度

⑴　国連の対応

国連は1960年代の半ばまでは，国際人権章典をはじめとする人権立法の促進を優先させてきた。この取組みはその後もつづくが，次第に人権法の実施・実現に重点を振り分けるようになった。60年代半ば以降にはじまるこの傾向は，1993年の国連人権高等弁務官（UNHCHR）の設置，国連における「人権の主流化（mainstreaming）」（重要な優先課題としての位置づけ），さらには人権理事会の創設（2006年）などにみられるように，漸次強化されてきたといえる。

⑵　国連における人権の実施手続

国連がこれまで人権の実施・実現のためにとってきた制度は，次の3つに大別される。①普遍的定期審査，②特別手続，③苦情申立手続，である。

①の普遍的定期審査（Universal Periodic Review：UPR）は，人権理事会の創設に伴って新たに導入された制度である。すべての国連加盟国は，例外なく，自国の人権の履行・実施状況について理事会の定期的審査（4年に1度）に服するというものである。人権の主流化の一環として，また旧人権委員会に対する不評を克服するための，いわば新理事会の目玉業務として導入されたものである。②の特別

手続は，旧委員会のときに採用された国別手続とテーマ別手続をさ
す。前者は人権保護の状況がとくに問題となる国を特定して調査・
監視する制度であり，後者は主題別（拷問，強制失踪等）に調査をす
すめる方式である。最後の③にいう苦情申立手続とは，これも旧委
員会時代の「1503手続」を承継したものであって，大規模かつ一貫
した形態の重大な人権侵害を非公開で審査する制度である（経社理
決議1503（1970年）で採用されたため「1503手続」と呼ばれた）。これら
の国連の手続は，先にみた条約上の実施制度とは別枠のものであっ
て，それぞれが固有の意義をもつのであるから，両者が相互補完的
に機能することが期待される。

国際法豆知識　人権と文化相対主義

　西洋に生まれた人権思想は，人権の普遍性を基調とする（universalism）。
つまり，それは人が生まれながらにしてもつ不可譲の権利であるので，
人の生まれ育った社会環境の相違に関係なく，すべての人に等しく保障
されるべきものである。国連憲章，世界人権宣言あるいは国際人権規約
に謳われた人権は，基本的にこのような普遍主義に立脚するものと解さ
れる。

　他方，このような普遍的人権観念は一定の前提条件の下に理解される
べきである，とする見方がある。すなわち，人びとの人権は各民族社会
の文化的一体性のなかで成熟するのであるから，人権保障の義務は各国
の文化・社会的伝統と調和する限度で認められるべきであるとする，い
わゆる文化相対主義（cultural relativism）の主張である。この主張は，主と
してアジア，アフリカあるいはイスラム諸国にみられる。たとえば，イ
ンドのカースト制やイスラム諸国のシャリア法などを考えると，これを
西欧的人権観のなかに合理的に融合させることは容易なことではない。

著名な人権法学者シェスタック（J. J. Shestack）は，文化相対主義は
「文化的理由にもとづいて人権の濫用を正当化する概念」であるとして，
その有効性を否定する。しかしながら，理論的に否認することによって
問題が直ちに解決するわけではない。現に，多くのイスラム諸国は，た
とえば女性差別撤廃条約に対してはシャリア法の優先を留保したうえで
批准しているのである。これは，別言すれば，文化相対主義の実践的主
張にほかならない。この留保に対しては，他方において，多くの西洋諸
国は条約の目的と両立しないとして異議を唱えている。この異議の表明
はもっともではあるものの，イスラム諸国の側からすれば，幾世紀にも
わたる伝統を一朝にして払拭しうるわけでもない。結局は，条約制度に
参加したうえで，時間をかけて漸進的な融合策をはかるほかはないので
はなかろうか。

　1993年の世界人権会議では，この問題が議論された。採択された
ウィーン宣言は，すべての人権の普遍性・不可分性を確認したうえで，
「国家的および地域的特殊性，ならびにさまざまの歴史的，文化的およ
び宗教的背景の重要性を考慮に入れなければならないが，すべての人権
および基本的自由の促進および保護をはかることは，政治的，経済的お
よび文化的体制のいかんを問わず，国の義務である」とした（5項）。
ここでは，各国の文化的特性・伝統等は考慮事項とはされているが，人
権の普遍性に重点がおかれていることは否定できない。この規定内容は
また，人権の保護は「国際社会の正統な関心事項」（legitimate concern of
the international community）である，とする直前の第4項の規定と合わせて
読む必要がある。

第10章

外交・領事関係法

本章の検討課題

　国際社会の緊密化により，主権国家間の距離はますます縮まっている。政治的影響の増大，経済的依存の強化，文化科学交流の重要性等，あらゆる面で国際的影響力が勢いを増している。国際交流の拡大はまた，不可避的に国家間の軋れきを生むことにもなる。こうした交流の促進や，あるいは軋れきの解消にあたる常設的な国の機関が当然必要となる。外交使節団や領事機関はそのための重要な役割を担っている。

　とりわけ，外交使節およびその他の外交官は本国（派遣国）を代表して派遣先の国（接受国）とさまざまな折衝を行う機関である。交通・通信手段の発達により，今日では本国政府との連絡は瞬時に可能になったとはいえ，その役割はなお重要である。国際司法裁判所は，次にみる在テヘラン米国大使館事件（以下，「テヘラン事件」と略称）において，外交使節制度は「数世紀の検証に耐え，国際社会における効果的協力のために，また諸国家の憲法・社会体制の相違にもかかわらず，相互理解の達成と紛争の平和的解決に不可欠の仕組みであることを証明した」という（*ICJ Reports 1979*, p.19, para.39）。

　外交使節，領事の制度はともに旧い歴史をもつ。本章では，それらの発展過程，任務，特権等について概説する。両者の異同をわかりやすくするため，なるべくこれを対比する形で説明することとする。

事例10 1979年，イランの反体制運動の高まりとともに，親米路線をとってきたパーレビ国王は国外に逃れ，入れ替わって，パリ亡命中の最高宗教指導者ホメイニ師が政治の実権を握った。イランは，病気治療のためアメリカに入国した前国王の引渡しを求めたが，アメリカがこれを拒否したことから両国の緊張が高まった。同年11月，在テヘラン米国大使館が過激派学生集団によって占拠され，館内の大使館職員および領事部の職員の多数が人質にとられた。アメリカ政府は再三にわたって大使館員の救出と大使館の保護を要請したが，イラン政府は何らの措置もとらなかった。そればかりか，ホメイニ師は学生集団の占拠行動を支持・是認する態度をとった。同年12月，国連安保理は人質の即時解放を求める決議（457）を採択したが，イランの受け容れるところではなかった。

　これに先立つ同年11月29日，アメリカは本件を国際司法裁判所に提訴した。その請求訴状（Application）は，イランの行動は外交・領事関係の2つのウィーン条約の違反を構成すること，同国は大使館職員を即時に解放し，また大使館の占拠を即時に解除する義務があること，アメリカが被った損害について賠償の義務があること，などを申し立てた。提訴と同時に，アメリカは職員解放のための仮保全措置を申請した（これは本案判決があるまで当事国の権利の保全のために裁判所が命ずる暫定的措置）。これを認める仮保全命令が同年12月15日に出されたが，イランがこれに応ずる姿勢をみせなかったため，翌80年1月，アメリカは対イラン経済制裁の決議案を安保理に提出した。10ヵ国の多数の賛成をえたものの，旧ソ連（常任理事国）の拒否権によって採択が阻まれた。

　アメリカが本件裁判管轄権の基礎としたのは，主たるものは前述の2つのウィーン条約の選択議定書（ウィーン条約の紛争を国際司法裁判所に付

託するための議定書）である。イランは本件提訴に対し，米国大使館は長年にわたってイランへの内政干渉等の違法行為をつづけてきたとしつつ，裁判を拒む趣旨から出廷を拒否した。なお，一方の当事国の欠席があるときでも，管轄権の根拠が認められるときは，裁判所は裁判審理をすすめることができる（国際司法裁判所規程53条）。

国際司法裁判所・在テヘラン米国大使館事件（1980年）

〔参考文献〕*ICJ Reports 1980,* p.3,『基本判例50〔2〕』114頁（萬歳寛之），『百選〔3〕』130頁（湯山智之），『判例国際法〔2〕』427頁（山形英郎）。

本件で裁判所は，イランによる種々の国際法上の義務違反を認定した。主な判決内容は本文で随時ふれることとする。

Ⅱ 外交・領事関係の開設

▌ 外交関係の開設

(1) 外交使節制度の発展

常駐外交使節の制度は，13世紀にヴェネチアがイタリアの他の都市国家にこれを派遣したことに起源をもつ。主権国家体制が本格化するウェストファリア会議（1648年）以降は，この制度はヨーロッパの一般的な交流の仕組みとして普及し，19世紀にはラテン・アメリカやアジア諸国にもこれが受け継がれることになった。19世紀の国際法学者ホイートンは，彼自身外交官の経験者でもあったのであるが，「常駐外交使節制度ほど現代文明の進歩を顕著にしるすものはない」，と高い評価を与えている（1836年）。

この制度は，地域・場所を問わず，等しく実施されてきたため，早くから統一性の強い慣習的規則を形成してきた。第2次世界大戦後，これを法典化する作業が国連（国際法委員会）ですすめられ，

1961年，外交関係に関するウィーン条約（以下，「外交関係条約」と略称）が採択された。外交使節関係の業務は，現在はこの条約にのっとって行われている。

(2) 外交関係の開設

外交関係の開設は双方の合意によって行われる（外交関係条約 2条）。この合意は厳密には外交使節（団）の交換を当然に含むものではないが，通常はこの合意に伴って使節の交換が行われる。19世紀には，主権国家は当然に使節を派遣し，また，これを接受する権利を有するとする，いわゆる使節権（right of legation）の観念がしきりに唱えられたが，今日では，その派遣はあくまで双方の合意によるものとされている（「使節権」については263頁の国際法豆知識参照）。またこれは，以前に述べた国家承認の行為に当然に伴う効果でもない。つまり，新国家の誕生に伴って行われる国家承認と使節の交換は制度的にはそれぞれ別のものである。したがって，たとえば近年のコソボ独立を承認（国家承認）したわが国やアメリカが，それによって直ちに同国と常駐使節を交換しなければならないことはないのである。

② 領事関係の開設

(1) 領事制度の発展

領事の派遣制度は中世の十字軍の時代に遡る。十字軍の遠征によって地中海東方（シリア，パレスチナ等）にイタリア，スペイン，フランス等の商業都市の居留地が拓かれた。領事はその商人仲間の長として選任され，紛争の裁定や地方政府との折衝にあたった。これがその後，ヨーロッパ諸国間でも広く採用されるようになったのである。他方，近世における主権国家体制の確立とともに領事の裁

判権は消滅し（ただし，不平等条約と知られるように，アジア・中近東ではこの制度が近代まで残った），また上記の外交使節制度の普及により，政府との交渉権は外交使節の側に移るなど，その役割は縮小を余儀なくされたが，19世紀の国際通商の興隆により領事制度の意義が再認識され，今日に受け継がれているのである。

　領事制度を規律する法（領事関係法）は，伝統的に二国間の領事条約や通商航海条約等の個別協定によってきた（現在でも日米領事条約（1963年）や日英領事条約（1964年）などが存在する）。そのため，外交関係法と比べると，統一的な慣習法の発展に遅れをとることになった。しかしながら，各国間に共通の実務や慣行が蓄積されてきたことも事実であり，これを基礎として，戦後，一般的な条約，領事関係に関するウィーン条約（以下，「領事関係条約」と略称）が採択された（1963年）。その結果，従来の二国間条約とこの一般的条約とが併存することになった。もし二国間条約が異なる取決めを設けているときは，当該締約国のあいだではそれが優先的に適用されるものとした（領事関係条約73条1）。

(2)　領事関係の開設

　領事関係の開設，すなわち双方の領事機関（総領事館，領事館等）の設置は，外交関係と同様，関係国の合意によって行われる。領事の任務は，通常，領事機関によって行われるが，外交使節団によることも認められる（領事関係条約3条）。領事機関は一定の管轄区域をもつ（そのため同じ国の領事館が複数存在することが少なくない）。その設置場所および管轄区域は派遣国が決定できるが，接受国の承認をえる必要がある（同4条2）。

外交使節・領事の任命

▣ 外交使節の任命と使節団の構成

(1) 外交使節の任命

外交使節とは1国の使節団の長をさす。この長の階級は，大使（ambassador），公使（envoy, minister），代理公使（chargé d'affaires）の3種に分けられる。どの階級の使節を交換するかは関係国の合意によって決められるが，今日では大使が一般的となっている。なお派遣形式としては，大使と公使は1国の元首から他国の元首に対して派遣されるのに対し，代理公使は外務大臣に対して派遣される。ただし，いずれの階級であれ，使節としての任務，特権に差異があるわけではない（差異が生ずるのは主として儀礼的場合）。

使節団の長の任命にあたっては，派遣国はその者についてあらかじめ接受国のアグレマン（agrément・同意）をえなければならない。万一，アグレマンがえられなかった場合には，別の人物を選任しなければならない。アグレマンを拒否する場合，接受国は「その理由を示す義務を負わない」（外交関係条約4条2）。もとより，理由を示すことも可能であるが，控えるのが礼儀ということもあろう。

(2) 外交使節団の構成

1国の使節団は，その長と職員で構成される。職員の種類は，外交職員，事務・技術職員および役務職員に分けられる。そのうち外交職員とは，参事官や1等書記官など，外交官としての身分を有する者をいう（外交官とは使節団の長と外交職員をさす）。外交職員は原則として派遣国の国民でなければならない（接受国の国民を任命する場合は，その国の同意を必要とする（外交関係条約8条））。外交職員に

ついてはアグレマンの制度はない。

② 領事の種類と任命

　領事機関は，その長，長以外の領事，その他の職員で構成される。長の種類は，総領事，領事，副領事，代理領事に分けられる（現在では総領事が一般的）。長の任命は，その者の資格，階級，領事管轄区域等を示した派遣国の委任状（commission）の提出を受けて，接受国が認可状（exequatur）を交付することによって行われる。長以外の領事は原則として派遣国が自由に任命することができる（ただし接受国の国民の任命は，その国の同意がないかぎりできない。領事関係条約19条，22条）。

国際法
豆知識

使　節　権

　近代国際法を著した欧米の書物をみると，外交使節の章節では，ほぼ間違いなく「使節権」（droit de légation, right of legation）という用語ないし小見出しが登場する。つまり，どの主権国家も外交使節を派遣し，また接受する権利があるというのである。たとえば18世紀のヴァッテル（スイス）は，国家の相互利益の増進のために各国は国際交流に努める義務があることを強調しつつ，「よって，すべての主権国家は外交使節を派遣し，また接受する権利がある。というのは，彼らは主権者が相互に有する諸問題の処理のために，また主権者が維持すべき交流のために必要な機関だからである」という（1758年）。

　19世紀になると，派遣する権利を「能動的使節権」（droit de légation actif），接受する権利を「受動的使節権」（droit de légation passif）と呼び，これらは国家がともに有する権利であるとした。ボンフィス（フランス）によれば，この2つの権利は「主権国家の属性」であって，これらの

権利の実施はすなわち「主権を行使することであり，また政治的独立を表明することである」（1898年）。

19世紀の欧米諸国が使節権を強調するのは不可解なことではない。彼らは，国際法が適用される自分たちの社会組織を好んで "Family of Nations" と呼んでいた。その意味するところを汲むと，「国際法社会」と訳すことができる。これは国際法の利益の及ばない非文明社会と自分たちの社会を区別する概念である。このように彼ら相互間の関係をことさらに重視するのであるから，その交流の機関としての外交使節が重要視されるのも当然のことといえよう。ローレンス（イギリス）はいう。「国際法社会（family of nations）のどの独立構成国も，外交使節を他国に派遣する完全な権利を有する」と（1895年）。

他方，彼らの強調する「使節権」なるものを仔細に尋ねると，それはいかなる意味での「権利」なのか，釈然としないものがある。つまり，A国からB国への使節派遣の決定はB国の同意を前提とした，いわば国家の一般的権能を述べたものか，あるいは，B国はこれを受け容れなければならない「義務」があるという意味での権利なのか，判然としないのである。そこで，この視点からもう一度当時の文献を調べ直してみると，興味深い意見の隔たりがあぶり出されてくる。要約すると，使節の派遣・接受を法的権利義務の関係としてとらえる立場（ブルンチュリ，グレン等）と，むしろそれを慣例・礼譲にとどまるとする立場（ホイートン，フィリモア等）とが混在しており，20世紀に入ると，後者の見方が有力化するのである（アンツィロッティ，ハーシェイ）。

接受の義務が存在しないとすれば，使節の交換は結局のところ双方の合意によって行うほかはない。かくして，ウィーン外交関係条約（1961年）の作成にあたった国際法委員会は，「頻繁に言及された『使節権』」なる概念も「当事国の合意なしには行使しえないものである以上，本条約でこれに言及すべきものとも思わない」として，あっさりとこの概念に弔鐘を告げるのである。かくして上記条約は，使節団の設置は「相互の同意によって行なう」（2条）としたのである。

Ⅳ 　任　　務

1　外交使節団の任務

　外交使節団の任務は，以前には交渉（négocier），保護（protéger），観察（observer），の３職務に集約されるといわれた（ボンフィス・1898年）。交渉とは派遣国を代表して接受国政府と協議・交渉を行うことであり，保護は自国・自国民の利益を保護することであり，観察とは接受国の諸事情を確認し報告すること（情報の収集）である。外交関係条約は，これらに加えて，接受国との友好・協力の促進を任務のなかに含めている（３条１(e)）。

　これらの任務は合法的に遂行されなければならない。外交関係条約も，その任務の遂行にあたっては「国際法が認める範囲内で」とか，「適法な手段」によってと断っている（３条１(b), (d)）。したがって，自国の利益保護の任にあたるときであっても違法な干渉手段に訴えてはならず，また情報の収集にさいしてもスパイ活動等の違法な方策に頼ることは許されない。もし違法な活動等があったときは，接受国としては後述のペルソナ・ノン・グラータの制度に訴えることができる。

2　領事の任務

　領事の職務は個別条約で詳しく取り決められてきたため，その細目は多岐にわたる（領事関係条約５条）。主なものとしては，派遣国とその国民の利益の保護，経済・文化等の発展と友好の促進，情報の収集，旅券・査証の発給などが挙げられる。領事には本国を代表する地位は与えられていないので，接受国政府との交渉資格は有さ

ない。20世紀前半まで残った，いわゆる領事裁判は今や過去の遺物である。国際司法裁判所のラグラン事件（2001年）では，ドイツ国民ラグランが自国領事と通信・連絡をとる権利（同36条）が与えられないままアメリカでの裁判で死刑判決を受けたことから，アメリカの条約違反が問われたケースである（本書213-214頁参照）。

③　ペルソナ・ノン・グラータ

(1)　本制度の概要

　外交官の違法行為（犯罪を含む）や次にみる外交特権の濫用がある場合などは，接受国はいつでもその者をペルソナ・ノン・グラータ（*persona non grata*・好ましくない人物）として派遣国に通告することができる（その理由を示す義務はない）。その通告を受けた場合，派遣国はその者を本国に召還するか，または，その者の任務を終了させるか，いずれかの措置をとらなければならない（外交関係条約9条1）。もし相当の期間内にこれを履行しなかったときは，接受国はその者を使節団の構成員とみなさないことができる（同9条2）。つまり私人扱いの身分となってしまうので，派遣国としては結局この措置をとらざるをえなくなる。外交官は身体の不可侵権あるいは裁判権の免除の特権をもっているので，ほとんどの場合，この通告が唯一のとりうる措置となる。ただし，きわめて重大・悪質な行為があるときは，最後の手段として外交関係の断絶の措置をとることができる。1984年，ロンドンのリビア大使館から市民デモ隊に向けて発砲事件（死者発生）があったさい，イギリスはリビアとの外交関係の断絶の措置をとった。

(2)　テヘラン事件での評価

　事　例10のテヘラン事件で国際司法裁判所は，このペルソナ・

ノン・グラータの制度は外交特権の濫用等に対して「きわめて効果的」に機能してきたという。その意味で外交関係法は一方において任務・特権等の実体法の諸規則を内包しつつ，他方でその違反・濫用に対処する規則をも備える，いわば「自己完結制度」をなしているとする。しかるに，本件でのイランの行動をみると，この法制度をまったく無視して大使館を占拠し，外交官を人質にとるといった重大な侵害行為に出たことは，「人類が数世紀にわたって慎重に構築してきたこの法体系を毀損せずにはおかない」事態であるとして，裁判所はイランの行動を厳しく非難した（*ICJ Reports 1980*, pp.37-43, paras.80-92）。なお，*ペルソナ・ノン・グラータの制度は，領事関係条約にも採用されている（23条）。

Ⅴ 特権と免除

❶ 外交使節団の特権と免除

(1) 外交特権の概要

外交使節団の公館（大使館等）および職員にはさまざまな特権（privilege）や免除（immunity）が与えられている。ここでは，これらを外交特権と総称する。公館・公文書の不可侵，公館・外交官の課税の免除，移動・通信の自由，外交官の身体の不可侵，裁判権の免除等である（特権の根拠については❸参照）。以下ではとくに注目される特権を3点取り上げて，その意味を概説することとする。

(ⅰ) 公館の不可侵

大使館等の公館はその敷地を含めて不可侵とされ，接受国の官吏は使節団の長の同意なしに立ち入ることはできない。また私人グループ等による公館への侵入・破壊があるときは，接受国はこれを

防止するための「特別の責務」を負う（外交関係条約22条2）。
事例10のテヘラン事件では，大使館占拠の学生集団が少なくとも占拠当初の段階ではイランの国家機関の行動とみなしうる性格はなかったとしても，イラン政府がこれに何らの防止策もとらなかったことは，「そのこと自体イランの義務の明白かつ重大な違反を構成する」とした（*ICJ Reports 1980,* p.32, paras.66-67）。

公館の不可侵を心得つつ，犯罪人を含む私人が逃げ込むことがしばしばある。国際司法裁判所のコロンビア＝ペルーの庇護事件（1950年）は，在リマ（ペルー）のコロンビア大使館が逃げ込んだ軍事クーデターの首謀者を庇護したものである。裁判所は，他国の領域主権の下にある外国公館による庇護の供与はその領域国の主権の侵害を構成するとして，いわゆる外交的庇護権の一般国際法上の存在を否定した（これについては**第8章**の国際法豆知識（231頁）参照）。

緊急時の立入り，たとえば火災や伝染病の発生等の場合における官吏の立入りの可否については解釈の対立がある。領事関係条約は，そのような場合は「長の同意があったものとみなす」（31条2）とするのに対し，外交関係条約ではこのみなし規定がなく，この点に沈黙している。このことから，外交公館への立入りはいっさい不可とする解釈（絶対的禁止）が有力である。しかしながら，都市の密集地域にある大使館などを考えると，このような形式的解釈ははなはだ合理性を欠く。みなし規定の不存在は，絶対的禁止のためというよりは，それをおくことによる安易な立入りをおそれてのこととも解される。市民利益を度外視した，このような解釈は，今日斥けられた外交特権の治外法権説（**❸**参照）の擬制を蘇生させないかぎり，その正当化は困難であろうと思われる。もっとも，緊急時といっても，その深刻性の度合は多様であるので，この点には十分注意する

必要がある。

（ii）身体の不可侵

外交官の身体は不可侵であるので（外交関係条約29条），たとえ犯罪の容疑があるときでも逮捕・拘禁することはできない。したがって，テヘラン事件での長期の人質行為は「第29条の継続的違反」を構成するのである（*ICJ Reports 1980*, p.36, para.77）。ただ，犯罪の防止等のため緊急不可欠であるときは，一時的に拘束することは妨げられない。

（iii）裁判権の免除

外交官は接受国の刑事裁判権から全面的に免除される（外交関係条約31条1）。これは，任務遂行中の行為か否かを問わない，絶対的な免除である。外交官の犯罪行為がある場合，接受国としてできることは，先にみたペルソナ・ノン・グラータの通告のみである。善し悪しを別として，これが旧くからつづく実定規則である。民事・行政裁判権については，個人の不動産や相続に関する訴訟などを除いて免除される。なお，これらの免除は接受国の裁判権からの免除であって，本国の裁判権を免ずるものではない（同31条4）。

他方，派遣国はこれらの裁判権の免除を放棄することができる。この放棄は外交官個人ではなく，あくまで本国の決定による。特権は個人的利益のためではなく，使節団の任務の効率的遂行のために認められるものだからである。なお，この免除の放棄は判決の執行の免除まで放棄するものではない。後者の放棄のためには，改めてその放棄の決定を必要とする（同32条4）。

（2）外交特権の享有範囲

（i）時間的範囲

外交官の特権の享有は，赴任のため接受国の領域に入ったときに

始まり，また任務終了後は，その国を去るとき，または去るのに要する相当の期間が経過したときに消滅する（外交関係条約39条1，2）。したがって，特権の享有期間は就任期間より長いことになる。また特権の消滅後であっても，任務遂行中の行為（私的行為を含まない）については，裁判権の免除が引きつづき存続する（同39条2）。

(ii) 人 的 範 囲

外交官の家族は，接受国の国民でない場合は外交官と同様の特権と免除を有する（同37条1）。また事務・技術職員とその家族も，接受国の国民でないときは，外交官の特権に近い特権が認められる（同37条2）。

2 領事の特権と免除

(1) 近代における領事の地位

領事の地位を歴史的に振り返ると，19世紀の段階では，欧米諸国相互間に派遣される領事と，これら諸国がアジア・中近東の非キリスト教国に送る領事とでは，その任務も特権もかなりの差異があった（後者では領事裁判権も付与された）。当時のフィリモアによれば，前者においては領事は国家を代表する資格をもたず，ただ自国民の通商の権利を見守るだけであるから特段の特権を有するものではなかったのに対し，後者についてみると中近東に派遣される領事は「きわめて異なる地位」をもち，「外交代表の一般的性格」を保持していたという（1855年）。このことは，当時，日本に派遣されたアメリカの総領事ハリス（T. Harris）が日米修好通商条約（1858（安政5）年）の締結のために江戸城に参内して幕府と交渉にあたった事実を想起すればわかりやすいであろう。このような地位の違いが領事関係法の統一的な発展を妨げた最大の要因である。

(2) 領事関係条約の取扱い

　1963年の領事関係条約は，領事，領事機関（総領事館等）にかなり広い特権と免除を認めているが，当然のことながら，総じて外交特権よりは制限的となっている。外交使節のように国を代表する地位も，政府と交渉する資格も有しておらず，また政治的に重要な問題に関与する役割も与えられていないからである。どの程度に制限的か，2，3例示することとしよう。

　まず裁判権の免除については，外交官の場合は刑事裁判権からの絶対的免除が与えられているが，領事の場合の免除は，「領事任務の遂行に当たって行った行為」に限定される（領事関係条約43条1）。つまり，外交官と違って，任務外の私的行為については免除されないのである。また身体の不可侵についても，「重大な犯罪」について「司法当局の決定」があるときは別とされている（同41条1）。さらに，領事公館の不可侵については，前述のように，緊急時の立入りについては「長の同意があったものとみなす」ことが明記されているが，外交公館についてはこの明示規定が欠落している。もっとも，このことから外交公館の立入りの絶対的禁止という結論を軽々に推論すべきではないことはすでに指摘したところである（268頁）。

③　外交特権の根拠

　外交官には広い特権と免除が与えられている。なぜ特権か，その理由についてはこれまでいくつかの見方が唱えられてきた。①治外法権説，②代表説，③職務説，などである。①の治外法権説（extraterritoriality theory）とは，外交使節は接受国の領域内にありながら法的には領域外の存在と擬制するものである。この見方は17世紀に遡ってみられる，もっとも旧い説である。しかし，法的擬制

とはいえ，この見方は近代の国家主権の観念とあい容れないため，19世紀後半にはほぼ完全に否定されるようになった。

　②の代表説（representative theory）は，外交使節は派遣国とその元首の威厳を代表するので，それ相応の特権的地位が認められなければならないとするものであって，18世紀以来，広く支持されてきた。③の職務説（functional necessity theory）は，文字どおり，その任務の効果的な遂行のために必要であるからとするものである。この説は，19世紀から今日にいたるまで，もっとも支配的な立場となっている。外交関係条約も，「このような特権及び免除の目的が，個人に利益を与えることにあるのではなく，国を代表する外交使節団の任務の能率的な遂行を確保することにある」（前文）として，職務説を強調している。

　しかしながら，一歩立ち入って考察すると，実際に付与されている特権・免除のすべてが職務説にのっとったものかというと，否と答えざるをえない。たとえば，任務遂行中の行為か否かを問わず認められる刑事裁判権の絶対的免除は，職務説ではどうみても説明は困難である。また外交官の家族や事務・技術職員の家族に認められる広い特権と免除も，職務説，代表説のいずれによってもその解題は容易なことではない。このことは，個々の特権と免除がいずれかの根拠理論に直接に由来するものというよりは，むしろこれとは無関係に，旧くからの慣行がそのまま居残ったことを示すものとみるべきであろう。

第11章

国家責任法

本章の検討課題

　国家責任法（law of State responsibility）というと少し堅苦しく聞こえるかもしれないが，つまりは国家の国際法違反が問われる場合に，その違反の有無を決める規準と，違反が認定されるときの償い（賠償）の方法を定める法である。実は第1章の冒頭でコルフ海峡事件（ 事　例1 ）を紹介したさい，国際司法裁判所が当事国イギリスとアルバニアにどのような違法行為を認定し，いかなる償いを命じたか，国際法の実態的機能をみる観点から国家責任法の一端を垣間みた。本章では，この法制度をより体系的にみることとする。

　国家責任法は，沿革的には外国人の処遇のあり方をめぐって発展してきた。19世紀の対外通商の拡大，これに伴う欧米人の海外進出の拡張とともに，とりわけ欧米先進国と他の諸国とのあいだに外国人の地位や取扱いをめぐるトラブルが頻発するようになった。そのためのルールづくりの整備という形で国家責任法の本格的な発展がはじまるのである。1930年のハーグ国際法法典化会議（国際連盟主催）で，「外国人の身体・財産に対する損害の国家責任」がテーマの1つとされたのは，それまでのこの法の発展を成文化しようとしたものである（条約の採択には失敗）。もちろん，国家による国際義務の違反という場合，外国人の取扱いだけではなく，たとえば不干渉義務の違反，領土侵犯，海上通航権の侵害，環境損害，

人権侵害，違法な武力行使など，さまざまな違反がある。本章でみる国家責任法は，これらすべての場合を対象とする法規則である。

　第2次世界大戦後，慣習法として発展してきた国家責任法を成文化する条約案が，長期の検討を経て国連国際法委員会（ILC）でまとめ上げられた（2001年）。「国家責任条文」と呼ばれており，法的拘束力をもつ条約とはされていないものの，現代の国家責任法を集大成したものとして，国際裁判での現実の活用をはじめとしてその権威が広く認められている。本書でも，これを基本資料として国家責任法を概説することとする。

　具体的に検討する項目は，違法行為が成立するための要件，違法性が免ぜられる違法性阻却事由，違反国に対する国際的請求の手続，違法行為を償うための救済の方法，である。なお，本章で ILC の「国家責任条文」の規定を引用するときは，本条文名を省略する。

Ⅰ　事例の紹介

事　例 11　ハンガリーとチェコスロヴァキアは，1977年，ダニューヴ河の水力発電用ダム建設と航路整備のための条約を締結した（本条約は旧チェコスロヴァキアによって締結されたが，同国は1993年，チェコとスロヴァキアの2ヵ国に分裂し，条約はスロヴァキアによって承継された）。この条約の共同事業計画はダニューヴ河の水流の相当量を転流させることになるため，ハンガリーは周辺地域の生態系を含む環境への影響を懸念し，1989年には工事の中止を決定するとともに，チェコスロヴァキア側に条約の修正を申し入れた。ハンガリーはダム建設の中止を正当化する理由とし

て，生態系への危険という緊急避難（緊急状態）を援用した。他方，チェコスロヴァキアはハンガリー側の工事の中止に対処するため，1977年条約に根拠をもたない「ヴァリアントＣ」と呼ばれる工事計画を一方的に実施し，ダニューヴ河の水の相当量を自国に転流する措置をとった（1991〜92年）。同国は，この措置はハンガリー側の条約義務の不履行（建設工事の中止）に対する対抗措置として正当化されるものと主張した。

　一方，このヴァリアントＣの実施にかんがみて，ハンガリーは，1992年，1977年条約の終了通告を正式に行った。これを正当化するために，ハンガリーはいくつかの条約の終了事由を援用した。後発的履行不能（条約法条約61条），事情変更の原則（同62条），条約の重大な違反（同60条）である。また，これとは別に，ハンガリーは1993年1月1日における一方の条約当事国の消滅（チェコスロヴァキアの分裂）により，1977年条約は終了したと主張した。ハンガリーは1978年の条約承継条約を批准しておらず，また，国家の分裂のさいの条約の「自動的承継」を定めた同承継条約第34条の規定は慣習国際法の規則とはなっていないので，これが，1977年条約に適用されることもないとした。このように，本件では緊急避難や対抗措置などの違法性阻却事由が認められるか，またハンガリーによる1977年条約の一方的終了通告は是認されるかどうか，などが大きな争点となった。

　　　国際司法裁判所・ガブチコボ・ナジュマロシュ計画事件（1997年）

〔参考文献〕*ICJ Reports 1997*, p.7,『基本判例50〔2〕』118頁（岩月直樹），『百選〔3〕』136頁（大森正仁），『判例国際法〔2〕』417頁（坂元茂樹），『国際法外交雑誌』第99巻1号57頁（酒井啓亘），『世界法年報』第19号（2000年，世界法学会発行）98頁（河野真理子）。

　本件では国家責任に関するいくつか重要な問題が争点となった。それらの争点に関する裁判所の判断は，本文で随時取り上げる。

II　国際違法行為の成立要件

❶　国家責任条文における成立要件

　国際法上の義務（国際義務）に違反する行為を一般に国際違法行為というが，これが成立するのはどのような場合か，国家責任条文（国際違法行為に対する国家責任に関する条文）は次の2つの要件が認められることを条件とした。①その行為が「国家」の行為とみなされること（行為の国家への帰属・主体的要件），②その行為が国際法上の「義務」（国際義務）に違反すること（客観的要件），である（2条）。以下，これをもう少し具体的に検討することとするが，講学上の考慮から，ここでは①，②の順序を変えて解説する。

(1)　国際義務の違反——客観的要件

　国家が国際法上負う義務は，必ずしも一律ではない。慣習国際法上の義務は共通するが，条約上の義務は当然のことながら締約国か否かによって異なる。いずれの法源であれ，その国に課された義務に違反することが，違法行為の成立の第一の要件である。義務に違反するということは，その行動が法の要求に正しく応えないこと，すなわち，法が求める行動（作為・不作為）に背く所為をとることである。たとえば，法的に禁止された武力的行動をとるとか，条約で必要とされる立法措置（国内法の制定）を怠るなどの場合である。なお，義務違反の認定にあたっては，**第4章**で述べた国内法援用禁止原則が適用される（78頁）。すなわち，義務違反を正当化する根拠として自国の国内法を引き合いに出すことは許されないということである（32条）。

(2) 義務違反行為の国家への帰属──主体的要件

　次に，義務違反の行為が当該国家の行為と認められなければならない。というのは，国家は私人や民間の行為については原則として責任を負わないからである。にもかかわらず，状況のいかんによっては，私人の行為が国家の行為とみなされることがあったり（下の(ii)），国家の行為とはみなされないにもかかわらず，私人の行為を契機に国家の責任が問われることもあるので（次の**2**），この問題は十分に論点を整理してとらえる必要がある。

　(i)　国家機関の行為

　およそ国家機関の行為は，それが行政，立法，司法のいずれの機関であれ，国の行為とみなされる。下級機関の行為であっても，それが然るべき期間に上級機関によって取り消されないときは，国の行為となる。一般には行政機関の行為が問題となることが多いが，しかし立法機関であっても，たとえば条約と抵触する法律の制定とか，必要な立法を怠るときに違法行為が発生する。**第4章**でみたアメリカ合衆国の PLO 事件（**事　例4**）はその一例である。

　司法機関（裁判所）による違法行為は一般に裁判拒否（denial of justice）といい，外国人の訴えを受理しないとか（狭義の裁判拒否），受理しても手続が著しく差別的であるとか，他の判例と比べて明白に不当な判決という場合も，これに含まれるものとされている（広義の裁判拒否）。

　(ii)　私人の行為の国家への帰属

　私人ないし私人グループの行為でありながら，それが国の行為とみなされることがある。主なものとしては，①国の指揮・命令の下に行動する私人の行為と，②国が私人の行為を自国の行為として是認する場合である。①は私人が現実に国の指揮下に行動する場合で

あって，事実上，国の機関と同等視される状況にあるときである。国際司法裁判所によれば，その基準は国家が私人に対して「実効的な支配」（effective control）を及ぼしているときである（ニカラグア事件・*ICJ Reports 1986*, pp.64-65, para.115）。

②の場合，すなわち国家が私人の行為を自国の行為として承認する場合であるが，その例は前章の 事 例 10 （テヘラン事件）にみられる。本件は在テヘラン合衆国大使館が学生集団（私人グループ）によって占拠された事件であって，国際司法裁判所は，占拠後のある段階から，イラン政府がこの行動を支持する態度をとったことにより，彼らの行動は国家の行為に「変質した」とした（*ICJ Reports 1980*, p.35, para.74）。したがって，この段階以降の彼らの行動は，イランによるウィーン外交関係条約第22条1項その他の違反を構成することになる（これ以前の私人としての行為のときは，イランの対応は第22条2項の違反をなすとされた）。

(iii) 過失等の要件性

わが国の民法は，「故意又は過失によって他人の権利又は法律上保護される利益を侵害した者は，これによって生じた損害を賠償する責任を負う」（709条）として，故意・過失を不法行為責任の成立要件としている。国際法においても，グロティウス（17世紀）がこれを要件として以来，過失責任論が有力に説かれてきた。ここでの問題は，上にみた2つの要件（国際義務の違反と行為の国家への帰属）のほかに，故意や過失といった主観的要件がさらに必要かどうかということである。前述のように，これを肯定する意見（過失責任主義）が以前には有力であったが，20世紀に入ると，この立場はやや非現実的であるとの認識が高まり（他国の行動や決定のプロセスに関する過失の立証は困難），これを要件としない立場（客観責任主義）が

むしろ有力化した。先の国家責任条文も基本的にこの立場をとっている。もっとも、これは過失要因がいっさい適用されないということではない。特別の条約でその旨がとくに明記されている場合がそうである（たとえば宇宙損害責任条約3条参照）。

　そのほか、「損害」の発生が違法行為責任の成立条件かどうか、以前から見解の対立がみられるところであるが、これは消極的に解すべきものと考えられる。というのは、具体的な損害は発生しなくても、法の違反を構成する行為はありうることだからである。ただ、この場合は違反の指摘はあるとしても、どの国からも具体的な賠償の請求が出されることはないとみられるので、事実上それが不問に付されることがありうるであろう。

2　私人の行為と相当の注意義務

　先に私人の行為であっても、その状況のいかんによっては、国家の行為とみなされることがあることをみた（本書277頁）。これとは別に、国の行為に帰属しないときでも、つまり、あくまで私人の行為にとどまるにもかかわらず、これを契機に当該国家の国際法上の責任が問われることがある。すなわち、国家が私人の侵害行為を防止するための適当な措置をとらなかったときである。国家は排他的な領域主権を有する代わりとして、自国内に存する外国の権益が侵害されないように確保する一般的な義務を負っている。これを「相当の注意」（due diligence）義務という。これは、侵害防止のために国家がとるべき最善の努力義務である。したがって、もてる資力を最大限に使って防止に努めたにもかかわらず結果的に侵害の発生を防げなかったという場合は、この義務の違反を問われることはない。防止の努力を怠った場合には義務違反の責任が生ずるが、いうまで

もなく，これは私人の行為が国家の行為とみなされるからではなく，あくまで国家に課された相当の注意義務の違反によるものである。

　その実例は**第10章**のテヘラン事件（事　例10）にみられる。合衆国大使館を占拠した学生集団（私人グループ）の行為がイランの行為とみなされる前の段階，すなわち占拠当初の段階でイランがその防止・排除に何らの行動もとらなかったことは，外交関係条約第22条2項の重大な違反を構成するとされた（*ICJ Reports 1980*, p.32, para.67）。この規定は，外国公館の侵害の防止のため接受国は「適当なすべての措置を執る特別の責務（special duty）を有する」とする。これは一般国際法上の相当の注意義務を条約上に置き換えたものである。なお，学生集団の行為が国家（イラン）の行為に変質した第2段階では，その侵害行為は第22条1項の違反となる旨判示されたことはすでに述べたところである（本書278頁）。

Ⅲ　違法性阻却事由——違法の責が免ぜられる場合

1　概　　説

　外形上は違法な行為とみられる場合であっても，一定の理由ないし原因に起因するときは，その違法性がないものとされることがある。それが違法性阻却事由である。わが国の民法も正当防衛（720条Ⅰ）や緊急避難（同条Ⅱ）などに該当する加害行為については，損害賠償の責任を負わないものとしている。国際法においても，違法性を免ずる一定の事由が認められている。国家責任条文はそのような事由として，①同意（相手国の同意），②自衛，③対抗措置，④不可抗力，⑤遭難，⑥緊急避難（緊急状態），を挙げている。最初の3つは，相手国の事前の行為に対応してとられる行動であり，あと

の3つは，客観的な事態の発生に対応する行動である。それらの意味・内容を次に簡潔に検討することとする。

❷　違法性阻却事由の概要

　①の同意（consent）があるときは，通常では違法とされる行為であっても，相手国の事前の同意にもとづくものとして，違法な行為とはみなされない（20条）。たとえば，麻薬取引の疑いのある外国船舶を，旗国（国籍国）の同意をえて公海上で臨検・拿捕する場合などである。また外国の要請を受けて権力的活動に携わる場合もこれに含まれる。ただ，この同意は「有効な同意」（valid consent）でなければならない。つまり，その国の自主的な同意であって，強制されたものであってはならない。②の自衛（self-defence）とは，武力攻撃に対する自国防衛のための自衛権の行使である（21条）。自衛権については，**第12章**で詳述するので，そちらに譲ることとする（330頁以下）。

　③の対抗措置（countermeasure）とは，相手国の側に先行する違法行為がある場合に，これをやめさせるために，みずからも相手国に対する何らかの義務違反の行為をもって対処することである（22条）。これは以前には復仇（reprisal）といわれ，国際法の履行確保のための自助（self-help・自力救済ともいう）の中枢をなすものであった（なお以前の復仇制度の下では武力的対応も許されていたが，今日ではこれを否認する意味を込めて対抗措置と呼ばれている）。対抗措置が正当化されるためには，ⓐ相手国に先行違法行為があること，ⓑその違法行為の中止ないし賠償の請求を提起すること，さらにⓒ自国のとる措置が相手国の違法行為により被った損害と均衡性（proportionality）を保つこと，が必要である。

事　例 11 のガブチコボ事件では，チェコスロヴァキアが1977年条約に反するヴァリアントCを実施したのはハンガリー側の先行する条約不履行に対する対抗措置であると主張されたが，裁判所は，このヴァリアントCはダニューヴ河の水の80から90％を同国に転流するものであって，ハンガリーの義務違反と均衡を保つものではないとした（*ICJ Reports 1997,* pp.55-57, paras.82-87）。

　④の不可抗力（force majeure）とは，抗しがたい事象の発生（自然災害等）によってはからずも他国の権益を侵害せざるをえなかったという場合である（23条）。⑤の遭難（distress）とは，人名の救助のため，やむをえず違法な行為に訴える場合である（24条）。たとえば，急病人の保護のため許可なく外国の領空・空港に侵入することなどである。

　最後の⑥緊急避難（necessity）とは，国家が急迫した危難から自国の不可欠の利益を守るため，やむをえず他国の法益を害する行動に出ることである（25条）。国家責任条文はこれを制限的に認めたが，第2次世界大戦後の国際法学説では，これを否定的に解する見解も少なくなかった。自国の不可欠の権益の擁護のために他国の法益の侵害を是認することが現代国際法の基本理念と合致するものかどうか疑問だからである。しかし，先のガブチコボ事件で国際司法裁判所は，国家責任条文に定式化された緊急避難の規定は「慣習国際法によって承認された違法性の阻却事由」であるとした。そのうえで，ハンガリーによる「生態系上の緊急避難」を理由とする条約不履行の主張は，その要件とりわけ「急迫した危険」の発生という要件を充足していない，としてこの主張を斥けた（*ICJ Reports 1997,* pp.39-46, paras.49-58）。

緊急避難

　上にふれた緊急避難の制度は，永いあいだ国際法上の承認された原則であるとみなされてきた。旧い事例であるが，1807年のデンマーク艦隊引渡要求事件は，本制度の事案としてよく引き合いに出されてきた。この事件は，ナポレオンがデンマークの艦隊を利用してイギリス侵攻を謀ろうとしているとの情報が伝わると，イギリスがこれを阻止するためにデンマーク艦隊のイギリスへの引渡しを要求したところ，デンマーク側がこれを拒否したことから，イギリスは武力に訴えて同艦隊を接収した，というものである。

　このイギリスの行為を正当化するために緊急避難が引き合いに出されるようになったが，厳密にいえば，この当時においては「緊急避難」という特別の法理が確立していたかどうかは疑問である。むしろ，当時，広く受け容れられていた「自己保存権」（right of self-preservation）の一環としてこれが理解されたものとみられる。19世紀の国際法の書物をめくってみると，たとえばイギリスのホール（W. E. Hall）やウォーカー（T. A. Walker）あるいはロシアのマルテンス（F. de Martens）は，本件のイギリスの行動を自己保存権をもって説明しているのである。

　ところが，第1次世界大戦後になると，この自己保存権の危険性が強く指摘・批判されるようになり，第2次世界大戦後はこれが国際法の世界からほぼ完全に放逐される定めとなったため，これまでその一部門を占めてきた自衛権や緊急避難が個別的に自立してゆくのである。ただ，前述のように，緊急避難の制度については，その自立的承認を否定的にとらえる立場が少なくなかった。何よりも，この制度は他国の法益の犠牲において自国の権益を防御するものであって，しかも，この場合の他国は，先の事例のデンマークのように，これを行使する国（イギリス）に対して何ら違法な行為を働いたわけではないのである。いわば，まったく"innocent"（罪のない）な国である。この点で，他国の違法な武力攻撃に対処する「自衛権」とは基本的に性格を異にする。

このような制度が現代国際法において正統性（legitimacy）をもちうるかどうか，慎重な判断を要する。国際法委員会の国家責任条文は，厳格な要件を付してこれを承認したが，厳格な要件を付したとか，例外的な場合に認められるとか，あるいは国内法にも類似の制度が存在する，といった説明は十分に肯定的な理由を与えるものかどうか検討を要する。この制度が，国家主権尊重の原則，国家平等原則あるいは国内問題不干渉義務といった，現代国際法の基本原則とあい容れるものかどうかも危ぶまれる。国際司法裁判所はこの制度を肯定するさい（ガブチコボ事件（ 事 例 11 ）），国際法委員会の条文と解説を引用するのみであって，みずからは何らその慣習法性ないし正統性を論証しようとはしていない。戦後，本原則のたしかな適用例として認められた国家実行ないし実例はほとんど知られていない。その国際法上の位置づけはなお課題を残しているとみられる。

IV 国際請求の提起

❶ 請求手続の区分

　他国の違法行為によって被害を受けた国は，その償いを求めて賠償を請求することになる。通常は外交ルートをとおして相手国に請求することになるが，場合によっては，これを適当な国際機構に持ち込むこともあり，さらには国際司法裁判所に提訴することもある。いずれにしても，その手続は被害主体が誰かによって2つに分けられることに注意しなければならない。すなわち，国家自身の権益が侵害された場合と，海外の自国民が侵害を受けたときである。前者の場合は特段の手続的要件はなく，被害国は直ちに国際的請求を提起することができる。ただし，国際司法裁判所を利用するときは，当該事件に関して裁判管轄権が存在することが前提となる（本書312

頁以下参照）。

　後者の場合，すなわち自国民が受けた損害のときは特別の手続が必要となる。個人は国際法の一般的な主体ではないことから，外国の政府に対して直接に国際的請求を提起しえないものとされてきた。したがって，個人の損害は，本国（国籍国）がそれを自国自身の問題として取り上げたうえで請求の手続をとらなければならないのである。すなわち外交的保護権の行使である。本国が有するこの外交的保護権は，国際法上，一定の要件を充たす場合でないと行使することができない。以下では，その要件と本権利の性格について概説することとする。

②　外交的保護権の行使の要件

(1)　国籍継続の原則

　国家が自国民の救済のために外交的保護権を行使するためには，2つの要件が充たされる必要がある。1つは国籍継続の原則であり，他の1つは国内的救済完了の原則である。まず前者からみると，これは被害者個人が被害を受けたときから本国の外交的保護権が行使されるときまで，継続して当該本国の国籍を保持していなければならないという原則である。言い換えれば，この間，別の国の国籍を取得して，その国の保護権を求めることはできない，ということである。外交的保護の効果的実現をもくろんで国籍の恣意的変更をはかることは好ましいことではない。

　第8章でふれたノッテボーム事件（214頁参照）では，もとドイツ人本人は被害を受ける前からリヒテンシュタインの国籍を取得（帰化）していたが（ただし本人はのちの被害を予見していた），この国と本人とのあいだに真正な連関（結合）がないとして，つまり対外的

にはリヒテンシュタインの国籍は認められないとして，同国の外交的保護権の行使が認められなかったものである。重国籍者については，もっとも密接な結びつきのある国籍国の外交的保護権の行使が認められる（実効的国籍の原則）。国籍国相互間では，以前にはこの権利は行使しえないものとされたが，今日では個人救済の促進という観点から，実効的国籍の原則にもとづいて，本質的な結びつきのある国の側の外交的保護権を認める方向に発展しつつある。

⑵　国内的救済完了の原則

　これは，外国で侵害を被った個人がまずその国で開かれている司法的・行政的救済の手続をすべて尽さなければならない，という原則である（rule of exhaustion of local remedies, local remedies rule）。それでもなお公正な救済がえられなかったときにはじめて本国の外交的保護が認められるのである。通常，最高裁まで争う道が開かれているときは，そこまで尽さなければならない。個人の被害は滞在国で発生したのであるから，まずは当該国の国内的手続で解決されるべきであること（領域主権の要請），また国内的手続で解決されるのであれば，本国の介入が不要となるので，その分，国際紛争（国家間の紛争）の発生が抑制されることになる（国際紛争への転化の防止），という考慮がこの原則には込められているのである。

　他方，この原則は個人に対してかなり重い負担を強いることになる。その負担の緩和という意味合いも込めて，次の場合は国内的救済完了の原則は適用されないものとされている。①その国の法制上，この手続を尽しても救済がえられないことが明白であるとき，②裁判等の手続に本質的な欠陥や不当な遅延があるとき，③条約でこの救済手続が明示的に排除されているとき（投資紛争解決条約26条，宇宙損害責任条約11条等），である。

❸ 外交的保護権の性格

(1) 基本的性格

外交的保護権は，国際法上，国家が有する権利であるとされている。被害を受けた個人が有する権利ではない。のみならず，国家の権利ではあっても義務ではないとされているので，たとえ自国民から外交的保護権の行使の要請があっても，これに応ずる義務はないものとされている。これに応えるかどうかは，国際司法裁判所によれば，本国の「裁量権」（pouvoir discrétionaire）の問題である。したがって，外交的考慮からこれを拒むこともできるのである。このように，外交的保護権は国家的性格を強く温存させているが，しかし，この性格は過度に強調されるべきではない。なぜなら，この外交的保護の制度はもともとは個人（自国民）の保護のために設けられたものだからである。制度の運用にあたっては，この本旨が没却されることがないように留意されるべきであろう。

(2) カルヴォ条項

外交的保護権の性格との関係では，いわゆるカルヴォ条項（Calvo clause）に付言する必要がある。その提唱者（19世紀のアルゼンチンの国際法学者）の名をとるこの条項は，欧米先進国の企業が途上国政府とのあいだに結ぶ経済開発協定のなかに導入される一規定であって，当該協定の実施をめぐる紛争が発生しても，企業の側は本国の外交的保護を求めてはならない，とするものである。問題はこの条項の効力であるが，今日では，本条項は当該協定の実施をめぐる紛争については一定の有効性が認められるとしても，それ以外の国際法違反の問題がある場合（国家の側の裁判拒否等）については本国の外交的保護権の行使を排除することはできないものと解されている。というのは，この権利はあくまで国家の権利であるので，

私人や企業がそれを一方的に放棄することはできないからである。

Ⅴ　違法行為の救済

【1】　国際違法行為と賠償

　違法行為によって他者に被害を与えた者は，相応の償いをしなければならない。これは社会規範としての法が法であるための本質的な要請である。国家責任法は，この償いを賠償（reparation）と呼んでいる。常設国際司法裁判所によれば，「賠償は可能なかぎり違法行為のすべての結果を除去し，その行為がなかったならばおそらく存在したであろう状態を回復するものでなければならない」のである（ホルジョウ工場事件・*PCIJ Series A*, No.17, p.47）。では，具体的にどのような形態の賠償が認められるのであろうか。伝統的に次の３つの形態，すなわち，原状回復，金銭賠償およびサティスファクション，という形式のものが認められてきた。

　なお，この賠償とは別に，違反国は当該違法行為の「中止」と，必要な場合における「再発防止の保障」を行うべき一般的義務があるとされているが（30条），これらは従来は賠償の一形態（サティスファクション）として請求されることもあった。今後も，事案の状況によっては，賠償の一環としてこれらを請求することは妨げられないと解される。以下，上の３つの賠償形態について略述する。

【2】　賠償の形態

（1）　原　状　回　復

　原状回復（restitution）とは，違法行為が行われる前の状態を回復することである（35条）。占拠された大使館の機能を元の状態に戻

すこと（テヘラン事件（事　例 10））），違法に持ち去った古美術品を
返還すること（プレア・ビヘア寺院事件（事　例 7））），外国の外務大
臣に対する違法な逮捕状を回収すること（逮捕状事件），などである。
原状回復が可能なときは，まずこの措置が優先的にとられるべきも
のとされている。

(2)　金 銭 賠 償

　原状回復が不可能なとき，あるいは，それでは十分ではないとき
は，金銭賠償（compensation）が行われる（36条）。コルフ海峡事件
（事　例 1）における機雷爆破された軍艦と乗組員犠牲者に対する
金銭賠償などである。また，原状回復と金銭賠償を併用することも
妨げられない（テヘラン事件等）。金銭賠償の請求例は国際司法裁判
所の事件でもかなり広くみられる。賠償額の算定には当該違法行為
と相当な因果関係にある逸失利益を含むが（36条 2），その算定が複
雑であることから，判決ではとりあえず賠償義務の有無のみを決定
し，具体的な賠償額の算定は，別途，決定するとの方式をとること
も少なくない（コルフ海峡事件，テヘラン事件，ニカラグア事件，ディア
ロ事件等）。

(3)　サティスファクション

　サティスファクション（satisfaction）と呼ばれる賠償形態（37条）
は，主として非物質的・精神的損害に対する救済措置としてとられて
きた（主権の侵害その他）。その具体的形式としては，遺憾の意の
表明，公式の陳謝，判決での特別の違法宣言，などがある。最後の
違法の宣言とは，判決におけるその違法の宣言をもって賠償として
のサティスファクションを構成する，との主意を明示する場合であ
る（コルフ海峡事件，レインボー・ウォーリア号事件（仲裁判決），ジェノ
サイド条約適用事件，ウルグアイ河パルプ工場事件等）。逮捕状事件では，

この違法の宣言（サティスファクション）のみでは違法状態の回復が見込まれないとして，併せて逮捕状の回収（原状回復）が命じられたケースである（*ICJ Reports 2002*, pp.31-32, paras.75-76）。

第12章

国際社会における平和の維持
——国際機構・紛争解決・安全保障

本章の検討課題

　国家間，民族間の戦争や武力衝突は，人類史上，脈々として途絶えることはなかった。戦争の根絶は並大抵のことではないが，他方，これをある程度抑え込むことは不可能なことではない。事実，現代の国際社会はこれに一定程度の成功を収めている。局地的な衝突は折り繁くみられるものの，ここ半世紀以上，大規模な大戦の発生は何とか抑え込んできたといえよう。国際法は近世初頭の誕生以来，絶えずこの戦争問題と対峙してきた。グロティウスの不朽の名著『戦争と平和の法』（1625年）も，30年戦争（ヨーロッパ最後の宗教戦争）を目の当たりに，いかにして戦争の蛮行を抑制・規制すべきか，という思索のなかから誕生したものである。

　しかしながら，人類に宿命的に付きまとってきた戦争は，国際法におけるその違法化，あるいは憲法でのその放棄等に頼るだけで廃絶されうるものではない。ユネスコ憲章のかの有名な一節を思い出してみよう。「戦争は人の心の中で生まれるものであるから，人の心の中に平和のとりでを築かなければならない」（前文）。そうであるなら，人間と戦争との永別は，人間のあらゆる英知を総動員しなければならない。

　この状況を踏まえつつも，国際法が戦争の抑制あるいは平和の維持に直接的かつ重要な責任を負っていることは否定できない。そこで，本章では，この問題にかかわる国際法の諸

制度をまとめて考察することとする。具体的には，国際紛争の平和的解決の仕組みを概説し，次に，不幸にして武力行使の危機にいたった場合の国際的安全保障（集団安全保障体制）を説明する（最後の**第13章**では，武力的戦闘行為に適用される国際法の諸規則，すなわち武力紛争法について概説する）。

　現代国際法におけるこれらの諸制度をみるためには，実は国際連合の制度的仕組みについてひととおりの知識をもつことが不可欠である。というのは，国際紛争の司法的解決を担当する国際司法裁判所，また集団安全保障体制を統括する安全保障理事会，といった枢要な機関の地位や権限等について大方の知識をもつことなしには，上記の検討課題を正しく理解することはできないからである。そこで本章では，まず最初に国連の組織構造について俯瞰し，そのうえで先の課題（紛争の平和的解決，安全保障等）を取り上げることとする。

Ⅰ　事例の紹介

事　例 12　1988年12月，イギリス・スコットランドのロッカビー上空でアメリカのパンナム航空機が爆破され，乗員乗客の全員と地上の住民（11名）計270名が死亡した。英米両国は，1991年12月，リビアに対し爆破被疑者 2 名の引渡しを要求した。しかし，リビアは自国での刑事裁判を主張し，これを拒否した（航空機の安全に対する不法行為防止条約（モントリオール条約）は，いわゆる「引渡しか訴追か」の制度を定めている。3 国とも本条約の締約国）。英米の働きかけを受けた安保理は，1992年 1 月，リビアが英米の要求に直ちに応えるよう要求する決議731を採択した。

　これに対しリビアは，1992年 3 月，英米のモントリオール条約の違反等を訴える訴訟を国際司法裁判所に起こし（裁判管轄権の基礎として同条

約14条１項の裁判条項を援用），同時に両国が引渡しの強要を行わないようにとする仮保全措置を申請した。この仮保全措置の決定が下される前の同年３月31日，安保理は，リビアがテロリズムと訣別していないこと，わけても先の決議731の要求に応えていないことは「国際の平和と安全に対する脅威を構成する」として，憲章第７章の決定として，リビアが被疑者を即時に引き渡すことを命じ，併せて，その不履行に対する制裁措置（強制措置）をとることを決定した（決議748。翌年，安保理はこの経済制裁を強化する決議883を採択）。この決定を受けて，裁判所は，同年４月14日，決議748にもとづくリビアの義務は憲章103条により——仮保全段階では確定的な結論ではないものの——モントリオール条約の義務に優先する，としてリビアの仮保全申請を却下した。

1995年，英米両国は本件に対する先決的抗弁を提出した（対英，対米の２つの訴訟は併合されなかったので，以下ではリビア対イギリスの事件による）。1998年の先決的抗弁判決は，モントリオール条約の裁判条項による管轄権の成立を肯定したが，安保理決議748と883によってリビアの請求は目的を喪失するものになったとするイギリスの受理可能性の抗弁は本案段階で審理するものとした。イギリスのこの抗弁との関係でリビアは，とりわけ決議748の「平和に対する脅威」の認定はその実態のない，ただ制裁目的のためのみのあとづくり的認定であるとして，その憲章上の効力を争った。これに対しイギリスは，裁判所には安保理決定の合法性や有効性を審査する権限はないと反論した。

その後，３国の協議により，オランダに設置されるスコットランド法廷において被疑者の裁判を行うこととなり，1999年４月，２名はオランダに引き渡された。2001年の判決により１名は終身刑，他の１名は無罪となった。2003年，リビアが賠償の支払いに応じたことから，同年９月，国際司法裁判所の本件の裁判は取り下げられた（そのため安保理決議の合法性に関する司法審査の判断も提示されないまま幕が降ろされた）。なお服役中の１名は，2009年８月，健康上の理由によりリビア本国に移送された。

国際司法裁判所・ロッカビー事件（1992年，1998年）

〔参考文献〕*ICJ Reports 1992,* p.3, p.114；*ICJ Reports 1998,* p.9, p.115,
『基本判例50』166頁（杉原高嶺），『百選〔2〕』214頁（山形英郎），『判
例国際法〔2〕』556頁（山形英郎），杉原高嶺編『紛争解決の国際法』
（三省堂，1997年）503頁。

Ⅱ 国際連合の組織と機能

▮ 国際機構の発展と国際連合

(1) 19世紀の展開

今日，国際社会には多くの国際機構（international organization）が
多様な分野で重要な役割を担っている。国際労働機関（ILO），世界
保健機関（WHO），国際原子力機関（IAEA），国際通貨基金（IMF），
世界貿易機関（WTO）等々である。このような普遍的国際機構（す
べての国の加入資格を認める機構）とは別に，米州機構（OAS），欧州
連合（EU），東南アジア諸国連合（ASEAN），アフリカ連合（AU），
といった地域的機構も存在する。これらの国際機構の任務・活動は，
今日の国際社会の発展において核心的比重を占めている。

国際機構の発展は，歴史的には産業革命後の19世紀に始まる。こ
の時期，万国郵便連合，国際電気通信連合，国際工業所有権保護同
盟など，いわゆる国際行政連合（international administrative unions）
と総称される組織体があい継いで設けられた。これらは国際事務局
を常置した国際会議体といった性格をとどめるものであって，機構
としての独自性・自律性は脆弱であった。他方，同じ時期，ヨー
ロッパの国際河川（ライン，エルベ，ダニューヴ河）の航行管理等の
ために設けられた国際河川委員会は，当該河川の管理・運営に強力
な権限をもつ組織体であった。複数の国を貫流する河川の有効利用

のため各流域国の主権を制限し，関係国の利益の共同化をはかる必要があったからである。

　以上のように，この時期に国際社会の組織化（国際機構による規範の統一的調整）が始まるのであるが，それは産業革命を経て国際関係の緊密化と相互依存がますます進展したことを反映する法現象とみなければならない。

⑵　20世紀の発展

（i）　国際連盟とILO

　第1次世界大戦後，注目すべき国際機構の発展をみた。国際連盟と国際労働機関（ILO）の創設である。前者は史上初の平和維持機構であり，後者は労働者の地位の向上のための組織であって，その特殊な組織構造が注目される。

　平和の樹立をめざした国際連盟は，近世以来提唱されてきた平和構想論（ペン，サン・ピエール，カント等）を実現する試みでもある。その経験を踏まえて，現在の国際連合があることを看過すべきではない。労働者の地位の向上をめざしたILOは，他に類例をみない組織上の特性をもつ。一般に国際機構（NGOを除く政府間機構）では加盟国の政府代表によって構成されるが，ILOでは政府代表（2名）のほか，労働者代表（1名），使用者代表（1名）によって構成され（三者構成），それぞれが投票権をもつのである。したがって，総会でのいわゆるILO条約の採択は，これら4名の代表が投ずる票の3分の2の賛成によって行われる（ILO憲章19条2）。労働者，使用者代表の投票権は，もとより政府代表とは独立したものである。

（ii）　三部構成の一般化

　国際連盟とILOの2つの機構についてさらに注目される点は，ともに3つの常設機関を設けたことである。一般的活動方針を審議

する総会（全加盟国の代表で構成される），執行的任務にあたる理事会（一部の主要加盟国で構成される），および，これら機関のための企画・立案・調査等にあたる事務局（個人的資格の職員）である。この基本構成，すなわち総会，理事会，事務局という三部構成は，今日の国際機構の雛形をなすものである。ただし，理事会については，当該機構の目的との関係で任務別に複数のものがおかれることがある（その場合，各理事会の構成国も異なる）。たとえば，国連は3つの理事会（安全保障理事会，経済社会理事会，信託統治理事会）をもち，その構成や表決方法は理事会ごとに大きく異なる（なお信託統治理事会は1994年にその任務を終了し，現在は活動を休止している。また，2006年に総会の補助機関として設置された「人権理事会」は，憲章上の上記理事会（「主要機関」）と同じ地位を有するものではない）。

(3) 国際連合の地位

今日，数多く存在する国際機構のうちで，その中軸をなすのは疑いなく国際連合（国連）である。国連は法的には他の機構の上位機関としての地位をもっているわけではないが，一定の範囲で特別の地位を有していることも否定しえない。第1に，国際社会のあらゆる分野の問題（平和の維持，経済協力，人権・環境問題その他）について包括的権限をもつ唯一の国際機構であること，第2に，連携協定を結んだ専門機関（UNESCO，ILO，IMF，WHO 等17の機構）の「活動を調整することができる」こと（憲章63条2），第3に，地域的機関（米州機構，アフリカ連合，北大西洋条約機構等）は，安保理の許可がなければ「強制行動」（強制的制裁措置）をとることはできないこと（同53条），第4に，国際的集団安全保障体制は国連（安保理）によって統括されること，第5に，国際社会の主要な司法機関である国際司法裁判所を擁していること，である。こうした国連との制度

的・機能的地位関係から，他の国際機構は直接・間接に国連の調整
や要請等を受ける関係にあるのである。

2　国連機関の組織と権限

(1)　国連の組織図

　主権国家によって構成される国連は，その主権国家の上位に臨む
権力組織ではない。すなわち，加盟国を権力的に支配する統治組織
ではない。むしろ，基本的には広い分野の国際協力を促進するため
の協調的組織である（ただし，一定の強制的執行権をもつ安保理はこの
点で例外的地位を有する）。

　国連は6つの「主要機関」，すなわち，総会，安全保障理事会，
経済社会理事会，信託統治理事会，国際司法裁判所および事務局，
を有する（憲章7条）。そのうち，事務局は独自の意思決定を行う機
関ではない。平和と安全の維持にかかわる機関は，総会，安保理，
国際司法裁判所である。そのうち国際司法裁判所についてはのちの
節で詳しく述べるので（本書311頁以下），ここでは主として，総会
と安保理の役割について概説することとする。

(2)　総会の任務

(i)　総会の一般的権限

　全加盟国で構成される総会（General Assembly）は，およそ国連憲
章の範囲内のすべての事項について討議・勧告する権限をもつ（憲
章10条）。これを総会の一般的権限という。経済協力，人権問題は
もとより，平和と安全の問題もその権限内に含まれる（同11条参照）。
これらの問題について総会がなしうることは「勧告」（recommenda-
tion）である。勧告は関係国を法的に拘束しない，要請的，勧奨的
効力を有するにとどまる（ただし，この勧告は国際社会の総意として重

い意味をもつことがある）。この勧告は，通常，決議（resolution）の採択という方法で行われる。国連の内部事項（加盟の承認，除名，予算の決定，職員規則の制定等）を除いて，総会は一般に加盟国を拘束する決定権をもっておらず，この点で安保理と大きな相違がみられる。

(ii)　総会の表決

今日の国際機構は，１国１票制の下に，ほとんどが多数決制をとっている（単純多数決，３分の２等の特別多数決）。戦前までは，国際連盟のように，加盟国の平等原則を堅持しつつ，原則として全会一致制が広くとられていたが（手続問題は過半数），しかし，それは機構の活動を鈍らせる要因でもあった。ことに，総会のように全加盟国で構成される機関での全会一致制は現実的な意思形成方法とはいえない。

国連ではすべての主要機関で１国１票制がとられ，それぞれ異なる多数決制が採用されている。総会の表決は重要問題とそれ以外の問題とに分け，前者については３分の２の多数，後者は過半数によって行われる（同18条）。重要問題の具体的項目は第18条２項に列記されており，平和の維持に関する勧告はそのなかに含まれる。

付言するなら，１国１票制は多くの国際機構に共通する一般的制度であるが，例外的に世界銀行（国際復興開発銀行・IBRD）や国際通貨基金（IMF）などの金融関係機構では，各加盟国の出資額に応じて票数を配分する，いわゆる加重表決制がとられている。これは，形式的な平等（１国１票）に換えて，実質的平等をめざしたものといわれる（本書103頁参照）。

(3)　安保理の任務

(i)　安保理の構成

安全保障理事会（Security Council）は，もっぱら平和と安全の維

持にあたる機関である。総会と比べると，その守備範囲は縮小されているが，その代わり，この問題に関しては，後述のように，総会よりはるかに強い権限が与えられている。安保理はまた，全加盟国で構成される総会と違って，ごく少数の加盟国で構成される。すなわち，5つの常任理事国（中国，仏，ロシア，英，米）と，総会で選出される10の非常任理事国（任期2年）である（憲章23条）。後者は1965年の憲章改正により，6から10か国に増やされたが，前者については国連発足以来まったく手つかずの状態にある。昨今，国連改革の一環として，日本，ドイツ，インド，ブラジルが常任理事国入りをめざしているが，厳しい状況がつづいている。なお，国連憲章第23条1項は常任理事国としていまだ「ソヴィエト社会主義共和国連邦」を掲げているが，これは現在では旧ソ連の継続国家である「ロシア連邦共和国」と読み換えるべきものとされている。

(ii) 安保理の任務

安保理の主要任務は，憲章第6章の紛争の平和的解決と，第7章の集団安全保障の遂行である。前者は基本的に紛争当事国に対する「勧告」（法的拘束力を有しない）という形で解決案が提示されるが，後者においては全加盟国を拘束する「決定」（decision）をとる権限が与えられている（強制措置の決定等）。これらの安保理の任務の遂行方法はのちの節で取り上げるが（本書310頁，324頁以下），勧告であれ決定であれ，その意思決定の表決には5大国（常任理事国）の拒否権が認められることに注意しなければならない。

(iii) 安保理の表決制度

安保理の表決は，手続事項と，それ以外の非手続事項とに分けられる。前者は，ある問題を議題として取り上げるかどうか，また，どの順序で審議するか，といったような決定であって，常任・非常

任理事国の区別なしに9理事国の賛成によって決められる（すなわち常任理事国の拒否権は認められない。同27条2）。他方，後者（非手続事項），すなわち紛争解決の勧告決議の採択や強制措置の決定などの実質的事項の表決は，5大国を含む9理事国の賛成投票を必要とする（同27条3）。したがって，5大国の1ヵ国でも反対した場合には，たとえ14票の賛成があっても表決は成立しないことになる。つまり，5大国は自国1ヵ国の反対をもって実質問題の表決を阻止しうるのである。これを5大国の拒否権（right of veto, veto）という。

拒否権が行使されると安保理の機能は麻痺することになるので，この制度に対する批判は少なくないが，平和の維持の任務遂行のためには「5大国の一致」が不可欠の要請であるとの政治的考慮からこれが導入されたものである。なお，投票の棄権，欠席は慣行上，拒否権の行使とはみなされない。また，第6章の紛争の平和的解決の表決においては，理事国（5大国を含む）が当該紛争の当事国であるときは，その表決を棄権しなければならない（同27条3但書）。*"nemo judex in re sua"*（何人も自己の裁判官となりえず）である。ただし，この強制的棄権の制度は第7章の決定のときには適用されない（その結果，5大国には事実上，強制措置はとりえないことになる。328頁参照）。

なお，事案が手続事項か非手続事項かを決定する手続は，非手続事項とされている。これは，憲章採択のサンフランシスコ会議（1945年）の4主催国（米，英，ソ，中）が提示した声明で明らかにされた。その結果，常任理事国は，まず関係事案が手続事項か否かを決める段階で拒否権を行使して非手続事項としたうえで，その実質問題の決定において再び拒否権を行使しうるので，この表決の仕組みを二重拒否権（double veto）という。

❸ 平和の維持における主要機関の相互関係

(1) 総会と安保理の関係

上の説明から明らかのように，平和の維持に関しては総会と安保理の双方が権限を有する。そのため，同一の紛争または事態を両機関が同時に取り上げることは可能である。しかし，2つの機関がそれぞれ異なる指示を出すことは避けなければならない。そこで国連憲章は，この場合，安保理を優先させる構図を鮮明に描き出した。すなわち，安保理がある紛争・事態について任務遂行中は，総会は「この紛争又は事態について，いかなる勧告もしてはならない」のである（12条1）。言い換えれば，安保理が仕事をしているうちは，総会は口出しをしてはならない，ということである。

これは，同じ紛争について2つの機関が異なる勧告を出すのを防止するための措置であるが，そのさい安保理を優先させたのは，もともとこの機関が平和の維持のために「主要な責任」(primary responsibility) を負う（24条1）との位置づけ，すなわち平和の維持の主たる任務は安保理の所管との構図によるものである。もっとも，上の安保理優先の規定（12条1）は，総会が同一の紛争について討議すること（勧告ではない）を妨げるものではなく，また，安保理が拒否権によって行き詰まった場合は，総会が必要な勧告を行うことを阻むものではないと解されている。朝鮮戦争の折，総会は「平和のための結集」決議 (5/377) を採択し（1950年），もし安保理が拒否権によってその任務の遂行を妨げられたときは，総会が代わって必要な「集団的措置」（「兵力の使用」を含む）をとるように加盟国に「勧告」しうるものとした。また，そのために緊急特別総会を開催する途も設けた。後述のロシアによるウクライナ侵攻にさいして総会がとった対応は，この手続に則った最近の事例でもある（328-329

頁参照）。

(2) 安保理と国際司法裁判所の関係

　国際司法裁判所はもっぱら国際紛争の解決にあたる機関であり，その点で安保理の任務と重なることになる。しかし，両者がめざす紛争の解決はその照準の合わせどころにかなりの懸隔がある。安保理は目前の紛争の現実的収束に主眼をおくのに対し，裁判所はその法的決着を取り仕切る機関である。したがって，時折みられるように，同じ紛争が同時に両機関に付託されるのは不可解なことではなく，また，通常はそれが特段の難題を引き起こすこともない。裁判所がいうように，「両機関〔安保理と裁判所・筆者注〕は同じ事案について個別的ではあるが補完的な任務を遂行するのである」（ニカラグア事件（管轄権）・*ICJ Reports 1984,* pp.434-435, para.95）。こうして裁判所は，両機関の併行的任務遂行原則を確認するのである（なお，憲章には安保理と裁判所との権限関係を定めた明示規定は存在しない）。

　しかしながら，両機関の決定主題のいかんによっては，単純に同時併行ではすまされない場合がある。事例 12 のロッカビー事件がそれである。両機関に併行的に提訴された本件（英米は安保理へ，リビアは国際司法裁判所へ）では，航空機爆破のリビア人被疑者の引渡義務がそれぞれの機関の決定主題であったため，同一の主題について拘束力をもつ決定が競合するおそれが生じたのである。結果的には，裁判の訴えが取り下げられた（提訴から11年後）ので深刻な事態（両機関の決定の背反）にはいたらなかったが，このケースでは，係争中の裁判の主題を安保理が先取りする形で拘束的決定（決議748）を下したところに重大な論点の１つがあったといえよう。

Ⅲ　国際紛争の平和的解決

❶　平和的解決への道程

(1)　紛争の強力的解決

　国家間の紛争すなわち国際紛争（international dispute）は，さまざまな原因により発生する。国際法上，「紛争」とは，ある特定の主題に関して2当事者間にあい対抗する主張・請求が形成される状態をいう。人間の社会では，国内・国際を問わず，紛争や揉め事から截然と解放されたユートピア的世界を期待することはできないであろう。むしろ，その発生を最小化するためのルールづくりと，発生した紛争の合理的な解決方法を探究するのが現実的である。

　国際紛争の解決方法については，以前は2つに大別して説かれた。強力的解決と平和的解決である。強力的解決とは武力に訴えて決着をつけることであって，戦争はその典型例である。1928年の不戦条約が「国際紛争解決ノ為戦争ニ訴フルコト」を禁止し（1条），また，わが国憲法が「国際紛争を解決する手段として」の戦争を放棄する（9条Ⅰ），としたのはこれを示すものである。現代兵器の圧倒的破壊力を考えると，紛争の武力的解決は，勝者・敗者のいかんを問わず，双方の人的・物的被害は甚大である。この解決法は当然，放逐されなければならない。

(2)　連盟規約から国連憲章へ

　その萌芽的発展は第2回ハーグ平和会議で採択された，契約上の債務回収のための兵力使用制限条約（1907年）にみられるが，本格的な第一歩は国際連盟規約（1919年）に始まる。本規約は，一定の状況において戦争に訴えることを制限した（12条1，13条4，15条

6）。しかし，その規定は所定の条件の下で戦争を開始することに手続的な制限を設けただけであって，その条件が充たされないときは，この制限が解除されるのである。つまり，連盟規約は戦争そのものを禁止し違法化したものではない。後年，不戦条約が求められたゆえんである。

1928年の不戦条約（戦争放棄に関する条約）は，前述の国際紛争の解決のための戦争および国家の政策の手段としての戦争を禁止した。永らく戦争を容認してきた国際法の歴史からみると，画期的な展開である。ちなみに，第2次世界大戦のドイツ，日本の戦争犯罪人を裁いたニュールンベルク，東京国際軍事裁判では，両国の「平和に対する罪」（侵略の罪）の認定において，この条約における戦争の違法化が重要な法的根拠とされた（ただし，同時に法的な問題点も内包している。359頁参照）。なお，本条約は自衛のための戦争や国際機構がとる制裁としての集団的軍事行動等を禁止するものではない。

不戦条約は「戦争」（war）を禁止した。そのため，それは戦争意思（戦意・*animus belligerendi*）を伴った国際法上の戦争のみを違法化したものか，あるいは，さらに戦争にいたらない武力の行使をも広く否認するものか，解釈の対立を招いた。戦後の国連憲章（1945年）は「武力による威嚇又は武力の行使」（threat or use of force）を一般的に禁止する方式をとったので（2条4），もはや上記のような疑義が入り込む余地はない。武力不行使原則の具体的な意味内容は，1970年の友好関係原則宣言（総会決議2625）において明確化がはかられた。憲章では武力行使の禁止が一般原則とされたので，その例外として許されるものは憲章に明示されたものにかぎられると解すべきである。すなわち，自衛権の行使の場合（51条）と第7章の下でとられる軍事的強制措置の場合である。第2条4項の武力不行使

原則は，今日では，すべての国に適用される一般国際法の原則であるとみなされている（ニカラグア事件・*ICJ Reports 1986*, p.145, paras. 290-291；パレスティナ壁建設事件・*ICJ Reports 2004 (I)*, p.171, para.87）。

❷ 平和的解決の方法

　紛争の強力的解決が禁止される以上，すべての紛争は平和的手段をもって解決されなければならない。国連憲章は第2条3項において，これを国連の基本原則として確認している。この平和的解決の原則と上述の武力不行使原則は，平和の維持における車の両輪の関係にある。具体的な解決方法としては，憲章第33条1項に列記されるように，さまざまなものが編み出されてきた。しかしながら，一般国際法上，国家はこれらの手続を系統的にとることが義務づけられているわけではない。いずれをとるかは基本的に当事国の合意によるので，その合意がないときは，身近に抱える日ロ間の北方領土問題のように，解決の進展は容易には望みえないことになる。もっとも，関係国の条約で特定の解決方法を踏むことが定められているとき，たとえば国際裁判に付託すべきことが約定されているときは，その手続が義務づけられることになる（国連海洋法条約等）。

　以下では具体的な解決方法を3つの形態に分けて考察する。第1に，伝統的な解決方法として，交渉，審査，仲介，調停，国際裁判について概説し，第2に，20世紀に発展した国際機構による解決制度を俯瞰し，最後に，紛争の法的解決に最重要な役割を演じている国際司法裁判所の裁判制度について解説することとする。

③ 伝統的解決方法

(1) 交　　渉

　交渉（negotiation）は，紛争当事国が直接に向き合って解決策を探求することである。多数の紛争が実はこの方法によって解決をみている。もちろん，収束点を絞り切れずに成果がえられないこともある。その場合は，別の方法を探求しなければならない。交渉は当事国の力関係を反映しやすいので，大国は概してこの方法を志向するのに対して，中小国はより客観的な公正が期される方法（国際裁判等）を求める傾向がある。いずれにしても，手始めとして交渉につくのが通例である（条約で交渉前置主義がとられることが少なくない。日米通商航海条約24条2等）。

　なお，国際司法裁判所の判決のなかには，一定の法的枠組みを提示したうえで，最終的に交渉による解決を命ずるものがある（交渉命令判決。北海大陸棚事件・1969年 [事　例 2]，アイスランド漁業管轄権事件・1974年 [事　例 3]，ガブチコボ事件・1997年 [事　例 11] 等）。この場合，当事国は成果をうるべく誠実に交渉を重ねることが義務となるが，確実に解決の成果を生み出すことは必ずしもこの義務のなかには含まれないと解されている。

(2) 仲　　介

　交渉によって解決がえられなかったときは，第三者の介入を求めなければならない。そのさいの第三者の介入の仕方（役割）の違いによって，仲介，審査，調停あるいは裁判といった方法の区別が認められる。まず仲介（mediation）は，第三者が両当事国のそれぞれの主張を勘案しつつ解決策を提示するものである。旧くから使われてきた解決方法である。この任にあたる第三者は両国の合意によって選任される。これまでの例では，特定の主要国の政府の長，国連

事務総長あるいはローマ教皇など，国際的地位ないし権威を有する者に白羽の矢が立てられた。つまり，その権威を後ろ盾に解決の促進をはかろうとするのである。仲介者の解決案は，裁判判決とは異なり，当事国を法的に拘束するものではない。

(3) 審　　査

審査（inquiry）の制度は，第1回ハーグ平和会議で採択された国際紛争平和的処理条約（1907年改正）で新たに設けられたものである。当事国の合意によって国際審査委員会を設置し，この委員会において紛争の「事実問題ヲ明ニシ，右紛争ノ解決ヲ容易ニ」しようとするものである（同条約9条）。すなわち，事実の不明・不確定が紛争の解決を妨げることがあるため，これに対処する制度である。この制度は，ドッガー・バンク事件（1905年）やレッド・クルセーダー号事件（1962年）などで利用されたが，委員会の役割が限定されている（事実の解明）こともあり，必ずしも広範に利用されているわけではない。

(4) 調　　停

調停（conciliation）は，当事国の合意によって設けられる中立的委員会（調停委員会）が両者の主張を調査・勘案しつつ，友好的解決のための解決案を提示する制度である。当該問題に精通した専門家からなる国際的委員会を設置する点で，先にみた仲介とは異なる。組織的には仲裁裁判に近い性質をもつが，必ずしも法（国際法）を規準とした解決手続ではなく，その解決案が拘束力をもつものでもない。この手続は第1次世界大戦後に発展をみたものであって，現在，多くの条約においてその条約上の紛争の解決の一方法として採用されている（条約法条約，国連海洋法条約，生物多様性条約等）。ただ，この制度は手間暇がかかる割に解決の確実性が見込まれないため，

実際の利用頻度は必ずしも高くはない。

(5) 国 際 裁 判

(i) 裁判形態の区分

国際裁判は，付託された紛争を国際法にしたがって解決する制度である。それが国際法を規準とし，その決定（判決）が当事者を拘束するところに，以上にみた諸制度（仲介，調停等）とは異なる特性をもつ。国際裁判の形態は，仲裁裁判と司法裁判（司法的解決）とに大別される。両者の最大の相違点は法廷（裁判所）の設置方法にある。前者では，発生した特定の紛争を仲裁裁判に付託する協定（compromis）を結び，そのなかに仲裁裁判所の設置方法（裁判官の人数，任命手続等），裁判の主題，審理手続，裁判準則（適用法規）等が定められる。つまり，個別事件ごとに協定の締結をとおして具体的な裁判所が設置されるのである（その裁判所は判決の言渡しによって任務終了（*functus officio*）となる）。これに対し，司法裁判は，国際司法裁判所が示すように，あらかじめ選任された一定数の裁判官によって法廷が常置された形式の裁判をいう。

そのほか，法（国際法）の適用の厳格性の差異も指摘される。仲裁裁判では，その付託協定に裁判準則を指定することができる。以前には，国際法のほかに衡平（equity）や正義（justice）の原則などが補充的に指定されることもあり，法の適用における厳格性が緩和されていた。しかし，現代の仲裁裁判は，質・量ともに国際司法裁判所の法の適用方法にならう傾向を強めており，この面での区別は相対的に小さくなっている（仲裁裁判の司法裁判化現象）。

(ii) ２つの裁判形態の併存

近代の国際裁判はまずは仲裁裁判の形態で発展し，19世紀にはその広範な普及をみた。わけても，南北戦争に起因する英米のアラバ

マ号事件（1872年）は，仲裁裁判の効用を広く認識させた事例として知られている。他方，司法裁判の本格的な発展は，第1次世界大戦後の常設国際司法裁判所の創設をまたなければならなかった。今日，司法裁判の形態に属するものは，国際司法裁判所のほかは，いずれも特定の機能に限定されたものか，地域的性格をもつものである。たとえば，国際海洋法裁判所，国際刑事裁判所，欧州連合司法裁判所，欧州人権裁判所，米州人権裁判所等である。

　このような司法裁判の展開は戦後の国際社会の発展を表徴する1つの特色であるが，他方，これと並んで仲裁裁判も広く用いられてきた。ラヌー湖事件（5名構成・1957年），英仏大陸棚事件（5名構成・1977年），レインボー・ウォーリア号事件（3名構成・1990年）などは戦後の著名な仲裁裁判のケースである。また，わが国がほぼ1世紀ぶりに国際裁判の舞台に出たみなみまぐろ事件（オーストラリア・ニュージーランド対日本，5名構成・2000年）も，仲裁裁判の事件である（なお，裁判官3名以上の構成のときは，そのうち各1名の裁判官はそれぞれの当事国が直接に任命する方式が慣例上とられている）。

　国際裁判は，仲裁裁判，司法裁判を問わず，両当事国の合意によって行われるが，今日では条約等によって裁判の義務が設定されていることが少なくない。そのため，とりわけ国際司法裁判所に持ち込まれるケースが増大している。2010年，オーストラリアが日本を訴えた南極海捕鯨事件（国際司法裁判所・2014年）は，後述の選択条項受諾宣言によるものである（314頁参照）。

④　国際機構による解決

(1)　全般的概要

　国際機構による紛争の解決は，第1次世界大戦後の国際連盟およ

び国際労働機関（ILO）において本格的に始動する。とくに連盟理事会にはヴェルサイユ体制（第1次世界大戦のヴェルサイユ講和条約等によって構築された戦後の国際体制）にかかわる多くの条約の適用問題（少数者保護条約を含む）が持ち込まれ，それらがまた常設国際司法裁判所に付託される（理事会からの勧告的意見の要請を含む）ということも少なくなかった。連盟規約は，いうまでもなく，こうした紛争の解決手続に関する諸規定を含んでいた（12〜17条）。

第2次世界大戦後，この連盟理事会の役割が，新体制下の国連の安全保障理事会に引き継がれた。「紛争の平和的解決」と題された憲章第6章の役割がこれである（これについては次の(2)で取り上げる）。国際機構による紛争解決という場合，今日ではさらに，各種の専門機関あるいは地域的機関の貢献も見逃すことはできない。たとえば，ILO憲章は，いわゆるILO条約の履行問題について特別の解決手続を設けており（24〜34条），また国際民間航空機関（ICAO）も関係条約の履行をめぐる紛争について特別の解決制度を設けている（国際民間航空条約84〜88条）。また，比較的新設の部類に入る世界貿易機関（WTO・1995年）においては，1947年のいわゆるガット（GATT・関税及び貿易に関する一般協定）の紛争解決手続を発展させた独自の制度をもち，かつ，その豊富な解決実績（先例）をもつことも周知のとおりである。わが国も，農産物輸入制限問題や酒税の問題等について，この手続で争ったことがある。

(2) 安保理の解決手続

紛争の平和的解決は，前述のように，安保理の主要な任務の1つである。国連憲章は，自主的な方法で解決できなかった紛争はこれを安保理に付託すべきものとした（37条1）。付託を受けた安保理は，その継続が平和と安全の維持を危くするおそれがあると認めるとき

は、「適当な調整の手続又は方法」を勧告するか，または，適当な「解決条件」を勧告するか，いずれかの措置をとらなければならない（37条2）。前者は紛争解決のための手続・方法を提示するものであって，そのさい安保理は，「法律的紛争」は原則として国際司法裁判所に付託されるべきことを考慮するものとしている（36条3）。もっとも，安保理がこれを適用して裁判付託の勧告を行ったのは初期のコルフ海峡事件（ 事 例1 ）についてのみであって，その後はなぜか適用例は途絶えている。後者の解決条件の勧告とは，安保理がみずから具体的な解決案を提示することである。

　これらの安保理の役割は「勧告」にとどまるが，もし当事国がこれを粗略に扱い，事態を第7章の問題に悪化させたときは強制措置の対象となるので，この点への配慮が必要となる。もっとも，この勧告の採択には5大国の拒否権が適用されるので（憲章第27条3項の非手続事項の表決），それによって，勧告が成立しないことがある。その場合は，もはや当該紛争の任務を「遂行している間」（12条1）にはあたらないので，安保理優先の原則が解除され，代わって総会がその紛争に対処することができる（総会の勧告は3分の2の多数による。18条2）。

5 国際司法裁判所

(1) 国連組織における裁判所の地位

　国際司法裁判所（International Court of Justice：ICJ）は，国際法のあらゆる分野の紛争を取り扱うことのできる唯一の国際的司法機関である。しばしば世界法廷（World Court）とも称される。本裁判所は国連の「主要な司法機関」（憲章92条）とされているが，これは，裁判所が国連と組織的に統合されること，および，国連における紛

争の法的解決に中心的な役割を担うこと，を意味する。

　裁判所の組織，管轄権，手続等は，国際司法裁判所規程（Statute）という，憲章とは別の条約に定められている。しかし，この規程は国連憲章と「不可分の一体」をなす（憲章92条）。すなわち，憲章の一部をなすのである（したがって憲章103条の規定（憲章義務の優先）や108条，109条の憲章の改正規定は，規程上の義務や規程の改正にも適用される）。裁判所で裁判の当事者となる資格（当事者能力）はこの規程の当事国に開かれている（規程35条1）。これとの関係で，国連加盟国は「当然に」規程の当事国としての地位をもつ（憲章93条1）。つまり，規程への加入という特別の手続を必要としないのである。

　(2)　裁判所の構成

　国際司法裁判所は，国連の選挙（総会と安保理）で選出される15人の裁判官で構成される。国籍に関係なく，個人の資格で（政府代表としてではなく）選出されるが，ただ同一国籍の者が2名在任することは認められない（規程3条1）。構成の普遍性を確保するため，現在では，アジア3名，アフリカ3名，ラテン・アメリカ（中南米）2名，東欧2名，西欧その他（北米・大洋州を含む）5名，と配分されている。そのうえで，5名を3年に1度改選する方法をとっている（裁判官の任期は9年）。これは裁判の継続性を保つためである。なお，特定の事件において自国籍の裁判官を法廷に有しない当事国は，当該事件にかぎって特任裁判官（judge *ad hoc*）を任命することができる（規程31条）。仲裁裁判の伝統を受け継ぐこの制度は，司法裁判にはなじまないとする批判は少なくない。

　(3)　管　轄　権

　(i)　基　本　原　則

国際司法裁判所の裁判の当事者となりうるのは国家のみである

（規程34条1。後述の勧告的意見の要請の場合は別）。すなわち，個人も国際機構も裁判の当事者能力を有しない。したがって，国家間の紛争のみが裁判の対象となるのであるが，そのさい，裁判所が特定の紛争について裁判管轄権（以下，「管轄権」という）を行使するためには，当該紛争の両当事国の同意（合意）が必要である（同意原則）。すなわち，特定の紛争に対する裁判所の管轄権は双方の合意によって形成されるのである。一方の国（被告国）の同意がえられないときは，裁判所は管轄権の行使を拒むほかはない。この点は，国内裁判との最大の相違点ということができる。主権国家を対象とする国際裁判は，歴史的に同意原則の下に行われてきたのであり，この伝統が今なお保持されているのである。

(ii) 管轄権の成立形態

両国の合意の形成方法は一様ではない。その形成様式の違いによって，管轄権の具体的な成立形態は次の4つに分けられる。

①付託協定の締結　　これは発生した特定の紛争を裁判に付託するために両当事国が結ぶ特別の協定である。この付託協定に裁判の主題が明記される。国際裁判の伝統的な実施方式である。

②フォールム・プロロガートム（応訴管轄）の形成　　これは①の協定を結ぶことなしに特定の紛争を一方的に提訴し，その後，相手国がこれに応ずる（同意する）ことによって成立する管轄権の形態である。実際の事例としては少なく，コルフ海峡事件（1949年）や刑事司法共助事件（2008年）などを数えるのみである。

③裁判条約・裁判条項の存在　　裁判条約とは，国際法上の紛争を広く裁判に付託することを事前に約する条約である（国際紛争平和的処理に関する一般議定書・1949年，ヨーロッパ平和的解決条約・1957年，等）。裁判条項とは，当該条約の解釈・適用に関する紛争が発

生したときに，これを裁判に付すことを定める条約規定である。本章の 事 例 12 （ロッカビー事件）は，モントリオール条約第14条1項の裁判条項が管轄権の根拠として援用された事例である。裁判条約や裁判条項があるときは，その締約国はこれに該当する紛争を一方的に提訴することができ，相手国は法的に裁判を拒むことはできない（裁判義務の発生）。

④選択条項受諾宣言　裁判所規程の当事国は法律的紛争（国際法上の紛争を含む）に関する裁判所の管轄権を「義務的」（obligatory）であると認める宣言をいつでも行うことができ，この宣言を行う国相互間では，これらの紛争について裁判義務が設定される。つまり，この宣言を行った国は他の宣言国をいつでも一方的に訴えることができるのである。2010年，オーストラリアが日本の南極海調査捕鯨活動を国際捕鯨取締条約の違反として訴えたのは，両国の受諾宣言を基礎としたものである。この裁判の仕組みを定めた規程第36条2項を選択条項（Optional Clause）といい（任意条項ともいう），これを受け容れる宣言を選択条項受諾宣言という。参考までに，ここで上の捕鯨事件の本案判決（2014年）に付言すると，日本が科学調査のためとして行ってきた捕鯨活動は，国際捕鯨取締条約で認められる「科学的研究のため」の捕鯨（8条）とは認定しえないとして，日本の合法性の主張を斥けた（なお商業捕鯨は，当面，禁止措置がとられている）。

上の選択条項受諾宣言は国連事務総長に寄託される（現在の受諾国数は規程当事国の約3分の1程度である）。この宣言には留保（reservation）が付されることが多い。つまり，一定種類の紛争（たとえば領土問題等）を除外する制限条項である。選択条項の受諾を促進する趣旨から，慣例上，留保が認められてきた。ただ，この留保

には相互主義の原則が適用されることに注意しなければならない（相互主義とは，管轄権を否認する目的で被告国が原告国の留保を援用すること）。また，多くの宣言は一定の期限条件を付している。たとえば，わが国の宣言（2007年）は5年間有効とし，その後は書面の終了通告があるときまで効力を有するものとしている。なお，事件の提訴日を基準に，ひとたび管轄権が有効に成立したときは，その後にいずれかの宣言あるいは両国の宣言が失効したとしても，当該事件の管轄権に影響を及ぼすものではない（これをノッテボーム・ルールという）。

(4) 裁 判 手 続

(i) 訴えの提起

裁判を開始する訴えの提起は，先に述べた付託協定の提出，ないし請求訴状（Application）の提起，のいずれかによって行われる（規程40条）。先に管轄権の成立形態として4つの方式を述べたが，付託協定の場合以外のものを管轄権の基礎とするときは，その訴えはすべて原告国の請求訴状の提起という形をとる。いずれの場合であれ，その協定，訴状には当事国名と紛争の主題が記載されなければならない。

(ii) 本 案 手 続

訴えが提起されると，後述の先決的抗弁や仮保全措置の申請があるときを別として，本案の審理手続が始まる。本案の審理は，書面手続（原告の申述書（Memorial），被告の答弁書（Counter-Memorial）等の提出），および口頭手続（双方の口頭陳述等の聴取）の順で行われる。口頭手続の終結時には，両当事国はそれぞれの最終申立（final submission）を提出しなければならない。これが終わると，裁判所は判決を議するための評議に入る。

(iii) 附 随 手 続

訴えが提起されると，これに伴って，本案とは別の手続が起こされることがある。これを付随手続という。主なものとしては，①先決的抗弁と，②仮保全措置の手続が挙げられる。

①の先決的抗弁（preliminary objection）は，通常，被告側から出されるものであって，裁判所の管轄権を否認する抗弁とか（たとえば本件紛争が選択条項受諾宣言の留保に該当するとの主張など），あるいは裁判所は本件請求（claim）を受理しえないとする抗弁（たとえば原告はその請求に法的利益を有しないとか，国内的救済を完了していないなどの抗弁），という妨訴抗弁である。先決的抗弁が提起されると原則として本案の審理は停止され，それらの抗弁の認否の手続が開始される（ただし本案手続のなかで管轄権を争うことも判例上認められている）。抗弁が認められると，裁判はその時点で終了し，却下されると本案手続が再開される。

②の仮保全措置の要請は，一般には原告側から出される。最終判決まで時間がかかるので，この間に当事国の権利が決定的に侵害されることがないように，裁判所の保全措置を求める手続である（規程41条）。これが認められるためには，本案管轄権の存在の蓋然性（高い確実性）があることや緊急性の要件，すなわち早急の権利保全を必要とする事情（回復不能な権利侵害の恐れ）が存在しなければならない。仮保全措置の決定（命令（Order））の法的効力については以前には争いがあったが，今日では，法的拘束力を有することが確認されている（ラグラン事件・*ICJ Reports 2001,* p.506, paras.109-110）。

(5) 判　　決

本案の手続が終了すると，判決を検討する裁判官の評議（非公開）が始まり，それを経て判決の言渡しが行われる。判決を含むすべて

の決定は，出席裁判官の過半数で行われ，可否同数のときは裁判所長の決定投票による（定足数は9人）。

判決は訴訟当事国を拘束し（規程59条），かつ終結とされる（同60条）。判決のこの2つの効力，すなわち拘束性と終結性を合わせて判決の既判力（force of *res judicata*）という。既判力の原則により，当事国は確定した決定事項を蒸し返して争うことは許されない。その問題に法的安定性を与えなければならないからである。既判力は訴訟の当事国のみに及び（人的範囲），また，それは判決の主文（operative part, dispositif）について生ずる（物的範囲）。

なお，判決の意義または範囲について争いがあるときは，いずれの当事国も裁判所にその解釈を要請することができる（同60条）。これは判決の意味内容を明らかにする手続である。また，判決後に決定的な新事実が発見されたときは，一定の要件の下に再審（revision）を請求することができる（同61条。ただし，これまで再審請求が認められた事例はない）。

(6) 勧告的意見

(i) 制度の概要

国際司法裁判所は，以上にみた裁判機能のほかに，勧告的意見（Advisory Opinion）を与えるという別の任務を併せもっている。これは，国連や専門機関の諮問に答えて裁判所が提示する法律的意見である（憲章96条，規程65条）。言い換えれば，これらの機関が直面する諸問題に法的解決を与えることによって任務の効率的遂行を促進しようとするものである。裁判所が国連の「主要な司法機関」（憲章92条）とされたことの1つの具体的な発現である。わが国の司法制度には馴染みのない制度であるが，独自の意義をもつことは否定できない。**第5章**の 事　例5 で紹介したケベック分離事件は，

カナダ政府がケベック州の分離権について同国最高裁に諮った一種の勧告的意見である。

制度の実情の理解のために，実際の諮問事項の内容を 2，3 拾い上げると，PKO（平和維持活動）は国連憲章の枠内の活動とみなされるかどうか（国連経費事件・1962年（国連総会の要請）），委任統治終了後の南アフリカのナミビアへの居座りはどのような法的効果をもつか（ナミビア事件・1971年（安保理の要請）），パレスティナ占領地におけるイスラエルによる壁建設はいかなる法的効果をもつか（パレスティナ壁建設事件・2004年（国連総会の要請）），といった具合である。勧告的意見は，こうした問題に対する法的回答である。

(ii) 意見の要請機関

勧告的意見の要請資格は一定の国際機構にかぎられている。国連総会と安保理のほかは，国連のその他の機関（経社理等）および専門機関であって総会の許可をえた機関である（憲章96条）。専門機関では，万国郵便連合と国連世界観光機関を除く15の機関が許可を受けている。いずれにしても，意見の要請権は国家には認められていない。他方，「裁判」の当事者能力は国家に限定されており，国際機構には認められていない（規程34条1）。そのため，国際機構とその加盟国とのあいだに生ずる紛争は裁判手続の対象とはなりえないことになる。他方，当該機構が勧告的意見の要請という形でこれを裁判所に付託することは可能である。実際，人権委員会特別報告者訴訟免除事件（クマラスワミ事件・1999年）は，実質的には国連とマレーシアのあいだの紛争であって，これについて経社理が勧告的意見を求めたものである（本書319-320頁参照）。

(iii) 意見の要請と裁判所の対応

裁判所は，勧告的意見の要請に対して，どこまでこれに応える義

務があるのであろうか。これまで裁判所は，一方において，意見付与の「裁量的」あるいは「許容的」性格を指摘しつつ（規程65条1参照），他方において，「決定的理由」がある場合を別として，意見の付与は「原則として拒否されるべきではない」としてきた（たとえば国連経費事件・*ICJ Reports 1962,* p.155）。すなわち，裁判所は国連の主要な司法機関として他の機関の活動に協力すべき一般的な義務があるので，原則的に意見の要請を拒むことはできないというのである。

　裁判所は，従来，この立場を重視してきた。そのさい，「決定的理由」がある場合を別とするが，その具体的事由は十分に明確にされているわけではない。おそらく，司法適合性が問題となるような場合であろう（司法機関として取り扱うのになじまない意見要請）。なお，裁判所は世界保健機関（WHO）による核兵器使用の合法性の意見要請を拒否したが（1996年），これは司法適合性を理由とするものではなく，WHOにはそもそもこの種の問題を諮問する資格がない，というものである。

　(iv)　勧告的意見の効力

　裁判所の勧告的意見は，その名称が示すように，助言的・勧奨的性質のものであって，それ自身，法的拘束力を有しない。つまり，これを要請した機関を法的に拘束するものではない。他方，この意見は裁判の判決と同様に入念な審理手続（書面・口頭手続，評議等）と同じ法的準則（規程38条1）を適用して提示されるものであるから，必然的に判決に匹敵する権威と価値を内包することになる。その意味で，法的拘束力の有無は形式的な差異でしかないということになる。

　特別の取扱いとして，別の条約をもって意見に拘束力を付与する

例がみられる。国連特権免除条約は，もし本条約の解釈・適用をめぐる紛争が「国際連合と加盟国」とのあいだに生じたときは，その解決のために国連の側が勧告的意見を求めるものとし，与えられた意見は当事者間において「最終的なもの」（decisive）として受諾されるものとしている（8条30項）。すなわち，意見に拘束性を付与しているのである。ここでは，一方の当事者である国連が「裁判」の当事者能力を有しないことから，勧告的意見をもって裁判の代替手段とする方策がとられたのである。先にふれたクマラスワミ事件（国連とマレーシアの紛争・1999年）は，この手続がとられた事例である。このような方式の勧告的意見の利用法には異論がなくはないが，裁判所はこれを憲章と規程の枠外の措置としつつも，この方式に特段の疑義を差しはさんでいない。

(7) 安保理決定の司法審査

　事　例12 のロッカビー事件で，リビアは安保理の決定（憲章第7章の決議748）の憲章との適合性を争った。そのため，本件では本来の争点（被疑者の引渡問題）に加えて，国際司法裁判所が安保理決定の合法性を審査しうるか否かが大きな争点となった。結果的には，これに関する裁判所の確定的な判断が示されないまま本件の幕が降ろされたが（訴えの取下げ），これを契機に，この論点をめぐって広範な議論が展開された。

　司法審査権を否定する論者によれば，憲章・規程にはこれを認める規定がないだけでなく，その導入提案がサンフランシスコ会議（1945年）で否決されていること，もし安保理決定の有効性が覆されることがあるとすれば，平和の維持に関するその「主要な責任」（憲章24条1）の遂行が不可能になること，などが指摘される。他方，肯定論によれば，司法審査に関する明示規定の有無や起草過程

の経緯は決定的な要因ではないこと，安保理の決定といえども憲章に適合する限度で効力をもちうること，また，その決定の合法性の審査を避けては事件の正当な法的解決がえられないときは，その合法性の審査は通常の司法機能の枠内の行為であること，などが主張される。

　冷戦終焉後の安保理機能の回復（活性化）は目を見張るものがある。それと同時に，その行き過ぎに歯止めをかける必要があることも示唆されている。5大国の一致がありさえすれば，ほしいままに行動してよいということにはならない。たしかに安保理は，第7章の措置の決定にあたっては広い裁量を有する。しかしながら，その裁量権の行使は憲章の諸規定（手続規定を含む）の枠内のものでなければならず，さらに国際法の基本原則に背離するものであってはならない。たとえば，強行規範に背く措置とか，人権・人道の基本的要請にもとる措置は認められないと解される。もし安保理決定の合法性に疑義が呈されるときは，総会による勧告的意見の要請という方途も検討されてしかるべきであろう。

Ⅳ　国際安全保障

① 勢 力 均 衡

(1)　勢力均衡の意味

　国際社会を構成する諸国は，自国の安全を確保するための方策として，永いあいだ勢力均衡（balance of power）の方式に依拠してきた。すなわち，敵対する国とのあいだに力のバランスをはかることによって相互間に安定した状態を創出するという方式である。18世紀のヴァッテルによれば，共通の利益によって結ばれたヨーロッパ

諸国はその秩序と自由の維持のために勢力均衡（Equilibre du Pouvoir）の制度を採用したのであって，「この均衡を維持するもっとも確実な方法は，いかなる国も他の国を大きく凌駕することなく，すべての国あるいは少なくとも大多数の国が力のおおかたの均衡を保つことである」とする。そして，もし強大化した国の君主が「不当な戦争」に訴えるときは，「各国はその被害国を救援する権利を有する」という（1758年）。この最後の一文には，後述の集団的自衛権の萌芽的発想がみられる。また，19世紀のウールジィーは別の視点からこの方式の重要性を強調する。「勢力均衡は第一級国家の野心に対する国家存立の保障をなす」ので，この方式を維持するために他の諸国が干渉することは正当な行為とみなされる（1874年），と。

(2) 本方式の問題点

勢力均衡が，一定の安全保障上の役割をもちうることは，これが永く重視されてきたことからも疑いない。とくに，近代においてイギリスがそのためのバランサー役を演じたことはよく知られている。しかし，戦争を是認したうえでの均衡政策は危険な綱渡りを伴うものでもあった。というのは，「勢力」の客観的な測定はつねに困難であるため，各国は自国に有利な「均衡」を求めて絶えざる軍備増強に走らざるをえなくなるからである。18世紀のモンテスキューは，著名な『法の精神』（1748年）において，勢力を競う軍備増強という新しい病気がヨーロッパに蔓延しているが，その結果は共通の破滅以外ではありえない，と警鐘を鳴らしている。この制度は必然的に同盟政策と結びつくので，その高度な緊張状態がひとたび炸裂するときは，たちまちに大戦を誘発することになる。第1次世界大戦はその実例であるといわれる。

❷ 集団安全保障

(1) 制度的特性

　第1次世界大戦の惨状にかんがみて，即刻に新たな安全保障の方式が探究された。国際連盟で制度化された集団安全保障（collective security）がそれである。この制度は，①すべての国は戦争等の武力行使の違法性を認め，これに訴えない義務を受諾すること，②この義務に違反して武力に訴えた国に対しては他の国が共同して制裁措置をとること，を基本要素とする。旧来の勢力均衡が戦争の合法性と仮想敵国の存在を前提としたのに対し，新しい制度が戦争の違法化と全加盟国の連帯を基調とする点で，新理念に立脚する新しい安全保障の制度であるとみなければならない。

(2) 国際連盟における本制度の実像

　集団安全保障は，これを制度化し，かつ運営するための組織を必要とする。戦前の国際連盟および戦後の国際連合がこれである。連盟規約は，本規約に違反して戦争に訴えた加盟国は「他ノ総テノ連盟国ニ対シ戦争行為ヲ為シタルモノト看做ス」とし，そのうえで，この行為に対しては他のすべての加盟国による集団的措置をとるものとした（16条）。

　しかしながら，国際連盟でのこの制度の出来映えは決して良好なものではなかった。何より，集団安全保障の支柱をなす先の2つの基本要素の法制化がともに不完全・不徹底の誹りを免れられないのである。①の戦争等の武力の違法化については，その違法性を一般的に規定することなく，一定の状況下でこれに訴えることを制限するにとどまっており，②の制裁措置も，他の諸国が一律に強制的措置をとる仕組みは整っていなかった。実際，1935年のイタリアのエチオピア侵略に対する経済制裁も，各国の足並みの不揃いから所期

の効果を挙げることはできなかった。国際連盟の苦い経験は，次の国際連合での制度化における反省材料を提供するものであった。

③　国際連合の集団安全保障体制

(1)　国連における制度の強化と問題点

(i)　制度的強化の内実

国際連盟での集団安全保障の不成功にもかかわらず，国際社会は旧い勢力均衡方式に回帰することを望まなかった。新機構・国際連合は，連盟の経験を踏まえつつ，集団安全保障の再建と強化に挑んだのである。

まず注目されるのは，本制度の基本要素の第1である，戦争を含む武力行使の違法化を徹底させたことである（憲章2条4）。この点は，戦争の違法化がはなはだ不徹底であった連盟規約とは好対照をなす。第2の制裁措置も「強制措置」(enforcement measure) として格段の強化がはかられた。すなわち，まず強制措置を発動すべき事態（平和に対する脅威や平和の破壊等）が発生したかどうかの認定，および，それが肯定されるとき，どのような措置をとるかの判断はすべて安保理によって一元的に決定されるものとした（同39条）。つまり，連盟時代の個別的決定から，安保理による集権的決定を実現したのである。第3に，その安保理の決定に拘束性をもたせたこと，つまり，すべての加盟国がこれにしたがう義務を設けたことも，実効性の確保の観点からきわめて重要である（同25条）。こうして，集団安全保障のかなめをなす強制措置が統一的に実施される体制が整えられたのである。

(ii)　運用上の問題点

このようにみると，一見，非の打ちどころのない制度のようにみ

えるが，実はここには大きな落とし穴があることに着意しなければ
ならない。5大国の拒否権である。すなわち，強制措置をとるかど
うか，どのような内容の措置をとるか，これらの決定はすべて常任
理事国の拒否権の対象事項であるので（拒否権については本書299-300
頁参照），もしこれが行使されるときは，本制度は機能不全に陥る
ことになる。事実，冷戦時代にはそのために低空飛行を余儀なくさ
れたのである。 事　例 10 のテヘラン事件で示したように，対イ
ラン経済制裁に対する旧ソ連の拒否権の行使もその一例である（本書
258頁参照）。この先も，5大国の利害が深く絡む事態については，
同様の事態に陥ることをつねに念頭におく必要がある。

(2)　強制措置の決定過程

(i)　発動事態の認定

　集団安全保障の機軸をなす強制措置は，「平和に対する脅威」，
「平和の破壊」ないし「侵略行為」のいずれかが存在するときにと
られる（憲章39条）。事態の深刻度は一般にこの順序によるものと解
されているが，強制措置の発動の要件としての3者のあいだに格差
があるわけではない。3者のうち，最初の「平和に対する脅威」は
もっとも包括的な概念とみなされている。武力的事態の場合のみな
らず，自決権の侵害，テロ行為，重大な人権侵害，民主制の破壊な
どの国内的事態もこれに含まれるものとされてきた。その意味で
「平和に対する脅威」の認定は第7章の扉を開けるためのもっとも
簡便な鍵であるともいわれる（これまで「平和の破壊」の認定が3件あ
るが，それ以外はすべて「平和に対する脅威」によっている。「侵略行為」
の認定はいまだ先例がない）。

　ただ，いずれの事態の認定であっても，ロッカビー事件で問われ
たように，それが強制措置をとるための口実としての，つまりあと

づくり的な「平和に対する脅威」の創作であってはならない。真に
その実体が確認・確証されることが必要である。

(ii) 強制措置の決定

　上記いずれかの事態の存在を認定したときは，安保理はつづいて
強制措置を決定することになるが，その前に事態の悪化を防止する
ための暫定措置をとることができる（同40条）。即時の停戦要請とか，
あるいは湾岸危機のさいのイラク軍の即時無条件撤退の要請（安保
理決議660）などの措置である。

　強制措置は，兵力の使用を伴わない非軍事的強制措置と，兵力に
訴える軍事的強制措置とに分けられる。前者は，禁輸措置，資産凍
結等の経済制裁，交通・通信等の交流の停止，外交関係の断絶等の
広範な措置を含む（憲章41条）。湾岸危機ではまずイラクに対し包括
的な経済制裁が（安保理決議661），また，[事　例 12]のロッカビー
事件ではリビアに対し部分的な経済制裁（安保理決議748，883）がと
られた。これらの決定が国連の全加盟国を拘束することは，すでに
述べたとおりである。しかしながら，加盟国の決議の履行について
問題が指摘されないわけではない。とりわけ近年，北朝鮮によるた
び重なる核実験や弾道ミサイルの発射に対する安保理の数次の制裁
措置が必ずしも十全な効果を挙げていないとして，加盟国側の姿勢
や対応を含む課題が提起されている。

　以上の非軍事的措置では不十分であるときは，安保理は陸・海・
空軍による軍事的強制措置をとることができる（憲章42条）。この行
動は，憲章第43条に定める特別協定（安保理が各加盟国とのあいだに
結ぶ兵力提供の協定）によって編成される国連軍による制裁を予定す
るものであるが，国連発足後の冷戦の進展により本協定の締結が阻
まれる事態となり，今日にいたっている。したがって，加盟国の参

加を義務づける所期の軍事的強制措置はいまだとりえない状態にある。他方，加盟国を強制しない，いわゆる授権方式の軍事的措置が湾岸危機のさいに編み出された。重要な先例を拓くものであるため，次にこれを検討することとする。

(3) 授権方式の軍事的措置

　湾岸危機において非軍事的強制措置の限界を見定めた安保理は，イラク軍のクウェートからの撤退を実現するため，国連加盟国が「すべての必要な手段」（all necessary means）をとることを「許可する」（authorize），との憲章第7章にもとづく決議を採択した（安保理決議678）。この授権にもとづき，一部加盟国からなる多国籍軍の対イラク攻撃が開始され（湾岸戦争・1991年1月），ほどなくイラク軍はクウェート撤退を余儀なくされた。特別協定が存在しない以上，加盟国を拘束する軍事的措置をとりえないため，授権方式という新しい方策がとられたのである（これに近い事例としては，1950年の朝鮮戦争のさいに大韓民国への援助の「勧告」に応える形で各国の部隊が派遣されたことがある）。

　決議678は，この授権方式の軍事的措置が憲章第7章のどの条文に根拠をもつものか，その規定を明示していない。そのため，1つの見方として，これが第51条の集団的自衛権の行使を容認したものとする立場がある。しかし自衛権は，個別的・集団的自衛を問わず，安保理の許可に依存しない，これに先行する加盟国の権利であることにかんがみれば，この見方は妥当とはいいがたい。むしろ，この措置は憲章第42条の軍事的強制措置に包含されるものと解すべきであろう。というのは，この規定（42条）は特別協定に基礎をもたない軍事的措置をすべからく排除するものとは解しえないからである（同条は文言上，第43条の特別協定と連結させていない）。なお，授権方

式の軍事的措置は，その後，ソマリア，ボスニア・ヘルツェゴビナ，ルワンダ，ハイチ等の内戦その他の場合にもとられており，その意味で今日では国連の確立した慣行を形成している。

④ ロシアのウクライナ侵攻と国連の対応

安保理の効果的な任務の遂行は，一に5大国の一致にかかっている。この前提が崩れるときは（拒否権の行使），平和と安全の維持のために同理事会に与えられた「主要な責任」（憲章24条1）は絵に画いた餅も同然となる。その近年の好例は，2022年のロシアのウクライナ軍事侵攻にみられる。本件は常任理事国の歴然たる侵略として特異の事例であり，また安保理の機能不全と総会の役割の重要性を再認識させた事案ともいえる。

2022年2月24日，ロシアは「特別軍事作戦」と称する大規模な対ウクライナ軍事侵攻を突如開始した。安保理は，翌25日，事態の解決のため，次の内容を含む決議案，すなわち，ロシアは憲章2条4項に違反する侵略行為を即時に停止し，また，その軍隊を即時・完全・無条件に撤退しなければならないとする決議案を採決に付した。表決はロシア1国の反対によって否決された（拒否権の行使。表決は賛成11，反対1，棄権3）。採決にさいし，武力侵攻の当事者であるロシアが投票に参加していることに注意しなければならない（本書300頁および本章の国際法豆知識（336頁）参照）。事態の処理に失敗した安保理は，緊急特別総会の開催を要請した。3月2日，これに応えて開催された総会は，ロシアの軍事侵攻を憲章2条4項に違反する「侵略」として非難し，つづいてロシアの武力行使の即時の停止，およびロシア軍隊のウクライナ領域からの即時・完全・無条件の撤退その他を要求した（緊急特別総会決議11/1：賛成141，反対5（ロシア

を含む），棄権35）。しかし，ロシアはこの決議に応えることなく，むしろ侵攻を拡大し，反撃するウクライナ軍とのあいだに戦闘を繰り広げる事態がつづいた。さらに同年9月には，ロシアは軍事占領下においたウクライナの4州での住民投票の実施等を理由に4州のロシア領併合を宣言した。これに対して，10月12日に開催された緊急特別総会は，「住民投票」そのものの違法性を含めて，ロシアによる4州の併合は違法であり，国際法上の効力を有しえないとし，また，すべての国家，国際機関はこの一方的な領土変更を承認しないよう求めた（緊急特別総会決議11/4：賛成143，反対5，棄権35）。

　他方，ロシアはこれらの決議に構う様子はなかった。たしかに総会の決議は，憲章上「勧告」としての効力をもつにとどまり，安保理が第7章の事態についてとる「決定」のように全加盟国を法的に拘束する力をもっていない。その意味でロシアは，法的観点からすれば"合法的"に総会決議を無視しえたといえよう。それならば，総会の決議は総じて無意味であるかといえば，決してそうではない。上記の2つの総会決議はともに加盟国の高い支持を受けて採択されたものであり，それがその後の各加盟国の行動態様に大きな影響を与えることになるからである。ことに第一の決議（3月2日採択）がロシアの行動を「侵略」と公式に認定したことは重要である。現代国際法においては，「侵略」行為は第一級の違法行為である。加盟国とりわけ決議賛成国がこの認定をそのまま放置するとは考えられない。実際その後，多くの国家あるいは国家グループが対ロシア経済制裁の実施，あるいはウクライナへの人道的・経済的支援を行い（主要7か国グループ，EU諸国その他），またNATO諸国を中心とした一定の軍事的支援（武器等の軍事機器の供与）も周知のとおりである。

⑤ 自 衛 権

(1) 概　　説

　集団安全保障体制の実施とはいっても，それがつねに万全である
わけではない。とくに，突発的な武力攻撃に対して即応できるとは
かぎらない。こうした事態に備えて，国連憲章は，武力攻撃が発生
した場合には，まずは攻撃を受けた国が防御のための自衛権（right
of self-defense）を行使することを認めた（51条）。つまり，みずから
軍事的な防衛措置を講ずることであるが，これは，いうまでもなく，
武力不行使原則（2条4）の例外をなす。

　自衛権とは，外国からの攻撃・侵攻に対して自国を防衛するため
の権利である。これはすべての国が有する一般国際法上の権利であ
る。1928年の不戦条約の締結にさいしても，本条約は締約国の自衛
権には何ら影響を与えないことが了解されている。もっとも，歴史
的にみると，近代国際法においては「自衛権」なる概念がどこまで
独自の法制度としての地位を確立していたか，これには疑問を挟む
余地がある。少なくとも，その単独の概念としての意義が強調され
ることはむしろ少なかった。その重要性の認識が乏しかったからと
いうよりは，当時，揺るぎない地歩を築いていた「自己保存権」の
概念のなかにこれが包摂されていたからである。

　国連憲章が認める自衛権には，実は2種類のものがある。個別的
自衛権と集団的自衛権である（51条）。伝統的に自衛権という場合
は前者を意味した。すなわち，武力攻撃を受けた直接の被害国がみ
ずから自衛措置を講ずる権利である。憲章はこれとは別に集団的自
衛権を新たに認めたのであるが，それはいかなる性質の権利である
のか，これを明らかにする必要がある。以下では，2つの自衛権を
分けて考察することとする。

(2) 個別的自衛権

上述のように，攻撃の直接の被害国が行使する権利を個別的自衛権という。通常，自衛権という場合はこれをさす。伝統的に認められてきた自衛権の系譜に属するものであるが，現在ではこれを憲章規定と合わせて読む必要がある。正当な自衛権の行使は，武力行使としての違法性が阻却される。そのためには，次の3つの要件，すなわち，①武力攻撃の発生，②緊急性（必要性）の存在，③均衡性の確保，を充たさなければならない（ニカラグア事件・*ICJ Reports 1986*, p.103, para.194；オイル・プラットフォーム事件・*ICJ Reports 2003*, p.196, para.74）。

①の「武力攻撃」（armed attack）とは，国際司法裁判所によれば，侵略行為に相当するような「もっとも重大な形態の武力の攻撃」をさし，重大性の低いものを含まない。②の緊急性（necessity）とは，武力による反撃のほかに別の手段がないことをさし，③の均衡性は，自衛のための武力の行使が均衡を失する過剰なものではないことをいう。アメリカはオイル・プラットフォーム事件（アメリカ艦船によるイランの石油開発施設への攻撃事件）において個別的自衛権を援用して自国の武力行使を正当化しようとしたが，国際司法裁判所は，アメリカの行動はこれら3要件のいずれも充足するものではないとした（*ICJ Reports 2003*, pp.195-199, paras.72-77）。

これら3要件のうち，①の要件（武力攻撃の発生）は，伝統的には攻撃の差し迫った急迫性があればよいとされてきたが（カロライン号事件・1837年），憲章が武力攻撃の「発生」を要件としたことは，自衛権をより広く認めてきた伝統的立場を縮減したものと解される。したがって，この解釈からすれば，いわゆる先制自衛の概念，すなわち相手国の攻撃を予見して機先を制する行動が憲章上の自衛権の

行使とみなしうるかどうか，この点はむしろ消極に解すべきであろう。ただ，武力攻撃の「発生」という場合であっても，ある程度の幅が認められる。今日の核ミサイルの時代を考えると，必ずしも実害の発生までまつ必要はなく，自国への攻撃の開始をもって本要件は充足されたと解することは不合理ではない。

加盟国がとる自衛の措置は直ちに安保理に報告するものとし，安保理が「必要な措置をとるまでの間」，これが認められる（憲章51条）。これは，憲章が定めた新たな条件である。

(3) 集団的自衛権

(i) 導入の経緯

国連憲章の原案であるダムバートン・オークス提案（1944年）には，自衛権に関する規定は存在しなかった。国連の集団安全保障が首尾よく展開されるとの見通しから，個々の国家による自衛権行使の必要性が格別に認識されなかったのである。しかし，この新体制が万事うまく機能するとはかぎらない（拒否権の行使等）。そこで，地域的な共同防衛体制を構想していたラテン・アメリカ諸国は，国連の機能不全を想定しながら，武力攻撃の発生時には共同防衛の権利が認められるべきであるとした。これがサンフランシスコ会議（1945年）で承認され，憲章第51条の規定となったのである。

(ii) 学説の状況

集団的自衛権はいかなる国が行使しうる権利であろうか。憲章上，直接の被害国（被攻撃国）がもつ個別的自衛権とは別に認められるのであるから，これは被攻撃国以外の国が行使する権利と解さなければならない。しかし，その資格を有する国の枠づけについては解釈上の一致はみられない。複数の被攻撃国が共同で個別的自衛権を行使する権利とみる説（共同自衛説），被攻撃国と政治的・経済的に

密接な関係にある国のみがこの権利を行使しうるとする見方（限定共同防衛説），すべての国がこの権利を行使することができるとする見解（任意的共同防衛説）など，とらえ方の落差は大きなものがある。

　他方，国際司法裁判所はニカラグア事件（1986年）において，別の視点から，つまりこの自衛権の行使の要件の提示という観点から，この問題に一定の解答を与える立場をとった。

(iii)　本自衛権行使の要件

　アメリカはニカラグア事件において，その軍事行動がニカラグアからの武力攻撃を受けている隣国エルサルバドルの防衛のための集団的自衛権の行使であると主張した。この主張を受けて国際司法裁判所は，集団的自衛権が正当化されるための要件を明らかにした。それによると，先に述べた個別的自衛権の場合の3要件（武力攻撃の発生，緊急性，均衡性）に加えて，被攻撃国の「宣言」（declaration）と「要請」（request）が必要であるとした（*ICJ Reports 1986*, pp.103-105, paras.195-199)。「宣言」とは，武力攻撃を受けた旨の事実を被攻撃国がみずから明らかにすることである。これは，他国の恣意的な認定を排除する効果をもつ。「要請」は，その被害国が他の特定の国に支援を要請することである。ただ，この2点が特別に要件とされる法的理由は明らかにされていない。おそらくは，これにより，この自衛権の濫用を抑制しようとする趣旨のものと解される。

　なお，わが国はこれまで，他国の防衛にかかわる集団的自衛権はわが国憲法の許容するところではないとの立場をとってきたが，2015年の「武力攻撃事態・存立危機事態対処法」は，「我が国と密接な関係にある他国に対する武力攻撃が発生し，これにより我が国の存立が脅かされ」る場合には，わが国は必要な行動をとるものとした（2条）。これは，わが国独自の限定的要件の下に集団的自衛

権の行使に道を拓いたものであるが，しかし，本法制定過程で提起された憲法上の疑義が解消されたわけではない。

(4) テロ攻撃と自衛権

国際法上の自衛権は，国際司法裁判所が認めるように，「1国による他国への武力攻撃」（パレスティナ壁建設事件・2004年）がある場合（国対国）に行使されるものと解されてきた。ところが，2001年の同時多発テロ事件（9・11事件）においてアメリカは，本事件はアフガニスタンに拠点をおくテロ組織アルカイダによる攻撃であるとして，自衛権を援用してアフガニスタンでの軍事行動を展開した。また，このテロ攻撃を非難した安保理決議1368および1373も，その前文において加盟国の自衛権に言及した（ただし，これがアメリカの自衛権行使を法的に是認したものと解しうるかどうかは疑問である）。本件を契機に非国家主体たるテロ組織の大規模な攻撃に対する自衛権の行使を肯定的にとらえる立場がみられるようになったが，一般にテロ行為に対しては，各国はテロ関係条約にのっとった行動をとらなければならず，直ちに武力的反撃に訴えることが許されるわけではない。だた，9・11事件のような大規模な攻撃に対しては例外的に武力的防御策（自衛行動）が許されるか否かが別途に問題となるが，いまだ法的に確立した立場はみられない。

(5) 人道的干渉と在外自国民の保護

(i) 人道的干渉

他国において重大かつ組織的な人権侵害がある場合に，これを阻止するための外国の武力的介入が許されるかどうか，国際法上，久しく論じられてきた争点である。近代においては，それが正当な「干渉」行為にあたるかどうか，また現代国際法においては，それが合法的な「武力行使」として容認されるかどうか，という視点か

ら論争の的となってきたのである。近年では，ユーゴスラヴィア（セルビア）のコソボ住民に対する弾圧を制止するために NATO 諸国が行ったユーゴ（セルビア）空爆（1999年）が人道的干渉として正当化されるかどうか，この論争を再燃させた。

　問題の核心は，国連憲章がこの種の武力的介入を許容しているか否かである。憲章上，明示的に許容される武力行使は自衛権の行使（51条）と安保理の許可にもとづく軍事的行動（第7章）のみであることを考えると，この点は慎重な判断を要する。目的がよければ，どのような手段もよし，ということにはならないからである。また過去の例では，その目的が恣意的に濫用されることがあったことにも注意する必要がある。なお，コソボ事件後，被抑圧人民に対する国際社会の「保護する責任」（responsibility to protect）の観念が強調されるようになったが，これは個別国家によるいわゆる人道的干渉を許容するものでも，推奨するものでもない。

(ii)　在外自国民の保護

　在外自国民の生命・身体が危機にさらされている場合，最後の手段として，本国が実力（武力）に訴えて救出をはかることがある。1976年のエンテベ空港急襲事件（人質にとられた自国民のイスラエルによる救出作戦），1980年の在テヘラン米国大使館職員等の救出行動（本件は救出に失敗），などがその例として挙げられる。このような武力の行使は，戦前までは自衛権の一環として主張されることが少なくなかった（上記テヘラン事件でもアメリカは自衛権を援用した）。しかし，自国への「武力攻撃」の発生を自衛権の要件とする憲章規定からすると，このような武力行使を憲章上に正当に位置づけることは困難であろうと解される。

ヤルタ方式

　国際連合の創設のための条約，すなわち国連憲章の作成の作業は，第2次世界大戦時，アメリカ政府の主導の下にすすめられた。1944年，ワシントン郊外のダンバートン・オークスに参集した米・英・ソ・中の4か国代表はアメリカ政府の用意した試案にもとづき新国際機構創設の具体策を検討し，いわゆる「ダンバートン・オークス提案」を採択した（以下，これを「D・O提案」，またこの会議を「D・O会議」と略称する）。この提案は，翌年サンフランシスコで採択された国連憲章の原案となったものである。ただ，この提案ではいく点かの未解決の問題を残していた。そのうちの最重要な案件のひとつが安保理の表決問題であった。D・O提案では，平和と安全の維持に重要な責任を負う安保理は常任理事国と非常任理事国で構成され，前者は「拒否権」を有することがすでに取り込まれていた（なお常任理事国は会議4か国に加えて，いずれフランスを含めることが了解されていた）。問題はその表決方法である。安保理の主要な任務は，現憲章でいえば，第6章の紛争の平和的解決を図ること，および第7章の武力侵攻等の発生に対して強制措置をとることであるが，そのさい理事国自身が当該事案の当事国である場合，その理事国は投票権を有するか否かである。

　D・O会議では，この点をめぐってイギリスとソ連代表とのあいだに深刻な意見の対立が生じた。イギリスは，いずれの場合の事案であっても，その事案の当事者たる理事国は投票権を有することはないとし（したがって常任理事国がその当事者であるときは拒否権を行使しえないことになる），他方，ソ連はこれに真っ向から反対し，いずれの場合でも理事国の投票権は否定されるべきではないとの立場であった（拒否権行使の是認）。イギリスの主張が純法理的立場に立つのに対し，ソ連の主張は理事会の政治的機能を極度に強調したものといえよう。主催国アメリカは基本的にイギリスと同じ立場であったが，両国の態度があまりに非妥協的であったことから，この場での解決を断念し，別の機会に先送りすることとし

た。その機会は翌1945年2月のヤルタ会談の場となった。ヤルタ会談
は，周知のように，ルーズベルト（米），チャーチル（英），スターリン
（ソ連）の3首脳による戦後処理の会議である（わが国では，北方領土の取
決めを含む「ヤルタ協定」の締結の場として知られている）。ルーズベルトに
とっては，ヤルタ（クリミア半島南部）への長旅は体力的に過酷であった
といわれる（彼は2か月後に他界している）。さて，前年来の課題であった
安保理の表決問題については，アメリカは妥協案を提示し，英・ソ連の
同意を求めた。その要点は，手続問題以外のすべての事項の安保理の表
決は常任理事国の同意投票を含む7理事国の賛成投票によって行われる
（1965年の改正により現在では「9理事国」）。ただし，紛争の平和的解決に
関する議決については，当該紛争の当事国は投票を棄権しなければなら
ない，とするものである（現憲章27条参照）。その結果，紛争の解決とは
異なる，侵略行為等に対する強制措置の決定の場合には，その対象と
なった理事国も投票権を有することとなり，常任理事国の場合は拒否権
の行使が可能となるので，事実上，常任理事国に対しては強制措置はと
りえないことになる（ロシアによるウクライナ侵攻のさいの安保理の表決はこ
れを実証している（328頁参照））。アメリカはこの妥協案を予め両国に送付
していたこともあり，ヤルタでは特段の反論もなく了承された。この投
票方式は「ヤルタ方式」（Yalta formula）として知られている。同年4月
から始まったサンフランシスコ会議（憲章の採択会議）では，この方式は
大きな議論を呼んだが，そのまま承認された。この会議におけるもっと
も注目される修正は，自衛権，わけても集団的自衛権を認めた第51条
の追加といえよう（332頁参照）。

⑥　平和維持活動（PKO）

(1)　PKO の形成

　国連の平和維持活動（peace-keeping operations：PKO）は，国連の
実践活動をとおして形成された制度である。冷戦期，期待された集

団安全保障制度が機能的低迷を余儀なくされたため，その間隙を埋め合わせるための当座的措置としてとられたものである。国連憲章にはこの制度を認める明示規定がないため，当初は憲章との適合性に争いが生じたが，後述のように，国際司法裁判所はその適合性を認める判断を下した（338-339頁参照）。固有の法的枠組みをもたないため，ひとくちに PKO といっても，その実態は多様性を帯びている。そのため，冷戦期に確立した伝統的 PKO とポスト冷戦期の PKO とでは，その任務や役割に相当な差異がみられる。まず，前者からみることとしよう。

(2) 伝統的 PKO──停戦監視型 PKO

（i）PKO の意義と機能

冷戦期に展開された PKO は，紛争当事者間に停戦の合意が成立したときに，事態の悪化・拡大を防止するため，国連の軍事監視団ないし平和維持軍を現地に介在させ，停戦の監視，軍隊の引離し，治安の維持，停戦協定の履行確保等にあたらせるものである。停戦監視型 PKO と称することができる。ここでは，まずは武力的敵対行動を沈静化させ，そのうえで，別のフォーラムにおける紛争そのものの解決の機会と環境づくりを整えることである。その活動は強制的な制裁措置を実行することではなく，また紛争そのものの解決を実現することでもない。その意味では，その任務は中間的であり，かつ，当座的である。

（ii）国連経費事件の勧告的意見

PKO はスエズ危機のさいの国連緊急軍（UNEF・1956年）の派遣から本格化するが，憲章上の根拠が明確でないため，その後のコンゴ国連活動（ONUC・1960年）の展開とともに，その合法性（憲章との適合性）が問われることになった。国連総会から諮問を受けた国

際司法裁判所は，これらの国連の活動は憲章第7章の強制措置とは区別されるものの，しかしなお，平和と安全の維持という国連の主要目的の実現のためにとられた，憲章の枠内の活動であるとした（国連経費事件（勧告的意見）・*ICJ Reports 1962*, p.151）。裁判所はこの適法性の判断を導くにあたって，憲章規定の目的論的解釈をとるとともに，いわゆる黙示的権限の法理を適用したものと解される（黙示的権限の法理とは，国際機構はその設立基本条約に明示規定がないときでも，その条約規定から必然的に含意される権限を有するとする考え方である（国連賠償請求事件・1949年））。いずれにしても，この意見はPKO の合法性をめぐる議論に終止符を打っただけでなく，その後の PKO の発展に大きく貢献するものであった。

〔本件の参考文献〕*ICJ Reports 1962*, p.151,『基本判例50〔2〕』162頁（森田章夫），『百選〔3〕』84頁（植木俊哉），『判例国際法〔2〕』592頁（松田竹男）。

(iii)　PKO 3 原則

伝統的 PKO（停戦監視型 PKO）は，国際司法裁判所も認めるように，憲章第7章の強制措置とは明確に一線を画する。すなわち，強制措置の場合のように，いずれかの国の行為を「平和に対する脅威」ないし「平和の破壊」（39条）と認定したうえで制裁措置（41条，42条）をとることを目的とする活動ではない。その基本的特性は，PKO の基本原則といわれる次の3原則のなかに的確に示されている（ガリ事務総長『平和への課題——追補』（1995年））。①同意原則，②公平原則，③武器不行使原則，である。いずれの原則も，PKO が法的には強制措置たる性格をもたないことの帰結として導かれるものである。

①の同意原則は，PKO が紛争当事者の同意の下に行われること

を示す。違法な行為に対する制裁措置ではないため，領域主権の原則および憲章2条7項の原則（国連の不干渉原則）から関係国の同意が必要となるのである。②の公平原則も，PKOがいずれかの当事国を違法扱いするものではないので，よって両者を対等に扱うことが求められるのである。同様に③の武器不使用原則も，この活動が第7章の軍事的強制措置ではないことに由来する。ただし，本原則はPKO部隊の自衛のさいの武器の使用を禁ずるものではない。

(3) ポスト冷戦期のPKO——国家構築型PKO

冷戦終焉後は，国家間の紛争を対象とした伝統的PKOに加えて，新たに民族的・宗教的対立に起因する内戦の処理に送られるPKOが急増した。そのなかには，第2次国連ソマリア活動（UNOSOM Ⅱ・1993年）や旧ユーゴ国連保護軍（UNPROFOR・1993年）のように，憲章第7章にもとづく武力的強制権の与えられた活動もみられた。しかし，PKOの本来の活動を踏み越えたこれらの活動は，結局は国内の武装グループとの戦闘に巻き込まれる結末となり，成果をみないまま，国連の自省を促す形で終わった。

むしろ注目されるのは，内戦で疲弊した国家の再建のために派遣されるPKOである。これは，紛争当事者間の包括的和平協定を機に，その実現を支援する活動であって，総選挙の実施，治安の維持，社会基盤の整備，行政管理，人権の監視，難民の帰還など，多様な任務を包含する。したがって，軍事部門のみならず，民政，行政部門の要員も必要とする，新しい形態の国家構築型PKOである。この新形態のPKOは，前述のPKO3原則を基本としつつも，不測の事態に柔軟に対応しうるように，多くの場合，憲章第7章に設置の基礎をおきつつ，3原則を多少とも緩和する措置をとっている（同意原則や武器不使用原則の緩和など）。

この種の PKO の事例としては，国連ナミビア独立支援グループ（UNTAG・1989年），国連カンボジア暫定統治機構（UNTAC・1992年），東ティモール国連暫定行政機構（UNTAET・1999年），コソボ国連暫定行政派遣団（UNMIK・1999年）などが挙げられる。また，2011年に独立したばかりの南スーダン（スーダンから分離・独立）に対して派遣が決定された南スーダン派遣団（UNMISS・2011年）も，このカテゴリーの PKO である。

⑷　日本と PKO

　日本は1992年の国際連合平和維持活動協力法（PKO 協力法）の制定によって，自衛隊員の PKO への派遣が可能となった。これまで，わが国は選挙監視団員として文民を派遣することはあったが，自衛隊の派遣は政治的・法的理由から見送られてきた。本法は伝統的 PKO への参加を前提としつつ，日本の参加の条件として，①停戦合意の存在，②紛争当事者の同意，③中立的立場の維持，④以上の原則が満たされなくなった場合の部隊の撤収，⑤武器の使用は自己や他の要員等の生命身体の防護に必要な場合にかぎられること，を明らかにした（6条7）。本法制定時は後方支援活動の参加に限定し，停戦監視や武装解除などのいわゆる本体業務（3条3号イ〜への業務）への参画を見送ったが，2001年の法改正により，この凍結は解除された。こうして，日本はこれまでカンボジア，モザンビーク，ゴラン高原，ハイチ，南スーダン等へ要員を派遣してきた。

第13章

武力紛争法

本章の検討課題

　戦争や武力行使が違法化されたからといって，この地球上から戦乱の砲火が軒なみ消え去るわけではない。多様な原因により折ふし発生するであろうことは，近年の次の諸事例からも伺い知ることができる。安保理の授権による多国籍軍の対イラク攻撃（湾岸戦争・1991年），その法的根拠（人道的干渉）の是非を二分するNATO諸国によるユーゴ空爆（1999年），同時多発テロ事件後の米・英の自衛権の主張にもとづくアフガニスタン軍事作戦（2001年），さらには，その法的正当性に重大な疑義がもたれるイラク戦争（米・英による対イラク攻撃・2003年）など，さまざまな事情による戦闘行為がみられる。

　このように，武力抗争が現実に発生する以上は，その法的評価の問題（それは何らかの事後の審判に託すべき問題）とは別に，とにかくその惨禍・惨害を最小限に食い止めなければならない。それが現代の武力紛争法の存在理由である。すなわち，武力抗争を行うにさいしても，人道の基本的要請に背くことは許されないのである。本章では，この要請の下に，今日の武力紛争法がどのような規律を設けているか，すなわち，戦闘の手段や方法をどのように規制し，また武力紛争の犠牲者をどのように保護しようとするものか，これらに関する規律の要点を概説することとする。なお，本書では「武力紛争

法」(law of armed conflict) という用語を使用したが，これと
ほぼ同義的に「国際人道法」(international humanitarian law)
という呼称も広く使われている。

I 事例の紹介

事例13　国連総会は，1994年，「核兵器の威嚇または使用はいかな
る状況においても国際法上許されるか」，との問題について国際司法裁
判所に勧告的意見を要請した。背景には，その前年，世界保健機関
（WHO）が「健康と環境への影響という観点から」同旨の意見要請を
行った経緯があった。WHO の要請は，いくつかの NGO の強い後押し
によるものであった。しかし，WHO がこの種の問題，つまり核兵器使
用の問題について諮問する権限を有するかどうか，当初より疑義がもた
れていた。そこで，この点で疑いの余地のない国連総会が改めて上記の
意見要請を行ったものである（なお，裁判所は WHO の要請については，「そ
の活動の範囲内において」生ずる問題ではないとして（国連憲章96条2参照），意
見の回答を拒否した（1996年））。

　付言するなら，この意見要請（国連総会）は現実に生じた事件に関係
するものではないので，その意味で抽象的性格の事案である。裁判所は，
勧告的意見の場合は必ずしも事件性の要件は必要ではない，との立場を
本件でも再確認している。

　裁判所の勧告的意見の骨子は以下のとおりである。

　本件の諮問は国際人権法や国際環境法にも関係するが，もっとも直接
的に関係する法は国連憲章の武力行使に関する関連規定と武力紛争に適
用される法（武力紛争法）である。これらを検討すると，次のような法
的帰結が導かれる。

　①慣習国際法および国際条約で核兵器の威嚇・使用を特別に許容する
ものは存在しない。②非核地帯条約などの特定の地域での規制を別とし

て，核兵器の使用を一般的に禁止する条約は存在しない。また，現に核の「抑止政策」（policy of deterrence）に依拠する国が存在するなど，核兵器に対する各国の立場の亀裂にかんがみると，その使用を禁止する慣習国際法の成立を認定することはできない。③国連憲章との関係で問題となるのは第2条4項の武力不行使原則，および，その例外としての第51条の自衛権の規定と第42条の軍事的強制措置の規定である。これらの規定は使用される兵器のいかんを問わず適用されるものであり，また自衛権の行使の場合は固有の要件を充足しなければならない。したがって，憲章第2条4項に違反し，また第51条の要件を充たさない核兵器の使用は違法である。

④国際人道法（武力紛争法）の基本原則は，第1に，文民と戦闘員を区別することであり（前者への攻撃の禁止），第2に，戦闘員に不必要な苦痛を与える兵器を禁止することである。核兵器の威嚇・使用は，とりわけ国際人道法の諸原則と規則，ならびに核兵器を明示的に取り扱う条約その他の義務と両立するものでなければならない。⑤核兵器の比類のない特性（unique characteristics）にかんがみると，その使用は上記④の要件とほとんど調和しないとみられる。よって，核兵器の威嚇・使用は武力紛争に適用される国際法，とりわけ人道法の原則と規則に一般的には（generally）違反するであろう。しかしながら，国際法の現状と裁判所が利用可能な事実の要素にかんがみると，裁判所は，国家の存亡がかかるような自衛の極限状況における核兵器の威嚇・使用が合法か違法について確定的な結論を下すことはできない。⑥核兵器不拡散条約第6条および国連の関係決議にかんがみて，全面的な核軍縮をもたらす交渉を誠実に実行し，これを完結させる義務がある。

国際司法裁判所・核兵器使用の合法性事件（**1996年**）

〔参考文献〕*ICJ Reports 1996 (I)*, p.226,『基本判例50〔2〕』174頁（繁田泰宏），『百選〔3〕』214頁（佐藤義明），同84頁（植木俊哉・WHO 諮問），『判例国際法〔2〕』619頁（藤田久一），『国際法外交雑誌』第99巻3号62頁（真山全），同第99巻2号33頁（杉原高嶺・WHO 諮問）。

Ⅱ　武力紛争法の特質

❶　*jus ad bellum* と *jus in bello* の区別

　近代国際法はその誕生の当初から戦争の位置づけ，あるいはその規制の問題と深く対峙してきた。というより，対峙せざるをえなかったのである。国際法の初の体系書といわれるグロティウスの『戦争と平和の法』（1625年）は，彼が序論で述べるように，「諸国家のあいだには戦争に対して，また戦争において，ともに効力をもつ共通の法が存在する」のであって，これを説き明かすことが本書の執筆の機縁だったのである。この一文における「戦争に対して，また戦争において」適用される法とは，それぞれ *jus ad bellum* と *jus in bello* をさす。前者は戦争に訴えること自体の合法・違法を規律する法をさし，後者は戦争を遂行するさいに守られるべき規則を定めた法である。この当時は両者を合わせて広く戦争法と呼ばれたが，2つの法は適用される次元を異にする。グロティウスの当時に支配的であった正戦論（正当な原因にもとづく戦争のみが合法的であるとする法理）は，*jus ad bellum* に属するものであり，他方，19世紀に飛躍的に発展する戦争法規（交戦法規，中立法規）は，*jus in bello* のものである。わけても19世紀においては戦争そのものの合法性を規律する法観念が大幅に後退したことから（戦争容認論），事実上 *jus ad bellum* が姿を隠す状態となり，戦争法（戦時国際法）といえば *jus in bello* をさす状況となったのである。

　伝統的戦争法を発展的に継承した現代の武力紛争法の下においても，この2種の法は峻別されなければならない。国連憲章の武力不行使原則（2条4）や自衛権規定（51条）との適合性の問題は *jus ad bellum* の領域に属し，武力紛争法そのものの規律領域（兵器や戦闘方法の規制等）は *jus in bello* のものである。このように，2つの法はそれぞれ適用次元を分けつつ，1つの武力抗争において，つねに同時併行的にその適用が問題となるのである。

② 戦争法から武力紛争法へ

しばしば指摘されるように，伝統的戦時国際法は軍事的必要性と人道的考慮（人道の要請）の均衡をとる形で形成されたものである。今日の武力紛争法もこの基本的基盤を同じくするものの，戦後の人権観念の高揚とあいまって，総じて人道的要請の強化がはかられている。たとえば，戦後の主要な成果である1949年のジュネーヴ4条約（傷病兵保護，海上傷病者保護，捕虜待遇，文民保護の各条約）は，いずれも戦争犠牲者の保護のための条約であり，また，その強化をはかった1977年の2つの追加議定書も，随所に人道原則の向上のための新規定の導入，旧制度の修正などの改善措置を講じている。

国際司法裁判所は，充実化がはかられた今日の武力紛争法は「もっとも普遍的に承認された人道原則を反映するものである」とし，また，この法の「基底にあるのは人道の最優先的考慮である」という（核兵器使用の合法性事件）。こうして，現代の武力紛争法は，伝統的戦争法に比して，質・量ともに人道原則を強化・向上させた法体系をなしており，そこにこの法の存在理由がある。

③ 武力紛争法の射程範囲

以前の戦争法は，文字どおり，国家間の戦争の発生に伴って適用されるものであった。「戦争」か否かは，当事国の戦争意思（*animus belligerendi*・戦意）の有無が重要な決め手とされた。したがって，

大規模な敵対行為が発生しても，当事国が戦争意思をもたないときは，「戦争」とはみなされない余地があった（1931年の「満州事変」はしばしばその例として挙げられる）。他方，武力紛争法は国家間の「すべての宣言された戦争又はその他の武力紛争」に適用される（ジュネーヴ諸条約共通２条）。すなわち，「戦争」であるかどうかを問わず，すべての国際的武力紛争に適用されるのである。これは，この法の存在理由に基礎をもつ要請である。

　もっとも，１国内に生ずる内戦・内乱等の非国際的武力紛争の場合には，この法は適用されない。それらは基本的に１国の国内問題とみられてきたからである。ただ，国際的規制を欠く内戦は，従来，国際的武力紛争以上に凄惨をきわめることが少なくなかったため，上記ジュネーヴ諸条約は内戦に適用される最低限の規定として，共通第３条を設けた。その後，1977年の非国際的武力紛争の第二追加議定書は，この保護の範囲を拡大する措置をとった。

　なお，このときの第一追加議定書は，人民の自決権（right of self-determination）の行使として植民地支配や外国による占領および人種差別体制と戦う武力紛争を「国際的武力紛争」と位置づけた（１条４）。この種の闘争は従来はむしろ内戦とみられてきたのであるが，この地位の変更により，第一追加議定書を含むジュネーヴ諸条約が全面的に適用されることになる。その背景には，当時，自決権が国際法上の権利であることがいよいよ揺るぎないものとなったことから，その実現に広い法的保護を授けようとする主意が込められているのである。

④　武力紛争法の平等適用

　現代の *jus in bello* を定める武力紛争法は，それぞれの紛争当事

者間で平等に適用される。すなわち，いずれが攻撃国であるか被害国であるかを問わず，この法は双方に平等に適用されるのである。以前には，違法な侵略国（*jus ad bellum* の違反国）にも同様の法の保護を与える（武力紛争法の適用）のは妥当ではないとする，いわゆる差別適用論も唱えられたが，今日では受け容れられていない。この法は，何より戦闘の惨禍の最小化という人道目的を至上の使命としているからである。第一追加議定書は，武力紛争の性質・原因・理由によって「不利な差別をすることなく」，「すべての場合において完全に適用されなければならない」ことを確認した（前文）。

　したがって，*jus ad bellum* の違反問題は，別途しかるべき手続と機関において処理されなければならない。湾岸危機（イラク軍によるクウェート侵攻）のさいの安保理によるイラクの「平和の破壊」の認定（憲章39条），あるいはニカラグア事件における国際司法裁判所によるアメリカの軍事活動の違法性の判定（集団的自衛権の否認）などは，それぞれこの問題に関する1つの解決策といえよう。

Ⅲ　戦闘手段と方法の規制

◤１◢　ハーグ法とジュネーヴ法の統合化

　武力紛争法は，大要，戦闘の手段・方法を規制する法規と，傷病者や捕虜などの戦争犠牲者の保護にかかわる法規とに大別される。前者の法規則は，ハーグ陸戦条約（附属書のハーグ陸戦規則を含む・1907年）など，主としてハーグで締結される条約に定められたことから，これを「ハーグ法」（Hague law）と呼び，後者はジュネーヴの諸条約に規定されたことから「ジュネーヴ法」（Geneva law）と称された。しかし，この区別は相対的なものでしかない。たとえば，

ハーグ陸戦規則が捕虜の待遇に関する諸規定を含んでいるように，それぞれの法（条約）は，多かれ少なかれ，他方の法規則を取り込んでいるのである。わけても，ジュネーヴ第一追加議定書（1977年）は，いわゆる「ハーグ法」に属する重要な諸規則の発展的な修正を施しつつ，両法の意識的な融合をはかっているとさえいえる。かくして今日では，この区分を止揚した，両者の統合化がはかられつつあるといえる。この傾向は国際司法裁判所もはっきりと認めるところである（核兵器使用の合法性事件・1996年）。

② 戦闘手段の規制（兵器の規制）

ハーグ陸戦規則（1907年）は，害敵手段（戦闘の手段・方法）の選択において交戦国は「無制限ノ権利ヲ有スルモノニ非ス」として，さまざまな制限を設けた（22〜28条）。今日，その規制はさらに進展している。まず兵器の規制からみてみよう。

(1) 一般的規制方式

戦闘「手段」の規制という場合は，通常は使用する兵器・武器の制限をさす。これには2つの規制方式がある。1つは，一般的な規制規準を定めるものであり，他の1つは，特別の条約をもって特定の兵器を禁止する方法である。まず前者からみると，次の3つの一般的規準が認められる。

(i) 不必要な苦痛を与える兵器

この規準は，｜事　例13｜でみたように，国際司法裁判所が武力紛争法の「基本原則」の1つとして掲げるものであって，1868年のサンクト・ペテルブルク宣言以来，一貫して受け容れられてきた規則である（ハーグ陸戦規則23条㈥，第一追加議定書35条2）。具体的にいかなる兵器がこれにあたるかは個別的な判断を必要とする。そのなか

には，1899年のダムダム弾禁止宣言や近年の対人地雷禁止条約（1997年）のように，条約でその禁止が明確化されたと解されるものもある。

(ii)　軍事目標に限定しえない兵器

この制限は後述の軍事目標主義に由来する。つまり，軍事目標（military objective）と文民・民用物（civilian, civilian object）とを区別しえない兵器は禁止の対象となる（第一追加議定書51条4(b)）。核兵器は，上の(i)の兵器であると同時に，一般にこれに該当するとの見方が支配的である。上の対人地雷はこの規準からも問題視されてきた兵器である。

(iii)　広範な環境被害を与える兵器

第一追加議定書は，「自然環境に対して広範，長期的かつ深刻な損害」を与えることを目的とし，または，それが予測される戦闘方法と手段の使用を禁止した（35条3）。こうした効果を引き起こす兵器の使用が一般的に禁止されるが，ここではその保護法益（法によって保護される利益）の対象が「自然環境」（natural environment）であることに注視する必要がある。

(2)　条約による特定の兵器の禁止

上の一般的規制方式は新兵器にも広く対処しうる利点をもつ反面，これをかいくぐろうとする兵器には対応しえないという難点をもつ。そこで，特別の条約をもって禁止される兵器の種類・性質を特定化する方法も広くとられている。たとえば，毒ガス禁止宣言（1899年），自動触発海底水雷条約（1907年），細菌兵器（生物兵器）・毒素兵器禁止条約（1972年），特定通常兵器条約（1980年），化学兵器使用禁止条約（1993年）等である。

(3) 核兵器使用の合法性問題

　核兵器の使用は合法か違法か。わが国のいわゆる原爆訴訟（広島・長崎への原爆投下の合法性が争われた事件）において東京地裁は，両市への原爆投下は無防守都市（敵の占領企図に対して抵抗しない都市）に対する無差別爆撃であり，また原子爆弾は国際法上使用が禁止された兵器であるとして，その投下を当時の国際法に違反するものとした（東京地判昭38・12・7下民集14巻12号2435頁）。

　事例13で国際司法裁判所が核兵器の使用は一般的には違法としたのは，次にみる軍事目標主義の原則や不必要な苦痛を与える兵器の禁止原則等と両立しないという理由によっている。ただ，「一般的に」（generally）違法という表現は例外が存することを示唆するもののようにも解され，そうだとすれば，どのような場合が例外なのか，この点で曖昧さを残しており，加えて「自衛の極限状況」での使用の判断も留保していることを考えると，ここに本意見の法的意味での限界が刻まれているといえよう。

　上記事例13で裁判所が指摘するように，これまで核兵器の使用を禁止する特別の条約も，また，その使用そのものを違法とする慣習国際法も存在しないとされてきたが，2017年，国連本部で開かれた会議において核兵器の使用（保有を含む）を禁止する初の条約，核兵器禁止条約が採択され，50カ国の批准をえて2021年1月に発効することとなった。歴史的に注目される条約であるが，最大の難点は核兵器保有国および核の傘の下にある諸国（同盟国等）が本条約への不参加を表明していることである。そのため，条約の実効性の確保が大きな課題として残ることになる。条約を促進する締約国の側は，この先，批准国のさらなる増大と国際世論の向上をはかりつつ，核保有国の意識改革を促すことに主眼をおくことになる。

③ 戦闘方法の規制

(1) 軍事目標主義

戦闘方法の規制については若干の変遷と修正がみられる。現在の制度は第一追加議定書の定めるところによる。それによれば、まず無差別攻撃は禁止される（51条4）。無差別攻撃とは、文民と戦闘員、民用物と軍事目標とを区別しない攻撃をいう。言い換えれば、攻撃は軍事目標（戦闘員を含む）のみを対象としなければならない（48条、52条2）。これを軍事目標主義という。これは、先に述べた不必要な苦痛を与える兵器の禁止原則とともに、国際司法裁判所が「基本原則」として示すものである（*ICJ Reports 1996 (I)*, p.257, para.78）。

第一追加議定書は、これを厳格に適用する方針をとった。たとえば、危険な力を内蔵する工作物・施設（ダム、堤防、原子力発電所）は、たとえそれが「軍事目標である場合であっても」、そこへの攻撃が住民に重大な損失をもたらすときは、原則として攻撃の対象としてはならないとし（56条）、また、「軍事的利益との比較において」、巻き添えによる文民の被害が「過度」（excessive）となることが予測される攻撃は無差別攻撃とみなすものとした（51条5(b)）。

(2) 背信行為

背信行為（perfidy）による敵の殺傷は早くから禁止されてきた（ハーグ陸戦規則23条(ロ)、第一追加議定書37条1）。背信行為とは、敵の信頼を裏切る意図をもってその信頼を誘いつつ行う殺傷行為である。傷病による戦闘不能を装うこと、文民・非戦闘員を装うことなどである。あらゆる法の基底をなす信義則に直接に基礎をもつ原則である。これとは別に、いわゆる奇計は禁止されない。偽装、囮（おとり）、陽動作戦、虚偽情報の使用など、これらは敵を欺く意図を有するものの、敵の信頼を誘いつつこれに背く行為ではない。

Ⅳ　戦争犠牲者の保護

❶　武力紛争の犠牲者の保護

　武力紛争法のうち伝統的に「ジュネーヴ法」と呼ばれた法分野は，基本的に戦闘行為の犠牲者の保護・救済のための法規則である。1949年のジュネーヴ４条約（傷病兵保護，海上傷病者保護，捕虜待遇，文民保護の各条約）は，この分野の法を集大成したものである。傷病者の保護は早くも1864年の傷病者改善条約に始まる。この条約がイタリア統一戦争の惨状を目のあたりにしたジュネーヴ市民アンリ・デュナンの『ソルフェリーノの想い出』（1862年）に触発されたものであることは世に知られている。また，捕虜の取扱いについてはハーグ陸戦規則に重要な規定が設けられており（４～20条），その後，1929年の捕虜待遇条約へ，そして，その改正条約として先の1949年のジュネーヴ捕虜待遇条約（第３条約）へと発展するのである。1977年の第一追加議定書は，「ハーグ法」と呼ばれた諸規則（戦闘の手段・方法の規制）の現代的修正を融合させつつ犠牲者保護のさらなる強化をはかったものである。

　なお，国際司法裁判所は，パレスティナ壁建設事件（勧告的意見・2004年）において，イスラエルがパレスティナの占領地での分離壁の建設とともにイスラエル人民の入植を強行したことは，占領地への自国文民の移送を禁止したジュネーヴ文民保護条約第49条６項の違反をなすものと認定した（*ICJ Reports 2004 (I)*, p.183, para.120）。

　〔参考文献〕*ICJ Reports 2004 (I)*, p.136,『基本判例50〔２〕』186頁（坂本一也），『百選〔３〕』226頁（真山全），『判例国際法』〔３〕697頁（藤田久一・浅田正彦）。

② 捕虜の待遇

(1) 捕虜の地位

戦闘員が相手国の権力内に陥った場合は捕虜となる。「捕虜ハ人道ヲ以テ取扱ハルヘシ」（ハーグ陸戦規則４条）。これが捕虜の待遇の基本である。捕虜は，武力紛争法および抑留国の法令に違反する行動がある場合を別として，戦闘行為そのものの結果（相手戦闘員の殺傷等）について刑事責任を追及されることはない。また，敵対行為の終了後は，捕虜は遅滞なく解放・送還されなければならない。

(2) 捕 虜 資 格

このような捕虜としての資格を有するのは，すなわち戦闘員資格を有する者である。旧くは，捕虜資格は国家の正規軍に属する者にかぎられたが，ハーグ会議（1899年）では，十分な正規軍をもたない中小国の主張を考慮し，一定の条件の下に，さらに非正規軍たる民兵・義勇兵および群民兵（侵入する敵軍隊に対し自主的に武器をとる住民兵）にも捕虜資格を認めた（ハーグ陸戦規則１条，２条）。1949年の捕虜待遇条約はさらにレジスタンス（組織的抵抗運動団体）の構成員にもこの資格を認めた。しかし，第一追加議定書（1977年）は伝統的な正規軍・非正規軍の区別を設けずに，責任ある司令部の下に組織された兵力を一律に軍隊とし（民族解放団体を含む），これに戦闘員・捕虜資格を与えた（43条，44条。ただし戦闘中は「自己と文民たる住民とを区別する」ことを条件とする）。

戦闘員および捕虜資格の問題は，戦時国際法・武力紛争法に絶えず付きまとった難問の１つであった。本章の 国際法豆知識 で取り上げる「マルテンス条項」は，ハーグ会議（1899年）におけるこの問題の打開策として採択されたものである。

なお，傭兵（私的利得のために敵対行為に参加する外国人要員）は捕

虜資格を有しない。また，非国際的武力紛争（内戦）においては，いわゆる捕虜制度は適用されないが，第二追加議定書は「自由を奪われた者」の取扱いとして，最小限の人道的待遇を定めた（5条）。

国際法
豆知識
マルテンス条項

ハーグ陸戦条約（1899年，1907年改正）の前文には，戦争法に関する，広く聞こえた次の一文がある。「締約国ハ，其ノ採用シタル条規ニ含マレサル場合ニ於テモ，人民及交戦者カ依然文明国ノ間ニ存スル慣習，人道ノ法則及公共良心ノ要求ヨリ生スル国際法ノ原則ノ保護及支配ノ下ニ立ツコトヲ確認スルヲ以テ適当ト認ム」と。いわゆるマルテンス条項（Martens Clause）である。この条項は，第1回ハーグ平和会議（1899年）の陸戦条約の採択にさいして，戦闘員資格の範囲をめぐって意見の対立が生じたため，その収束をはかるための妥協策として委員会議長であったマルテンス（ロシア代表）によって提案されたものである。そのため陸戦条約は，本条項は附属の陸戦規則の「第一条及第二条」，すなわち戦闘員資格の規定について「特ニ右ノ趣旨ヲ以テ之ヲ解スヘキモノ」（前文）と断ったのである。

核兵器使用の合法性事件（事 例13）において国際司法裁判所は「現代版マルテンス条項」に言及した。第一追加議定書の次の規定である。「文民及び戦闘員は，この議定書その他の国際取極がその対象としていない場合においても，確立された慣習，人道の諸原則及び公共の良心に由来する国際法の諸原則に基づく保護並びにこのような国際法の諸原則の支配の下に置かれる」（1条2）。本議定書では，その前文ではなく，本文規定に格上げされており，かつ，武力紛争法全般にかかわる規則とされている。しかしながら，本条項がもつ法的意味は決して明瞭とはいいがたい。裁判所は，マルテンス条項が「軍事技術の急速な展開に対処する効果的な手段であることを示した」というが，その具体的理由

は明示されていない。

　本条項の真髄は，条約規定がないときでも，「確立された慣習」のほか，「人道の諸原則」(principle of humanity) と「公共の良心（の命令）」(dictates of public conscience) に由来する国際法の諸原則が適用されるとしたことである。慣習法の適用はいわずもがなであるが，問題は後2者である。人道と公共良心にもとづく国際法原則なるものが，それ自体として独立に存在するのであろうか。一般論としては，はなはだ疑問である。カッセーゼ（元旧ユーゴ刑事裁判長）によれば，これは関連する慣習法規則の立証要件を緩和する一文だとされるのであるが，これも定かではない。

　むしろ，本条項は武力紛争法の諸規則の解釈指針を提供するにとどまると解される。少なくとも，この種の原則が法規範として単独に存在するものとは解しがたい。国際司法裁判所が核兵器使用の一般的違法性を認定したのは，軍事目標主義やその他の確立した法規則によっているのであって，マルテンス条項はむしろ補足的に付言されているにすぎない。

　最後に，提案者マルテンス本人について簡潔に紹介することとする。彼はサンクト・ペテルブルク大学の国際法の教授職にあった。帝政ロシア時代の国際法学者として，彼ほど世に英名を馳せた人はいないであろう。ロシア外務省との付き合いも深く，2度のハーグ会議，1890年の奴隷取引防止に関するブリュッセル一般議定書の締結会議，さらには1905年のポーツマス講和会議（日露戦争）等にロシア代表の一員を務めている。学術的業績としてとりわけ注目されるのは，体系書『国際法論』（1883年）と条約集の編纂である。前者は明治33年にわが国にも紹介されている。中村進午訳『国際法』（上・下巻）である。中村は序文にて次のようにいう。「博覧確識以て其主持する所を貫く故を以て〔本〕書は人の愛惜する所となり。譯は夙に佛獨に擴る。近世の学者苟くも斯法〔国際法〕を説く者，氏の著を引用せざるなし」と（〔　〕書きや句読点等は筆者注記）。

V 戦争犯罪と裁判制度

🔳 国内裁判所による裁判

(1) 抑留国による裁判

　以前の戦時国際法の違反行為，いわゆる「通例の戦争犯罪」（*jus in bello* の違反）については，伝統的に当該違反者を抑留した国の国内裁判による刑事責任の追及が認められてきた。ハーグ陸戦規則はこれを明記していないが，戦争法の違反防止の観点からこれが広く実施されてきた。ジュネーヴ捕虜待遇条約は，「捕虜とされる前に行った行為について抑留国の法令に従って訴追」されうることに言及している（85条）。

　他方，ハーグ陸戦条約は，軍隊構成員によるハーグ陸戦規則の違反に関する損害賠償については，当該当事国がその責を負うものとした（3条）。第2次世界大戦後，大戦時の日本軍から同規則違反の損害（労働強制・虐待等）を被ったとするイギリス，アメリカ，オランダ等の元捕虜抑留者から本条にもとづく賠償請求が提起された。これについて東京地裁は，本条（3条）は捕虜所属国の本国による賠償請求を認めたものであって，捕虜個人からの請求権を認めたものではないとして，請求を斥けた（イギリス等元捕虜抑留者損害賠償請求訴訟・東京地判平10・11・26判時1685号3頁）。

(2) 普遍的管轄権の導入

　1949年のジュネーヴ諸条約は，武力紛争法の違反に対して新たな制度を導入した。すなわち，各条約の「重大な違反行為」（殺人，拷問，非人道的待遇，重大な傷害その他）に対しては，その容疑者の国籍のいかんを問わず，当該容疑者の所在する国は，その者を他の関係

国に引き渡さないかぎり，自国裁判所に公訴の手続をとらなければ
ならないとした（たとえば捕虜待遇条約129条）。これは，当該容疑者
の国籍とは無関係に，必ずどこかの国で裁判が行われるようにする，
いわゆる普遍的管轄権（universal jurisdiction）を設定するものである。
なお，第一追加議定書は，この「重大な違反行為」に該当する違反
の範囲を拡大した（85条参照）。

② 国際軍事・刑事裁判所による裁判

(1) 国際軍事裁判

　第2次世界大戦後，国際的軍事裁判所による戦争犯罪人の処罰が
実行された。ドイツ，日本の犯罪人に対するニュールンベルク，東
京国際軍事裁判がそれである。これらの裁判では，「通例の戦争犯
罪」のほか，新たに「平和に対する罪」と「人道に対する罪」が対
象犯罪とされた（極東軍事裁判所条例5条）。しかしながら，わけて
も「平和に対する罪」（侵略戦争を計画・遂行する罪）が大戦時におい
て実定国際法として確立していたかどうか，罪刑法定主義（処罰の
ための成文法なしに刑罰は科しえないとする原則）の観点から疑義が呈
されている。2つの裁判判決はこの点でとりわけ不戦条約（1928年）
の存在を重視しているが，しかし，たとえ本条約によって侵略戦争
が違法化されたとしても，それが個人の刑事責任を伴う国際犯罪と
されていたかどうかは，なお疑問が残るところである。

(2) 旧ユーゴ，ルワンダ国際刑事裁判所

　安全保障理事会は，旧ユーゴスラヴィア連邦の解体に伴って発生
した非人道的虐殺行為の処罰のため，1993年，旧ユーゴ国際刑事裁
判所（ICTY）を設置した（安保理決議827）。翌94年には，ルワンダ
における民族間の対立から生じた残虐行為の処罰のために，同様に

ルワンダ国際刑事裁判所（ICTR）を設けた（安保理決議955）。いずれも国連憲章第7章の強制措置の一環として設けられた特別法廷である。

　ICTYのタジッチ事件では，安保理によるこの種の法廷の設置の合法性が争われたが，同裁判所の上訴裁判部はこれを肯定する判断を下した（Tadić Case, Appeal Chamber, 1995, *ILM,* Vol.35 (1996), p.32）。本件で被告タジッチにはジュネーヴ諸条約の重大な違反と人道に対する罪が認定され，20年の拘禁刑が言い渡された。また，ICTRのアカイエス事件では，被告アカイエスがツチ族住民の殺りくを意図的に推進したとして，国際裁判では初の集団殺害罪（ジェノサイド）について有罪の判決（終身刑）が言い渡された（Akayesu Case, 1998, *ILM,* Vol.37 (1998), p.1399）。

(3)　国際刑事裁判所

（i）　対象犯罪

　常設的な刑事裁判所の創設は国際社会の永いあいだの懸案であった。1948年のジェノサイド条約は，いまだ影のない「国際刑事裁判所」による裁判を予定した（6条）。この期待は，1998年の国際刑事裁判所（International Criminal Court：ICC）に関するローマ規程の採択によってようやく日の目をみた（2002年発効）。この裁判所が管轄する犯罪は「国際社会全体の関心事である最も重大な犯罪」に限定され，具体的には，①「集団殺害犯罪」，②「人道に対する犯罪」，③「戦争犯罪」，④「侵略犯罪」である（5条）。最初の3つの犯罪の定義はそれぞれ第6条から8条に精密に定められたが，最後の「侵略犯罪」については，当初，その定義と管轄権行使の条件について合意にいたらなかったため，当面この犯罪の適用は見送られたが（5条2），すでに述べたように，2010年の規程検討会議でこの点

の合意が成立したことから，この凍結は解除されることになった（本裁判所については本書235頁参照）。

(ii)　事件の付託

裁判は事件の付託をまってはじまるが，付託の権限を有するのは，締約国，安全保障理事会および検察官である。安保理による付託は国連憲章第7章の決定として行われる。検察官は裁判所の機関であるが，任務の遂行は独立に行われる。

他方，本裁判所には任務遂行上の大きな制約がある。補完性の原則（principle of complementarity）である。すなわち，本裁判所は，関係国の国内裁判手続が正常に機能しないときに，「国家の刑事裁判権を補完する」（ICC 規程前文，1条）関係にある。言い換えれば，規程は国内裁判権に優位性を与えているのである。しかし，「当該国にその捜査又は訴追を真に行う意思又は能力がない場合」は，この原則は適用されず本裁判所（ICC）が裁判権を行使するのである（同17条）。その点の判定はこの裁判所が行うものとされている。4つの重大な犯罪の防止に向けて，本裁判所の活動を注視する必要がある。

事項・人名索引

ま　行

判例・事例索引

1　国際司法裁判所および常設国際司法裁判所

2　国際仲裁裁判その他

著者紹介　　杉原　高嶺（すぎはら　たかね）

1941年　静岡県生まれ
1967年　東北大学大学院法学研究科博士課程中途退学
　　　　東北大学法学部助手
1975年　北海道大学法学部教授
1976年　法学博士（東北大学）
1993年　京都大学大学院法学研究科教授
1998年　日本学士院賞受賞
2005年　京都大学定年退職
　　　　近畿大学教授（2012年退職）
現　在　北海道大学名誉教授
　　　　京都大学名誉教授
主　著　『国際裁判の研究』（有斐閣，1985年）
　　　　『海洋法の歴史と展望』（共編著，有斐閣，1986年）
　　　　『現代国際法講義』（共著，有斐閣，1992年）
　　　　『国際司法裁判制度』（有斐閣，1996年）
　　　　『紛争解決の国際法』（編著，三省堂，1997年）
　　　　『海洋法の歴史的展開』（共編著，有信堂，2004年）
　　　　『海洋法の主要事例とその影響』（共編著，有信堂，2007年）
　　　　『国際法学講義〔第2版〕』（有斐閣，2013年）

基本国際法〔第4版〕
Basic Principles of International Law, 4th ed.

2011年12月10日　初　版第1刷発行　　2018年 2 月10日　第3版第1刷発行
2014年 3 月20日　第2版第1刷発行　　2023年12月15日　第4版第1刷発行

著　者　　杉原高嶺

発行者　　江草貞治

発行所　　株式会社有斐閣

　　　　　〒101-0051 東京都千代田区神田神保町2-17

　　　　　https://www.yuhikaku.co.jp/

印　刷・製　本　　株式会社冨山房インターナショナル

落丁・乱丁本はお取替えいたします。定価はカバーに表示してあります。
©2023, Takane Sugihara.
Printed in Japan　ISBN 978-4-641-04696-2